U0124030

图书在版编目（CIP）数据

表述"一带一路"/胡必亮，潘庆中，刘清杰，刘倩等编.
—北京：中国大百科全书出版社，2018.4

（新兴市场文库）

ISBN 978-7-5202-0258-9

I.①表… II.①胡…②潘…③刘…④刘… III.①"一带
一路"—国际合作—研究 IV.① F125

中国版本图书馆 CIP 数据核字（2018）第 056808 号

策 划 人 郭银星
责任编辑 张 岚
版式设计 程 然
责任印制 魏 婷
出版发行 中国大百科全书出版社
地 址 北京市阜成门北大街 17 号 邮政编码 100037
电 话 010-88390093
网 址 http://www.ecph.com.cn
印 刷 环球东方（北京）印务有限公司
开 本 787 毫米 ×1092 毫米 1/16
印 张 33.25
字 数 400 千字
印 次 2018 年 4 月第 1 版 2018 年 4 月第 1 次印刷
书 号 ISBN 978-7-5202-0258-9
定 价 99.00 元

本书如有印装质量问题，可与出版社联系调换。

　　本研究为北京师范大学学科交叉建设项目"组织国际力量共同推进'一带一路'建设的路径研究与实施"（编号：B10.1）的阶段性研究成果，并得到了中央高校基本科研业务费专项资金资助项目"新兴市场宏观综合研究"（No.2014KJJCB30）的资助。

从全球发展的视角来看，目前表现出的两类现象值得引起我们的高度重视和深入研究。

一类现象是：发展中国家从总体上讲，在发展经济、改善民生、消除贫困等方面都在持续地取得进展，尤其是其中的一些新兴市场大国如中国、印度、印度尼西亚、巴西、俄罗斯、墨西哥、土耳其、南非、波兰、马来西亚等国对驱动世界经济增长所起的作用越来越显著，仅中国一个国家对全球GDP增量的年贡献率，近年来每年都很稳定地保持在30%以上的水平。从维护世界和平的一个重要方面来看，发展中国家的作用也越来越大，目前中国已成为联合国安理会常任理事国中派遣维和军事人员最多的国家，也是缴纳维和摊款最多的发展中国家。根据我们这一文库中相关专著的乐观估算，到2050年时，亚非拉发展中国家将整体地得到进一步发展，按目前标准界定的贫困国家将基本不复存在，全球进入到一个没有绝对贫困的世界。这当然是好消息，是人类发展的福音。但新兴市场国家，以及其他发展中国家目前尚存在一些问题，譬如说有些国家的经济增长仍然主要是靠出卖自然资源而得以维持的，有的国家和区域长期处于政治、社会动荡之中，有些国家仍然面临着比较大的环境和气候变化压力，等等。对于有些国家、区域而言，进一步的可持续发展仍然具有一定的不确定性。

同时我们也发现了另一类现象，那就是：伴随着历史的发展和时代的进步，全球性的问题不是越来越少了，而是越来越多了；不是越来越简单了，而是越来越复杂了。其中一个十分重要的问题就是，全球化遇到了前所未有的挑战，抵制和反对全球化的力量变得比较大了，表现形式也多种多样，有的是大搞贸易保护主义甚至不惜发动贸易战、有的是反对产业全球化布局、有的是抵制和歧视外来移民，不一而论。如果反全球化浪潮大、维持时间长，将十分不利于新兴市场国家和发展中国家的进一步发展，以上所提到的乐观前景就会出现更大的不确定性，因为全球化对促进发展中国家的加速发展具有十分重要的意义。如果把握得好，利用全球化力量，发展中国家可以通过发挥"后发优势"和"比较优势"而实现积极的跨越式发展。此外，目前在地区冲突、国际恐怖主义、国际安全、难民、气候变化等全球性问题方面，形势也变得越来越严峻。更重要的问题在于，为解决这些全球性问题所构建的全球治理体系本来就有一些先天的缺陷，比如说发展中国家由于其代表性和参与度不够，一般就很难平等地参与全球治理过程，导致目前的全球治理体系并不是一个共治的体系，加上有些发达国家开始采取了以自我优先发展为中心的发展战略，减少了对全球治理的投入和责任，从而使本来就处于全球治理"赤字"状态的情况变得愈加严重。如果这一问题得不到及时解决，全球发展特别是新兴市场和发展中国家的进一步发展也会从这一方面受到制约。

中国是一个发展中国家，属于发展中国家中发展得比较快和比较好的一个国家，也是一个新兴市场国家。改革开放四十年来，中国始终坚持从自身国情出发，探索出了一条独特的中国特色社会主义发展道路：坚持党的领导、人民当家做主、依法治国三者有机统一；协调和处理好改革、发展、稳定三者之间的关系；积极推动，形成全面开放新格局和构建人类命运共同体。这些基本经验可供其他新兴市场国家，以及一些发展中国家参考，但每个国家都有很不相同的历史文化渊源，加上资源禀赋、经济发展基础、社会发展水平等都差异巨大，因此关键在于根据各自国家在这些方面的特点探索适合自己的发展道路。中国从来就不主张输出自己的"发展模式"（"中国模式"）；客观地讲，如果机械地学中国的"发展模式"，也是很难学成的。"中国模式"的价值与意义更多的是为其他国家提供新发展道路与新发展模式的探索参考，其他国家可以从中借鉴与自身发展相关的某些经验教训，而不应是机械地照搬。明白了这一点，"中国模式"的价值也就显而易见了，其他新兴市场国家和发展中国家的未来发展前景也就乐观可期了。我们编辑出版这一文库的一个重要目的，就在于通过比较亚非拉新兴市场国家和发展中国家的经验教训，探索其未来发展的成功道路，努力避免和克服以上提到的种种问题，力争实现美好前景。

经过改革开放四十年的发展，中国积累了一定的物质财富与制度财富，希望为更好地解决目前我们所面临的一些全球化问题做出自己的贡献。为此，中国适应时代发展需要，适时地提出了与世界各国共建"一带一路"的倡议，得到了许多国家和国际组织的积极响应；经过五年的努力，一批相关建设项目已经取得了早期收获。

"一带一路"倡议的核心在于构建一个新的国际合作平台，也就是"一带一路"国际合作平台，以促进更好的国际合作和共同发展；"一带一路"倡议的基本理念在于共商共建共享；"一带一路"建设的重点在于构建更好的、以基础设施建设为主要内容的全球互联互通网络体系，同时提供更多、更好的全球公共产品，改进全球治理体系，提高全球治理效率；"一带一路"建设的最终目的在于共同构建人类命运共同体，把我们共同的世界建设成为一个持久和平、普遍安全、共同繁荣、开放包容、清洁美丽的世界。因此我们编辑出版这一文库的另一个重要目的，就是为了更好地交流和探讨与"一带一路"倡议和"一带一路"建设相关的重大问题，为促进"一带一路"发展提供智力支撑，通过推动共建"一带一路"而为更好地应对目前我们所面临的全球性挑战做出我们的贡献。

这一文库的出版，得到了北京师范大学校领导的直接指导与支持，党委书记程建平和校长董奇以及前任党委书记刘川生和前任校长钟秉林，还有其他各位校领导，都对该文库的编辑出版提出了很好的指导性意见，为文库出版指明了方向。中国大百科全书出版社的刘国辉社长和社科学术分社的郭银星社长、曾辉副社长就文库选题和编辑做了大量精细的具体工作。对此，我们表示最衷心的感谢！希望我们的共同努力对促进"一带一路"和新兴市场的理论创新也会起到一定的积极作用。

胡必亮

2018年4月6日

自上世纪80年代始，我作研究就形成了一个习惯，即不论拿到什么研究项目或研究课题或需要研究的问题，都要先做三件事。

第一件事就是先凭自己的相关知识储备找出所要研究的项目或课题的主要问题，如果问题明了，就要找出这个问题的关键点；然后再设想自己对这个主要问题或问题关键点的解决方案；同时也会设想几个主要变量以及这几个变量之间的大致关联情况。这样，一个初步的分析框架就清楚了，但这是一个纯粹基于自己已有知识储备的基本思想与分析框架，有很大的"异想天开"的成分在里头。这件事很容易完成，短到几分钟，长到一天时间，但一般不会等到第二天。然后"尘封"起来，一段时间都不用去理会它了。第二件事就是找来与此项目或课题或问题相关的书、论文、政策文件或政策报告等文献100～1000种（本、篇）不等，集中一段时间（一个星期到一个月）读完，就会了解别人对这个项目或课题或问题的一些基本思路了。第三件事就是深入到生活中去，进行实地调研。如果研究农村问题，就需要深入到县、镇、村、农户去作扎实的调查研究；如果是作城市研究，就要到不同类型的城市去住一段时间，取得第一手相关资料，自然也会形成一些基本判断。最后把三个结果进行比较，问题也就清楚了，答案也就明了了。

如果用现在学术研究的规范说法，这三件事实际上就是所谓的确定研究假设（我上面说的只是一个没有考虑研究文献的初步的研究假设）、做好文献综述、深入田野调查。

我之所以说这些，是因为这些与我们编著的这本资料集直接相关。

2013年9月7日，习近平总书记在位于哈萨克斯坦首都阿斯塔纳的纳扎尔巴耶夫大学发表了题为《弘扬人民友谊 共创美好未来》的重要演讲，提出了共同建设"丝绸之路经济带"的倡议。我那几天正好在阿斯塔纳参加"2013欧亚新兴市场论坛"并作实地调研，因为哈萨克斯坦是我们新兴市场研究院确定的一个需要重点研究的新兴经济国家。我当时就意识到"丝绸之路经济带"这个问题很重要，需要作深入的研究。我参加的那个论坛9月10日上午开幕，哈萨克斯坦共和国总统纳扎尔巴耶夫发表了长篇讲话，重点讲的是2050年哈萨克斯坦的发展愿景、重点发展领域和政策要点。9月11日下午我在大会上作了题为《从丝绸之路到区域一体化》的发言，做了我上面提到的第一件事——提出了一个初步的研究假设，即"丝绸之路经济带"倡议主要是为了实现欧亚大陆一体化。

接下来，我与我的研究团队阅读了当时可以获取的970多种相关文献。经过反复研究和认真梳理，很快就整理出了一份60万字左右的文献资料集，为我们研究这一问题提供了基本参考。这也就基本上做了我上面提到的第二件事——文献综述工作。

再接着，就是做第三件事，即到"一带一路"沿线国家开展实地调研工作。在过去的几年间，我们这个研究团队的成员分别到20多个"一带一路"沿线国家参加研讨会或从事专题调研，仅我个人就到哈萨克斯坦、吉尔吉斯斯坦、格鲁吉亚、波兰、俄罗斯、泰国、新加坡、缅甸、印度、斯里兰卡等国参加相关学术活动，力争通过更多的实地调研了解沿线国家的发展实践、制度特点、主要问题与发展前景，感受沿线国家政府和人民对"一带一路"及其国际合作的基本态度等。

做了这三件事后，我们的研究也取得了一些成果。今年是"一带一路"倡议提出5周年，我们开始陆续将我们的研究成果予以出版。在整理出版这些研究成果的过程中，我们对是否将前几年收集整理的相关文献资料予以正式出版的问题，存在不同的看法。经过几次集体讨论后，我们决定还是出版。一是考虑到研究工作既是分阶段推进的，也是有继承性的，早期开展的资料收集整理工作对后期研究一直都会有参考价值；二是希望我们收集整理出的这些资料可以为其他正在从事"一带一路"研究的各界人士所分享和选用。

由于这些文献资料的量比较大，我们决定分两本出版。《表述"一带一路"》采用表格形式汇总相关资料，便于查找与快速抓住要点。《综述"一带一路"》融入了我们的一些初步归纳、总结和分析，是我们的研究的半成品，希望大家能够从中找到一些对自己有用的信息。

《表述"一带一路"》的资料收录范围与编纂结构是我根据"一带一路"倡议提出初期大家所关注的重点问题确定的，然后由我们研究团队的各成员对自己负责的内容进行认真阅读并编制为表格，最后由刘清杰博士统稿，我定稿。

《表述"一带一路"》由正文与附录两部分组成。正文内容分为七部分。第一部分摘要选编了我国党和国家主要领导人关于"一带一路"讲话的要点内容，由田颖聪收集整理；第二部分选用了部分国家部委、省市区、中央企业关于实施"一带一路"的方案要点，由田颖聪收集整理；第三部分介绍了"一带一路"沿线国家的基本情况和投资环境以及国内沿"一带一路"的省市区的相关平台建设、优势分析、主要策略等内容，由肖佳琦和周伟杰收集整理；第四部分介绍了以"一带一路"为研究重点的重要研究（智库）机构和相关重要论坛，由李怡萌收集整理；第五部分介绍了一些国外专家关于"一带一路"的主要观点，由田颖聪收集整理；第六部分介绍了"一带一路"沿线国家产业与行业发展的基本情况与研究结论，由陆天怡、孙开斯、肖佳琦、冯芃栋、周伟杰收集整理；第七部分从宏观角度分析了"一带一路"沿线国家的经济、政治、文化、法律、安全、教育、科技等方面的发展情况，由周伟杰、陆天怡、肖佳琦、冯芃栋整理。附录一汇总了一些重要媒体所发表的与"一带一路"相关的重要观点，由计磊收集整理；附录二介绍了一些"一带一路"研究性著作的基本观点，由冯芃栋、周伟杰、陆天怡、肖佳琦收集整理。书后参考文献由孙开斯和张松整理完成。

用表格来汇总反映相关信息是我们比较喜欢的形式，但却苦了我们的编辑朋友们。他们反复排版，不断改进，才有了现在的样子。我们对中国大百科出版社的刘国辉、郭银星、曾辉等同志的支持与帮助表示最诚挚的感谢！

胡必亮

2018年4月7日

目录

Contents

1

"一带一路"倡议的提出

1.1 国家主要领导人关于"一带一路"倡议的重要讲话摘要

领导人	时间	地点	会议
习近平	2013年9月7日	哈萨克斯坦阿斯塔纳	习近平在哈萨克斯坦纳扎尔巴耶夫大学发表重要演讲
主题	《弘扬人民友谊 共创美好未来》		
讲话要点	◇ 加强政策沟通。各国可以就经济发展战略和对策进行充分交流,本着求同存异原则,协商制定推进区域合作的规划和措施,在政策和法律上为区域经济融合"开绿灯"。 ◇ 加强道路联通。上海合作组织正在协商交通便利化协定。尽快签署并落实这一文件,将打通从太平洋到波罗的海的运输大通道。在此基础上,我们愿同各方积极探讨完善跨境交通基础设施,逐步形成连接东亚、西亚、南亚的交通运输网络,为各国经济发展和人员往来提供便利。 ◇ 加强贸易畅通。丝绸之路经济带总人口近30亿,市场规模和潜力独一无二。各国在贸易和投资领域合作潜力巨大。各方应该就贸易和投资便利化问题进行探讨并作出适当安排,消除贸易壁垒,降低贸易和投资成本,提高区域经济循环速度和质量,实现互利共赢。 ◇ 加强货币流通。中国和俄罗斯等国在本币结算方面开展了良好合作,取得了可喜成果,也积累了丰富经验。这一好的做法有必要加以推广。如果各国在经常项下和资本项下实现本币兑换和结算,就可以大大降低流通成本,增强抵御金融风险能力,提高本地区经济国际竞争力。 ◇ 加强民心相通。国之交在于民相亲。搞好上述领域合作,必须得到各国人民支持,必须加强人民友好往来,增进相互了解和传统友谊,为开展区域合作奠定坚实民意基础和社会基础。		

领导人	时间	地点	会议
习近平	2013年10月3日	印度尼西亚雅加达	习近平在印度尼西亚国会发表重要演讲
主题	《携手建设中国—东盟命运共同体》		
讲话要点	◇ 坚持讲信修睦。人与人交往在于言而有信，国与国相处讲究诚信为本。中国愿同东盟国家真诚相待、友好相处，不断巩固政治和战略互信。 ◇ 坚持合作共赢。"计利当计天下利。"中国愿在平等互利的基础上，扩大对东盟国家开放，使自身发展更好惠及东盟国家。中国愿提高中国—东盟自由贸易区水平，争取使2020年双方贸易额达到1万亿美元。 ◇ 坚持守望相助。中国和东盟国家唇齿相依，肩负着共同维护地区和平稳定的责任。历史上，中国和东盟国家人民在掌握民族命运的斗争中曾经并肩战斗、风雨同舟。近年来，从应对亚洲金融危机到应对国际金融危机，从抗击印度洋海啸到抗击中国汶川特大地震灾害，我们各国人民肩并着肩、手挽着手，形成了强大合力。 ◇ 坚持心心相印。"合抱之木，生于毫末；九层之台，起于累土。"保持中国—东盟友谊之树长青，必须夯实双方关系的社会土壤。去年，中国和东盟国家人员往来达1500万人次，每周有1000多个航班往返于中国和东盟国家之间。交往多了，感情深了，心与心才能贴得更近。 ◇ 坚持开放包容。"海纳百川，有容乃大。"在漫长历史进程中，中国和东盟国家人民创造了丰富多彩、享誉世界的辉煌文明。这里是充满多样性的区域，各种文明在相互影响中融合演进，为中国和东盟国家人民相互学习、相互借鉴、相互促进提供了重要文化基础。		

领导人	时间	地点	会议
习近平	2014年 5月21日	中国 北京	亚洲相互协作与信任措施会议第四次峰会
主题	《积极树立亚洲安全观 共创安全合作新局面》		

讲话要点	◇ 推动亚信成为覆盖全亚洲的安全对话合作平台，并在此基础上探讨建立地区安全合作新架构。可以考虑根据形势发展需要，适当增加亚信外长会乃至峰会频率，以加强对亚信的政治引领，规划好亚信发展蓝图。 ◇ 加强亚信能力和机制建设，支持完善亚信秘书处职能，在亚信框架内建立成员国防务磋商机制及各领域信任措施落实监督行动工作组，深化反恐、经贸、旅游、环保、人文等领域交流合作。 ◇ 通过举办亚信非政府论坛等方式，建立亚信各方民间交流网络，为广泛传播亚信安全理念、提升亚信影响力、推进地区安全治理奠定坚实社会基础。 ◇ 增强亚信的包容性和开放性，既要加强同本地区其他合作组织的协调和合作，也要扩大同其他地区和有关国际组织的对话和沟通，共同为维护地区和平稳定作出贡献。

领导人	时间	地点	会议
习近平	2014年 6月5日	中国 北京	中阿合作论坛第六届部长级会议开幕式
主题	《弘扬丝路精神 深化中阿合作》		
讲话要点	◇ 中阿共建"一带一路"，应该坚持共商、共建、共享原则。共商，就是集思广益，好事大家商量着办，使"一带一路"建设兼顾双方利益和关切，体现双方智慧和创意。共建，就是各施所长，各尽所能，把双方优势和潜能充分发挥出来，聚沙成塔，积水成渊，持之以恒加以推进。共享，就是让建设成果更多更公平惠及中阿人民，打造中阿利益共同体和命运共同体。 ◇ 中阿共建"一带一路"，既要登高望远，也要脚踏实地。登高望远，就是要做好顶层设计，规划好方向和目标，构建"1+2+3"合作格局。脚踏实地，就是要争取早期收获。 ◇ 中阿共建"一带一路"，应该依托并增进中阿传统友谊。民心相通是"一带一路"建设的重要内容，也是关键基础。中阿双方决定把2014年和2015年定为中阿友好年，并在这一框架内举办一系列友好交流活动。也愿意同阿方扩大互办艺术节等文化交流活动，鼓励更多青年学生赴对方国家留学或交流，加强旅游、航空、新闻出版等领域合作。		

续表

领导人	时间	地点	会议
习近平	2014年 9月12日	中国 上海	上海合作组织成员国元首理事会第十四次会议
主题	《凝心聚力 精诚协作 推动上海合作组织再上新台阶》		

讲话要点	◇ 要坚持以维护地区安全稳定为己任。安全是发展的前提，没有安全，发展无从谈起。应该继续完善执法安全合作体系，健全现有合作机制，全方位提升各国执法机关维稳控局能力。 ◇ 要坚持以实现共同发展繁荣为目标。"为国者以富民为本。"在世界经济前景不确定性增加、有关国家贸易保护主义抬头的情况下，本组织要在互利共赢基础上，深挖区域合作潜力，共创合作机遇，增强成员国经济发展内生动力和抗风险能力。 ◇ 要坚持以促进民心相通为宗旨。"民齐者强。"上海合作组织的未来，最终掌握在本组织各国人民手中。要支持商界、学界、媒体、智库、文艺团体等各行各界，全方位开展友好交往和人文交流，增进各国人民相互了解和传统友谊，筑牢本组织发展的社会民意基础。 ◇ 要坚持以扩大对外交流合作为动力。"他山之石，可以攻玉。"扩大对外交往、吸收新鲜血液，是上海合作组织自身发展壮大的需要，也符合本组织一贯奉行的开放包容方针。要加强成员国同观察员国合作，密切同对话伙伴的沟通，继续完善"6+5"工作机制，切实将观察员国和对话伙伴吸引到本组织相关合作中来。要密切同联合国及其相关机构、独联体、欧亚经济共同体、集安条约组织等国际和地区组织合作，相互借鉴经验。

续表

领导人	时间	地点		会议	
习近平	2014年9月18日	印度新德里		习近平在印度世界事务委员会发表重要演讲	
主题	《携手追寻民族复兴之梦》				
讲话要点	◇ 中印两国要做更加紧密的发展伙伴,共同实现民族复兴。发展是中印两国最大的共同战略目标。中印两国当务之急都是让本国人民生活得更舒心、更安心、更幸福。应该聚焦发展、分享经验,深化互利合作,努力实现两国和平发展、合作发展、包容发展。 ◇ 中印两国要做引领增长的合作伙伴,携手推进亚洲繁荣振兴。中印两国要成为地区驱动发展快车,带动地区各国共同发展。双方要努力凝聚地区合作共识,与相关国家一道推进区域经济一体化和互联互通进程,加快孟中印缅经济走廊建设,早日完成区域全面经济伙伴关系谈判;要做地区和平的稳定双锚,共同致力于在亚太地区建立开放、透明、平等、包容的安全与合作架构,实现共同、综合、合作、可持续安全。 ◇ 中印两国要做战略协作的全球伙伴,推动国际秩序朝着更加公正合理的方向发展。当前,和平、发展、合作、共赢的时代潮流更加强劲。然而,国际关系中的不公平不合理现象仍然突出,全球性挑战层出不穷,各种地区冲突和局部战争此起彼伏。维护世界和平、促进共同发展任重道远。中印两国在全球事务中面临相似挑战、拥有广泛共同利益,也肩负着重大责任。				

续表

领导人	时间	地点	会议
习近平	2014年 11月6日	中国 北京	中央财经领导小组第八次会议
主题	加快推进丝绸之路经济带和21世纪海上丝绸之路建设			

讲话要点	◇ "一带一路"建设是一项长期工程，要做好统筹协调工作，正确处理政府和市场的关系，发挥市场机制作用，鼓励国有企业、民营企业等各类企业参与，同时发挥好政府作用。 ◇ 要重视国别间和区域间经贸合作机制和平台建设工作，设计符合当地国情的投资和贸易模式，通过机制化安排推进工作。 ◇ 要加大对外援助力度，发挥好开发性、政策性金融的独特优势和作用，积极引导民营资本参与。 ◇ 要统筹好部门和地区关系，各部门和各地区要加强分工合作、形成合力。

领导人	时间	地点	会议
习近平	2014年11月8日	中国北京	加强互联互通伙伴关系对话会
主题	《联通引领发展 伙伴聚焦合作》		

<table>
<tr><td rowspan="5">讲话要点</td><td>

◇ 以亚洲国家为重点方向，率先实现亚洲互联互通。"一带一路"源于亚洲、依托亚洲、造福亚洲，关注亚洲国家互联互通，努力扩大亚洲国家共同利益。

◇ 以经济走廊为依托，建立亚洲互联互通的基本框架。目前，中方制定的"一带一路"规划基本成形。这包括在同各方充分沟通的基础上正在构建的陆上经济合作走廊和海上经济合作走廊。

◇ 以交通基础设施为突破，实现亚洲互联互通的早期收获。中方高度重视联通中国和巴基斯坦、孟加拉国、缅甸、老挝、柬埔寨、蒙古国、塔吉克斯坦等邻国的铁路、公路项目，将在推进"一带一路"建设中优先部署。

◇ 以建设融资平台为抓手，打破亚洲互联互通的瓶颈。亚洲各国多是发展中国家，普遍缺乏建设资金，关键是盘活存量、用好增量，将宝贵的资金用在刀刃上。中国将出资400亿美元成立丝路基金，为"一带一路"沿线国家基础设施、资源开发、产业合作和金融合作等与互联互通有关的项目提供投融资支持。

◇ 以人文交流为纽带，夯实亚洲互联互通的社会根基。中国支持不同文明和宗教对话，鼓励加强各国文化交流和民间往来，支持丝绸之路沿线国家联合申请世界文化遗产，鼓励更多亚洲国家地方省区市建立合作关系。

</td></tr>
</table>

领导人	时间	地点	会议
习近平	2014年 11月9日	中国 北京	亚太经合组织工商领导人峰会开幕式
主题	《谋求持久发展 共筑亚太梦想》		
讲话要点	◇ 要共同建设互信、包容、合作、共赢的亚太伙伴关系。应该通过坦诚深入沟通，增信释疑；应该秉持和而不同理念，尊重彼此对发展道路的选择；应该坚持互利合作，充分发挥各自优势，促进共同发展；应该变赢者通吃为各方共赢，共同做大亚太发展的蛋糕，共同促进亚太大繁荣。 ◇ 要携手打造开放型亚太经济格局。开放带来进步，封闭导致落后。既要深化对内开放，让劳动、知识、技术、管理、资本的活力竞相迸发，也要扩大对外开放，把成员多样性和差异性转化为发展潜力和动力；既要把区域经济一体化提升到新高度，启动亚太自由贸易区进程，也要坚持开放的区域主义理念，推动建设开放型经济新体制和区域合作构架，让亚太的大门始终向全世界敞开。 ◇ 要不断发掘经济增长新动力。在新一轮全球增长面前，惟改革者进，惟创新者强，惟改革创新者胜。要拿出敢为天下先的勇气，锐意改革，激励创新，积极探索适合自身发展需要的新道路新模式，不断寻求新增长点和驱动力。 ◇ 要精心勾画全方位互联互通蓝图。要共同致力于构建覆盖太平洋两岸的亚太互联互通格局，通过硬件的互联互通，拉近各经济体的距离，为联接亚太、通达世界铺设道路；通过软件的互联互通，加强政策、法律、规制的衔接和融合，携手打造便利、高效的亚太供应链；通过人员往来的互联互通，促进人民友好往来，让信任和友谊生根发芽。		

领导人	时间	地点	会议
习近平	2014年11月15日	澳大利亚布里斯班	二十国集团领导人第九次峰会第一阶段会议
主题	《推动创新发展 实现联动增长》		
讲话要点	◇ 创新发展方式。各国要创新发展理念、政策、方式，特别是通过财税、金融、投资、竞争、贸易、就业等领域的结构改革，通过宏观经济政策和社会政策的结合，让创造财富的活力竞相迸发，让市场力量充分释放。中国支持二十国集团成立全球基础设施中心，支持世界银行成立全球基础设施基金，并将通过建设丝绸之路经济带、21世纪海上丝绸之路、亚洲基础设施投资银行、丝路基金等途径，为全球基础设施投资作出贡献。 ◇ 建设开放型世界经济。各国要维护多边贸易体制，构建互利共赢的全球价值链，培育全球大市场，反对贸易和投资保护主义，推动多哈回合谈判。 ◇ 完善全球经济治理。各国要致力于建设公平公正、包容有序的国际金融体系，提高新兴市场国家和发展中国家代表性和发言权，确保各国在国际经济合作中权利平等、机会平等、规则平等。		

领导人	时间	地点	会议
习近平	2015年 3月28日	中国 琼海	博鳌亚洲论坛2015年年会
主题	《迈向命运共同体 开创亚洲新未来》		
讲话要点	◇ 迈向命运共同体，必须坚持各国相互尊重、平等相待。首先要尊重各国自主选择的社会制度和发展道路，尊重彼此核心利益和重大关切，客观理性看待别国发展壮大和政策理念，努力求同存异、聚同化异。要共同维护亚洲来之不易的和平稳定局面和良好发展势头，反对干涉别国内政，反对为一己之私搞乱地区形势。 ◇ 迈向命运共同体，必须坚持合作共赢、共同发展。中方倡议加快制定东亚和亚洲互联互通规划，促进基础设施、政策规划、人员往来全面融合。要加强海上互联互通建设，推进亚洲海洋合作机制建设，促进海洋经济、环保、灾害管理、渔业等各领域合作，使海洋成为连接亚洲国家的和平、友好、合作之海。 ◇ 迈向命运共同体，必须坚持实现共同、综合、合作、可持续的安全。各国都有平等参与地区安全事务的权利，也都有维护地区安全的责任，每一个国家的合理安全关切都应该得到尊重和保障。 ◇ 迈向命运共同体，必须坚持不同文明兼容并蓄、交流互鉴。中方倡议召开亚洲文明对话大会，加强青少年、民间团体、地方、媒体等各界交流，打造智库交流合作网络，让亚洲人民享受更富内涵的精神生活，让地区发展合作更加活力四射。		

领导人	时间	地点	会议
习近平	2015年4月21日	巴基斯坦伊斯兰堡	习近平在巴基斯坦议会发表重要演讲
主题	《构建中巴命运共同体 开辟合作共赢新征程》		
讲话要点	◇ 中巴要守望相助，深化战略合作。中国和巴基斯坦同为发展中国家，对内走独立自主、自力更生的道路，对外坚持和平外交政策。中巴关系的最大特点是高度政治互信，凡事为对方着想，始终站在对方的角度思考问题。我们要保持两国高层经常互访和会晤的传统。我们要在涉及彼此核心利益和重大关切问题上相互支持，坚定维护国家主权、领土完整、民族尊严，做最可靠的伙伴。 ◇ 中巴要弘义融利，实现共同发展。中巴经济走廊是中巴实现共同发展的重要抓手。要发挥走廊建设对两国务实合作的引领作用，以走廊建设为中心，以瓜达尔港、能源、基础设施建设、产业合作为重点，形成"1+4"合作布局。走廊规划和布局要兼顾巴基斯坦各地区，让发展成果惠及巴基斯坦全体人民，进而惠及本地区各国人民。 ◇ 中巴要心心相印，坚持世代友好。人民是推动国家进步和历史发展的决定力量，两国人民支持是中巴全天候友谊和全方位合作的不竭动力。我们欢迎巴方积极参与中国—南亚人文交流计划，让中巴友好更加深入人心。 ◇ 中巴要风雨同舟，共对安全挑战。中方将帮助巴方加强反恐和安全能力建设，同巴方加强配合，共同应对日益增多的非传统安全威胁，为两国经济合作和共同发展提供可靠的安全保障。 ◇ 中巴要勇担责任，加强国际协治。中巴关系远远超出了双边范畴。双方要就国际和地区形势保持战略沟通，在重大全球和地区问题上加强协调和配合。		

续表

领导人	时间	地点	会议
习近平	2015年 10月21日	英国 伦敦	中英工商峰会
主题	推动中英在"一带一路"框架内开展合作		
讲话要点	◇ 增进互信上要强调一个"深"字。两国合作的基础是政治互信，没有互信，任何合作都将是无本之木。中英决定共同构建面向21世纪全球全面战略伙伴关系，为两国未来5至10年的各领域合作指明了方向，必将推动中英合作进入快车道。 ◇ 战略对接上要力求一个"通"字。中英加强发展战略和产业政策对接，是将两国合作推向深入的应有之义。中方欢迎来自英国的资金、技术、人才参与"一带一路"建设、"十三五"规划、"互联网+"、"中国制造2025"，愿继续向英国企业提供相关政策信息和良好投资环境。英国政府也提出了"英国工业2050战略"，这同中国的发展战略和产业政策高度契合，将为两国合作带来巨大机遇。 ◇ 具体合作中要做到一个"实"字。双方要扎实做好核电、高铁、基础设施建设等大项目，推动这些标志性合作尽快落地。双方应建立长效机制，深化两国地方间经贸合作。中方重视人民币国际化在伦敦和欧洲的进程，将继续支持伦敦人民币离岸市场发展，并加强同英方在国际货币基金组织、世界银行、亚投行等多边金融机构中的合作。中方愿推进中英中小企业合作，将继续鼓励中国企业走出去投资，也欢迎更多英国企业来华投资兴业，希望英方继续为中国企业提供良好的投资环境和更多便利条件。 ◇ 方式方法上要突出一个"新"字。我们要深入推进双方新兴产业合作，开展中国七大战略性新兴产业同英国八大技术和战略产业的互利合作。中英企业在开展双边合作时，还可以开展第三方合作，联手开拓国际市场。中方愿同英方进一步探讨，在第三方需要、同意、参与的基础上，发挥各自优势，共同帮助亚洲、非洲、拉美等地区国家发展。要综合考虑各方面因素，科学评估政府和社会资本合作、建设—经营—转让等不同的投融资和运营模式，优中选优、优势互补，力求合作的经济效益、社会效益最大化，更好造福两国人民。		

领导人	时间	地点	会议
习近平	2015年11月6日	越南河内	习近平在越南国会发表重要演讲
主题	《共同谱写中越友好新篇章》		
讲话要点	◇ 中越要做互信互助的好同志。我们两国政治制度相同、理想信念相通、战略利益一致。中越两国坚持共产党领导、坚持社会主义道路、坚持推进改革开放和革新事业,是历史的选择,也是两国人民的选择。 ◇ 中越要做合作共赢的好伙伴。中越两国经济关联度大、互补性强,利益融合日益紧密。经济全球化、区域经济一体化给两国带来相似的机遇和挑战,中方高度重视两国发展战略对接,愿在"一带一路"、"两廊一圈"框架内,加强两国互联互通等基础设施建设及产能和投资贸易合作,为新形势下中越全面战略合作伙伴关系向更高层次发展注入强劲动力。 ◇ 中越要做相亲相望的好邻居。中越两国人民毗邻而居,古有互通互鉴之道,近有共御外敌之情,今有振兴繁荣之业。两国人民传统友谊经受了历史岁月和国际风云变幻的考验,是双边关系发展的重要基础和不竭动力。双方应该以建交65周年为契机,牢牢把握两国关系大方向,确保中越传统友谊代代相传。 ◇ 中越要做常来常往的好朋友。亲戚越走越近,朋友越走越亲。人民友谊是国家关系发展的力量源泉。		

领导人	时间	地点	会议
习近平	2015年11月7日	新加坡	习近平在新加坡国立大学发表重要演讲
主题	《深化合作伙伴关系 共建亚洲美好家园》		

讲话要点	◇ 共同维护和平安宁。维护亚洲和平是中国同周边国家的历史责任和共同担当。亚洲各国人民要永不为敌、增进互信，共同守护亚洲和平安宁，为亚洲各国发展和人民安居乐业创造良好条件。 ◇ 深入对接发展战略。亚洲各国人民要聚精会神推动发展、改善民生，互帮互助，从各自发展战略中发掘新的合作动力，规划新的合作愿景，锁定新的合作成果，做大互利合作的"蛋糕"，为彼此经济增长提供更多动能。 ◇ 积极开展安全合作。"单丝不线，孤掌难鸣。"亚洲各国人民要践行亚洲安全观，协调推进地区安全治理，共同担当和应对传统和非传统安全问题，坚持以和平方式通过友好协商解决矛盾分歧，坚持发展和安全并重，共谋互尊互信、聚同化异、开放包容、合作共赢的邻国相处之道。 ◇ 不断巩固人缘相亲。亚洲各国人民要从悠久的历史文明中汲取养分，凝聚对亚洲价值的集体认同，拓展人文交流合作，夯实睦邻友好的社会民意基础，把"和"、"合"的传统理念付诸彼此相处之道，把修睦合作的薪火世代传承下去。

领导人	时间	地点	会议
习近平	2015年 11月18日	菲律宾 马尼拉	亚太经合组织工商领导人峰会
主题	《发挥亚太引领作用 应对世界经济挑战》		
讲话要点	◇ 坚持推进改革创新。要加快产业升级换代，以科技创新带动产品、管理、商业模式创新，提高亚太经济体在全球供应链中的地位，共建共享协调、开放、包容的全球价值链。要发挥亚太经合组织的政策平台和孵化器功能，在互联网经济、蓝色经济、绿色经济、城镇化等领域加强合作，增强自主创新能力。 ◇ 坚持构建开放型经济。要加快亚太自由贸易区建设，推进区域经济一体化。要平等参与、充分协商，最大程度增强自由贸易安排的开放性和包容性，提高亚太开放型经济水平、维护多边贸易体制。要致力于合作共赢，反对保护主义，促进公平竞争。 ◇ 坚持落实发展议程。要把落实可持续发展议程纳入各自国家发展战略，确保有效落实。要建立全面发展伙伴关系，调动政府、企业、民间等各方面力量，为落实可持续发展议程作出贡献。要推动包容和谐发展，尽早实现可持续发展议程设定的各项指标，同时通过落实可持续发展议程，为提升发展质量和效益创造新的空间、实现相互促进。 ◇ 坚持推进互联互通。互联互通要注重基础设施、制度规章、人员交流三位一体，并行推动政策沟通、设施联通、贸易畅通、资金融通、民心相通。要通过互联互通对接各国发展战略和规划，找准优先领域和项目。要通过互联互通，实现各区域、各国生产要素互通有无、产业产能优势互补、发展经验互学互鉴。要优化亚太供应链、产业链、价值链，形成亚太规模经济效应和联动效应，实现亚太经济整体振兴。		

领导人	时间	地点	会议
习近平	2016年1月21日	埃及开罗	习近平在阿拉伯国家联盟总部发表重要演讲
主题	《共同开创中阿关系的美好未来》		

讲话要点	◇ 高举和平对话旗帜，开展促进稳定行动。中方将建立中阿改革发展研究中心；在中阿合作论坛框架内召开文明对话与去极端化圆桌会议，组织100名宗教界知名人士互访；加强中阿网络安全合作，切断暴力恐怖音视频网络传播渠道，共同参与制定网络空间国际反恐公约；提供3亿美元援助用于执法合作、警察培训等项目，帮助地区国家加强维护稳定能力建设。 ◇ 推进结构调整，开展创新合作行动。日趋激烈的国际发展竞争，需要我们提高合作档次。要推进"油气+"合作新模式，挖掘合作新潜力。中方愿同阿方加强上中下游全产业链合作，续签长期购油协议，构建互惠互利、安全可靠、长期友好的中阿能源战略合作关系。 ◇ 促进中东工业化，开展产能对接行动。为促进中东工业化进程，中国将联合阿拉伯国家，共同实施产能对接行动，包括设立150亿美元的中东工业化专项贷款，用于同地区国家开展的产能合作、基础设施建设项目，同时向中东国家提供100亿美元商业性贷款，支持开展产能合作；提供100亿美元优惠性质贷款，并提高优惠贷款优惠度；同阿联酋、卡塔尔设立共计200亿美元共同投资基金，主要投资中东传统能源、基础设施建设、高端制造业等。 ◇ 倡导文明交流互鉴，开展增进友好行动。为了让人才和思想在"一带一路"上流动起来，我们将实施增进友好"百千万"工程，包括落实"丝路书香"设想，开展100部中阿典籍互译；加强智库对接，邀请100名专家学者互访；提供1000个阿拉伯青年领袖培训名额，邀请1500名阿拉伯政党领导人来华考察，培育中阿友好的青年使者和政治领军人物；提供1万个奖学金名额和1万个培训名额，落实1万名中阿艺术家互访。

领导人	时间	地点	会议
习近平	2016年 3月21日	中国 北京	习近平同德国总统高克举行会谈
主题	推进"一带一路"框架下的中德合作		
讲话要点	<ul><li>巩固和加强中德全方位战略伙伴关系，最重要的就是要从战略高度和长远角度出发，牢牢把握两国关系发展大方向。</li><li>双方要坚持相互尊重、平等相待，照顾和尊重彼此核心利益和重大关切，努力扩大共同点、缩小分歧面，深化政治互信。要密切高层交往，用好现有的磋商对话机制。中方赞赏德国始终坚持一个中国政策，希望德方继续秉持这一积极立场。</li><li>双方正在加紧落实《中德合作行动纲要》提出的合作共识和倡议，下一步可以把三方合作作为切入点，共同支持和参与"一带一路"和亚欧互联互通建设，开拓国际市场。</li><li>两国应该积极加强在气候变化、安全等国际事务中的合作，加强在联合国等多边框架内的协调和配合。</li><li>中德将分别主办今明两年的二十国集团领导人会议，中方愿同德方就二十国集团重要议程保持密切沟通。双方要在文化、教育、媒体、青年、体育等广泛领域架设更多交流桥梁，办好中德青少年交流年活动。</li></ul>		

领导人	时间	地点	会议
习近平	2016年 3月28日	捷克 布拉格	习近平会见捷克总理索博特卡
主题	推进"一带一路"框架下的中捷合作		
讲话要点	◇ 中捷双方应以2015年两国政府签署的共同推进"一带一路"建设谅解备忘录为契机，加强彼此发展战略对接，确定重点合作领域和项目。 ◇ 中方愿同捷方稳步推进空中互联互通，探讨在高铁、路桥等基础设施建设领域开展合作。双方要继续加强汽车、机床等传统领域合作，同时在航空、纳米、生物、核电等高技术领域加强交流合作。 ◇ 中国政府鼓励和支持有实力的中国企业赴捷克投资兴业，扩大两国金融合作，也欢迎更多捷克企业开拓中国市场。 ◇ 双方应加大文化、教育、体育、旅游、卫生、影视等领域合作，发展地方交流，为中捷人文交流注入更多动力。		

领导人	时间	地点	会议
习近平	2016年4月29日	中国北京	习近平在中共中央政治局第三十一次集体学习时发表重要讲话
主题	推进"一带一路"建设		
讲话要点	◇ 注意构建以市场为基础、企业为主体的区域经济合作机制，广泛调动各类企业参与，引导更多社会力量投入"一带一路"建设，努力形成政府、市场、社会有机结合的合作模式，形成政府主导、企业参与、民间促进的立体格局。 ◇ 人文交流合作也是"一带一路"建设的重要内容。真正要建成"一带一路"，必须在沿线国家民众中形成一个相互欣赏、相互理解、相互尊重的人文格局。 ◇ "一带一路"建设既要确立国家总体目标，也要发挥地方积极性。地方的规划和目标要符合国家总体目标，服从大局和全局。要把主要精力放在提高对外开放水平、增强参与国际竞争能力、倒逼转变经济发展方式和调整经济结构上来。要立足本地实际，找准位置，发挥优势，取得扎扎实实的成果，努力拓展改革发展新空间。		

领导人	时间	地点	会议
习近平	2016年5月3日	中国北京	习近平同老挝人民革命党中央总书记、国家主席本扬举行会谈
主题	拓展中老全面战略合作的广度和深度		
讲话要点	◇ 为拓展中老全面战略合作的广度和深度，双方要密切高层交往，保持政治互信高水平。 ◇ 要深化党际交流，促进互学互鉴，加强治党治国经验交流。 ◇ 要对接发展战略，推动务实合作，做好"一带一路"倡议同老挝"变陆锁国为陆联国"战略、中国"十三五"规划和老挝"八五"规划的有效对接。 ◇ 要加强人文交流，发展民心相通工程。 ◇ 要加强安全合作，维护稳定局面。 ◇ 要加强协调配合，深化国际事务合作。		

续表

领导人	时间	地点	会议
习近平	2016年 6月19日	波兰 华沙	习近平同波兰总统杜达举行会晤
主题	推进"一带一路"框架下的中波合作		
讲 话 要 点	◇ 波兰地处欧亚大陆十字路口，是"琥珀之路"和"丝绸之路"的交汇点，具有独特区位优势。 ◇ 中方欢迎波方积极参与"一带一路"建设，愿同波方一道，加强在"一带一路"建设框架内合作，深入挖掘互联互通、基础设施建设等领域合作潜力，力争取得更多成果。 ◇ 中方欢迎波方作为创始成员国积极参与亚洲基础设施投资银行建设。		

续表

领导人	时间	地点	会议
习近平	2016年 6月20日	波兰 华沙	丝路国际论坛暨中波地方与经贸合作论坛开幕式
主题	《携手同心 共创未来》		

讲话要点

◇ 齐心协力，将中波合作打造成"一带一路"合作的典范，带动整个区域合作。

◇ 突出重点，将经贸合作作为主攻方向，携手推动中欧贸易和投资机制建设，提高贸易和投资自由化便利化水平，整合欧洲先进技术优势、中国产能优势、波兰区位和人才优势，打造新的贸易中心和经济增长极。

◇ 紧密协作，推动中国—中东欧国家合作更加紧密地同"一带一路"建设对接，构建持久务实的中国—中东欧国家合作。

◇ 优化机制，使地方政府、企业和其他民间机构形成合力。中波两国地方政府应该继续加强交流，为当地企业和其他民间机构开展合作多搭桥、搭好桥，拓展各领域务实合作，夯实中波友好的民意基础。

◇ 智力先行，强化智库的支撑引领作用。要加强对"一带一路"建设方案和路径的研究，在规划对接、政策协调、机制设计上做好政府的参谋和助手，在理念传播、政策解读、民意通达上做好桥梁和纽带。

续表

领导人	时间	地点	会议
习近平	2016年6月22日	乌兹别克斯坦塔什干	习近平在乌兹别克斯坦最高会议立法院发表重要演讲
主题	《携手共创丝绸之路新辉煌》		
讲话要点	◇ 中国愿同"一带一路"沿线国家一道,在自愿、平等、互利原则基础上,携手构建务实进取、包容互鉴、开放创新、共谋发展的"一带一路"互利合作网络。 ◇ 中国愿秉持共商、共建、共享原则,以"一带一路"沿线各国发展规划对接为基础,以贸易和投资自由化便利化为纽带,以互联互通、产能合作、人文交流为支柱,以金融互利合作为重要保障,积极开展双边和区域合作,努力开创"一带一路"新型合作模式。 ◇ 中国愿同伙伴国家携手努力,共同打造"一带一路"沿线国家多主体、全方位、跨领域的互利合作新平台。 ◇ 中国愿同伙伴国家一道,继续完善基础设施网络,全面推进国际产能合作,加强金融创新和合作,拓展人文领域合作。要与沿线各国携手打造"绿色丝绸之路"、"健康丝绸之路"、"智力丝绸之路"、"和平丝绸之路"。		

领导人	时间	地点	会议
习近平	2016年6月25日	中国北京	习近平同俄罗斯总统普京举行会谈
主题	推进中俄两国战略对接		

讲话要点	◇ 中俄要加大相互政治支持。双方要在涉及彼此核心利益问题上相互支持，不断巩固和深化政治和战略互信。 ◇ 中俄都是世界主要经济体和新兴市场国家，双方要通过深化务实合作和利益交融，特别是推进两国发展战略对接和"一带一路"建设同欧亚经济联盟建设对接合作，推进更广泛的区域经济合作，共同应对世界经济发展中遇到的困难和挑战，保持我们两国经济持续良好发展势头。

续表

领导人	时间	地点	会议
习近平	2016年 8月17日	中国 北京	推进"一带一路"建设工作座谈会
主题	推进"一带一路"建设		

讲话要点

◇ 要切实推进思想统一，坚持各国共商、共建、共享，遵循平等、追求互利，牢牢把握重点方向，聚焦重点地区、重点国家、重点项目，抓住发展这个最大公约数，不仅造福中国人民，更造福沿线各国人民。

◇ 要切实推进规划落实，周密组织，精准发力，进一步研究出台推进"一带一路"建设的具体政策措施，创新运用方式，完善配套服务，重点支持基础设施互联互通、能源资源开发利用、经贸产业合作区建设、产业核心技术研发支撑等战略性优先项目。

◇ 要切实推进统筹协调，坚持陆海统筹，坚持内外统筹，加强政企统筹，鼓励国内企业到沿线国家投资经营，也欢迎沿线国家企业到我国投资兴业，加强"一带一路"建设同京津冀协同发展、长江经济带发展等国家战略的对接，同西部开发、东北振兴、中部崛起、东部率先发展、沿边开发开放的结合，带动形成全方位开放、东中西部联动发展的局面。

◇ 要切实推进关键项目落地，以基础设施互联互通、产能合作、经贸产业合作区为抓手，实施好一批示范性项目，多搞一点早期收获，让有关国家不断有实实在在的获得感。

◇ 要切实推进金融创新，创新国际化的融资模式，深化金融领域合作，打造多层次金融平台，建立服务"一带一路"建设长期、稳定、可持续、风险可控的金融保障体系。

◇ 要切实推进民心相通，弘扬丝路精神，推进文明交流互鉴，重视人文合作。

◇ 要切实推进舆论宣传，积极宣传"一带一路"建设的实实在在成果，加强"一带一路"建设学术研究、理论支撑、话语体系建设。

◇ 要切实推进安全保障，完善安全风险评估、监测预警、应急处置，建立健全工作机制，细化工作方案，确保有关部署和举措落实到每个部门、每个项目执行单位和企业。

领导人	时间	地点	会议
习近平	2017年 5月14日	中国 北京	"一带一路"国际合作高峰论坛 开幕式
主题	《携手推进"一带一路"建设》		

讲话要点	◇ 丝路精神：和平合作、开放包容、互学互鉴、互利共赢。 ◇ 成就："一带一路"倡议提出四年来政策沟通不断深化、设施联通不断加强、贸易畅通不断提升、资金融通不断扩大、民心相通不断促进。 ◇ 建议：要将"一带一路"建成和平之路，要将"一带一路"建成繁荣之路，要将"一带一路"建成开放之路，要将"一带一路"建成创新之路，要将"一带一路"建成文明之路。 ◇ 中国愿在和平共处五项原则基础上，发展同所有"一带一路"建设参与国的友好合作；中国已经同很多国家达成了"一带一路"务实合作协议；中国将加大对"一带一路"建设资金支持，向丝路基金新增资金1000亿元人民币，鼓励金融机构开展人民币海外基金业务，规模预计约3000亿元人民币；中国将积极同"一带一路"建设参与国发展互利共赢的经贸伙伴关系，促进同各相关国家贸易和投资便利化，建设"一带一路"自由贸易网络，助力地区和世界经济增长；中国愿同各国加强创新合作，启动"一带一路"科技创新行动计划，开展科技人文交流、共建联合实验室、科技园区合作、技术转移4项行动；中国将在未来3年向参与"一带一路"建设的发展中国家和国际组织提供600亿元人民币援助，建设更多民生项目。中国将设立"一带一路"国际合作高峰论坛后续联络机制。

续表

领导人	时间	地点	会议
李克强	2015年 3月5日	中国 北京	第十二届全国人民代表大会第三次 会议
主题	《政府工作报告》		
讲 话 要 点	◇ 推进丝绸之路经济带和21世纪海上丝绸之路合作建设。加快互 联互通、大通关和国际物流大通道建设。 ◇ 把"一带一路"建设与区域开发开放结合起来，加强新亚欧大 陆桥、陆海口岸支点建设。		

领导人	时间	地点	会议
李克强	2015年 4月13日	中国 北京	亚洲—非洲法律协商组织第54届年会 开幕式
主题	助力亚非法协发展，促进国际法治合作		
讲话要点	◇ 新形势下，亚非各国应继续发扬万隆精神，共同推动世界和平发展与公平正义。推动国际政治秩序更加公正合理；促进世界经济更加开放有序；维护国际和地区和平稳定；共同应对全球非传统安全挑战；深化国际法治交流合作。 ◇ 中国一如既往支持亚非法协的事业，将出资设立"中国—亚非法协国际法交流与研究项目"，助力亚非法协发展，促进国际法治合作。		

领导人	时间	地点	会议
李克强	2015年 6月19日	中国 北京	推进中央企业参与"一带一路"建设暨国际产能和装备制造合作工作会议
主题	紧密结合"一带一路"战略积极推动国际产能合作			

讲话要点	◇ 推动国际产能和装备制造合作，是新阶段下以开放促进发展的必由之路，既有利于顶住经济下行压力，实现中高速增长、迈向中高端水平，也是与全球经济深度融合，在更高层次上嵌入世界产业链条，实现优势互补、合作发展的共赢之举。 ◇ 当前，利用我国优势产能，突出重点领域，推动国际产能合作，条件具备，机遇难得。 ◇ 紧密结合"一带一路"战略，善于抓住和对接当地需求，坚持创新合作模式，坚持市场导向和商业运作原则，更加注重质量信用品牌服务提升，更加注重装备标准技术管理同进，更加注重自身发展与造福当地并重，推动形成优进优出格局，促进新一轮高水平对外开放，为我国发展增添新动能、实现经济提质增效升级作出更大贡献。

领导人	时间	地点	会议
李克强	2015年 7月29日	中国 北京	李克强会见土耳其总统埃尔多安
主题	加强中土合作，共建"一带一路"		
讲话要点	◇ 中方愿将"一带一路"战略同土方"中间走廊"计划相衔接，加强铁路等基础设施建设、新能源、轻工、通信等产业合作，推动双边贸易均衡增长，拓展航空、航天、金融等新兴领域合作。希望土方为中方企业赴土投资提供便利和支持。		

领导人	时间	地点	会议
李克强	2015年11月21日	马来西亚吉隆坡	第十八次东盟与中日韩（10+3）领导人会议
主题	促进"10+3"合作，共建"一带一路"		
讲话要点	◇ 要推动"一带一路"倡议同区域国家发展战略对接，强调世代友好、合作共赢，加快推进东亚经济一体化进程。 ◇ 当前东亚地区经济发展总体保持上升势头，仍然是全球最具活力和发展潜力的地区之一。 ◇ 东盟共同体即将宣布建成，东盟国家内部合作跨入新的历史阶段，这将为10+3合作增添新的动力。 ◇ 就10+3合作提出六点建议：加快推进东亚经济一体化；协力维护地区金融稳定；提升互联互通水平；开展国际产能合作；深化农业减贫合作；拓展人文交流。 ◇ 10+3合作多年来秉承的宗旨是维护《联合国宪章》原则，尊重国际法，遵循我们之间达成的宣言、协议，用和平对话而非相互指责的方式处理问题。		

领导人	时间	地点	会议
李克强	2015年11月21日	马来西亚吉隆坡	李克强出席东亚合作领导人系列会议并会见老挝总理通邢
主题	推动中老合作，共建"一带一路"		
讲话要点	◇ 中老铁路合作进展顺利，将于近期举行奠基仪式。 ◇ 老挝首颗卫星在中国成功发射。 ◇ 希望双方再接再厉，推动经济合作区、高速公路、铁路等基础设施建设合作取得新进展，打造区域互联互通典范工程。 ◇ 老挝2016年将担任东盟轮值主席国，还是新成立的澜沧江—湄公河合作机制重要成员。中方愿同老方密切配合，推动中国—东盟关系、澜沧江—湄公河合作取得更大发展，更好造福中老两国和地区各国人民。		

领导人	时间	地点	会议
李克强	2015年11月22日	马来西亚吉隆坡	李克强出席东亚合作领导人系列会议并会见新西兰总理约翰·基
主题	推动中新合作,共建"一带一路"		
讲话要点	◇ 中新经济优势互补,合作潜力巨大。希望双方用好相关合作机制平台,加强政策对话协调,探讨推进自贸协定升级谈判。 ◇ 中方鼓励中国企业参与新西兰交通和灾后重建项目等基础设施建设,希望新方提供相关准入便利。 ◇ 中方愿同新方加强人文、两军对话交流和执法合作,加强在全球和区域多边机制中的沟通协调,积极开辟合作新领域,造福两国人民。		

领导人	时间	地点	会议
李克强	2015年11月23日	马来西亚吉隆坡	李克强出席东亚合作领导人系列会议并会见马来西亚总理纳吉布
主题	推动中马合作，共建"一带一路"		

讲话要点	◇ 中方愿同马方一道弘扬传统友谊，深化各领域务实合作，将中马全面战略伙伴关系提升到更高水平，打造互信互利、合作共赢的睦邻友好关系典范。 ◇ 一是深化战略沟通与政治互信，增进高层交往。 ◇ 二是对接发展战略，推进产能合作。抓住共建"一带一路"和两国经济转型升级的契机，以钦州、关丹和马六甲临海产业园区为平台，大力开展产能合作。将中方技术与成本优势同马方基础设施建设需求相对接，通过积极探讨开展马来西亚—新加坡高铁建设、马来西亚南部铁路建设和中马港口联盟等合作，加强区域互联互通，助力两国经贸往来。 ◇ 三是进一步拓展经贸投资与金融合作。中方决定将向马方提供500亿元的人民币合格境外机构投资者（RQFII）投资额度。鼓励双方企业扩大相互投资。希望两国央行和金融机构加强沟通合作，共同维护两国和地区金融稳定。 ◇ 四是推动两国合作"上天入海"，加强航天、海洋经济和科技等领域的互利合作。 ◇ 五是加强防务和执法安全合作，积极探讨开展机制化联训联演，深化反恐和打击跨国犯罪合作。 ◇ 六是增进人文交流，推进教育、旅游合作，办好青年交流活动，使中马友谊薪火相传。

领导人	时间	地点	会议
李克强	2015年11月24日	中国苏州	在第五届中国—中东欧国家经贸论坛上的致辞
主题	《携手开创互利共赢合作新局面》		
讲话要点	◇ 深化中国—中东欧全面合作，应做到：第一，尽快推动互联互通项目落地。第二，发挥产能合作的引领作用。第三，打造农产品特色贸易新亮点。第四，拓宽渠道解决投融资问题。 ◇ "16+1合作"的重点之一是加强区域交通基础设施建设，以更好对接"一带一路"倡议。中国将全力推动匈塞铁路这一旗舰项目，确保年内开工、两年完成，并与有关各方共同推进中欧陆海快线建设，使中东欧成为中国同欧洲贸易联系的快捷通道。 ◇ 研究设立30亿美元投资基金，启动中国—中东欧投资合作基金二期，探讨设立人民币中东欧合作基金。		

领导人	时间	地点	会议
李克强	2016年1月16日	中国北京	亚洲基础设施投资银行理事会成立大会
主题	鼓励亚投行与"一带一路"沿线国家对接发展战略		
讲话要点	◇ 推动"一带一路"倡议同各国发展战略相对接。支持开展基础设施等建设，按照共商、共建、共享原则，促进区域和次区域经济合作。亚投行与亚洲开发银行等机构互为补充，并行不悖。欢迎其他多边开发机构共同参与，齐心发力，把合作的蛋糕做大。 ◇ 积极推进国际产能合作，以有效供给拉动有效需求。针对发展中成员工业化、城镇化发展需求，提供成本低、技术水平高、节能环保的解决方案、装备产品和融资支持，积极探索开展包括第三方合作在内的多样化合作模式。 ◇ 创新合作模式，推动多样化合作包容共进。注重同发展伙伴的配合，为南南合作和南北合作提供新平台和新机遇，实现发展效益最大化。		

续表

领导人	时间	地点	会议
李克强	2016年3月5日	中国西安	第十二届全国人民代表大会第四次会议
主题	《政府工作报告》		

讲话要点	◇ "一带一路"建设成效显现，国际产能合作步伐加快，高铁、核电等中国装备走出去取得突破性进展。 ◇ 继续推动东、中、西、东北地区"四大板块"协调发展，重点推进"一带一路"建设、京津冀协同发展、长江经济带发展"三大战略"，在基础设施、产业布局、生态环保等方面实施一批重大工程。 ◇ 深入推进"一带一路"建设，落实京津冀协同发展规划纲要，加快长江经济带发展。 ◇ 扎实推进"一带一路"建设。统筹国内区域开发开放与国际经济合作，共同打造陆上经济走廊和海上合作支点，推动互联互通、经贸合作、人文交流。构建沿线大通关合作机制，建设国际物流大通道。推进边境经济合作区、跨境经济合作区、境外经贸合作区建设。坚持共商共建共享，使"一带一路"成为和平友谊纽带、共同繁荣之路。

领导人	时间	地点	会议
张高丽	2014年10月10日	中国西安	推进"一带一路"建设工作座谈会
主题	扎实实施"一带一路"重大战略,努力打造全方位对外开放新格局		
讲话要点	◇ 要把思想行动统一到党中央、国务院的决策部署上来,科学规划,积极作为,重在落实,扎实实施"一带一路"重大战略,努力打造全方位对外开放新格局。 ◇ 实施"一带一路"重大战略,首先要统一思想认识,搞好顶层设计,科学制定规划,明确重点方向,有力有序稳妥推进。 ◇ 要进一步立足比较优势,找准自身定位,把中央战略规划与各地实际结合起来,制定好实施方案和政策措施,决不能一哄而起低水平竞争。 ◇ 要突出工作重点,搞好互联互通,深化与沿线国家交流合作,强化国内支撑,努力打造对外开放新高地。 ◇ 要加强统筹协调,用好合作机制,凝聚"一带一路"建设的强大推动力。 ◇ 要抓好重大项目,发挥示范效应,推动产业深度对接,加强能源资源、现代农业、先进制造业、现代服务业、海洋经济等领域合作。 ◇ 要突出核心理念,促进互利共赢,建设利益共同体、命运共同体和责任共同体。 ◇ 要抓住重大机遇,做到远近结合,培育新的经济增长点,推动经济社会持续健康发展。		

领导人	时间	地点	会议
张高丽	2015年 2月1日	中国 北京	推进"一带一路"建设工作会议
主题	努力实现"一带一路"建设良好开局,推动中国和沿线国家互利共赢共同发展			
讲话要点	◇ 推进"一带一路"建设是党中央、国务院统筹国内国际两个大局作出的重大决策,对开创我国全方位对外开放新格局、促进地区及世界和平发展具有重大意义。 ◇ 要坚持共商、共建、共享原则,积极与沿线国家的发展战略相互对接。 ◇ 要把握重点方向,陆上依托国际大通道,以重点经贸产业园区为合作平台,共同打造若干国际经济合作走廊;海上依托重点港口城市,共同打造通畅安全高效的运输大通道。 ◇ 要强化规划引领,把长期目标任务和近期工作结合起来,加强对工作的具体指导。 ◇ 要抓好重点项目,以基础设施互联互通为突破口,发挥对推进"一带一路"建设的基础性作用和示范效应。 ◇ 要畅通投资贸易,着力推进投资和贸易便利化,营造区域内良好营商环境,抓好境外合作园区建设,推动形成区域经济合作共赢发展新格局。 ◇ 要拓宽金融合作,加快构建强有力的投融资渠道支撑,强化"一带一路"建设的资金保障。 ◇ 要促进人文交流,传承和弘扬古丝绸之路友好合作精神,夯实"一带一路"建设的民意和社会基础。 ◇ 要保护生态环境,遵守法律法规,履行社会责任,共同建设绿色、和谐、共赢的"一带一路"。 ◇ 要加强沟通磋商,充分发挥多边双边、区域次区域合作机制和平台的作用,扩大利益契合点,谋求共同发展、共同繁荣,携手推进"一带一路"建设。			

领导人	时间	地点	会议
张高丽	2015年 2月6日	中国 北京	推动长江经济带发展工作会议
主题	研究讨论《2015年推动长江经济带发展工作要点》，部署下一步深入推动长江经济带发展工作		
讲话要点	◇ 要科学谋划、创新机制、加强统筹，扎实有序做好推动长江经济带发展工作。 ◇ 要加强规划引导，做好推动长江经济带发展的顶层设计。 ◇ 要继续挖掘和利用长江黄金水道优势，加快建设综合立体交通走廊，提升干支流航运能力，增强对长江经济带发展的战略支撑。 ◇ 要实施创新驱动发展战略，优化沿江产业布局，合理引导产业转移，促进长江经济带发展提质增效升级。 ◇ 要坚持走新型城镇化道路，优化城市群布局和形态，保护山水特色和历史文脉，搞好新型城镇化综合试点。 ◇ 要统筹沿海沿江沿边和内陆开放，加强与"一带一路"战略之间的衔接互动，提升长江经济带开放型经济水平。 ◇ 要加强生态环境保护，建设绿色生态廊道，确保长江经济带水清地绿天蓝。 ◇ 要建立健全地方政府之间协商合作机制，共同研究解决区域合作中的重大事项。 ◇ 要科学论证重点项目和工程，成熟一批推出一批，加快在重点领域取得实质性突破。		

领导人	时间	地点	会议
张高丽	2015年 5月27日	中国 重庆	亚欧互联互通产业对话会
主题	创新引领行动，推进亚欧互联互通		
讲话要点	◇ 中国是亚欧大家庭的一员，中国的发展与亚欧的整体发展密不可分。中国国家主席习近平提出的"一带一路"倡议得到沿线国家积极响应，已成为兼顾各方利益、反映各方诉求的共同愿望。 ◇ "一带一路"和互联互通相融相近、相辅相成，亚欧互联互通产业合作前景光明。 ◇ 中国正与"一带一路"沿线国家一道，积极规划中蒙俄、新亚欧大陆桥、中国—中亚—西亚、中国—中南半岛、中巴、孟中印缅六大经济走廊建设。 ◇ 亚洲基础设施投资银行和丝路基金将为亚欧互联互通产业合作提供有力的资金支持。		

续表

领导人	时间	地点	会议
张高丽	2015年 7月21日	北京	"一带一路"建设推进工作会议

主题	突出重点 扎实工作 确保实现 "一带一路" 建设良好开局
讲话要点	◇ 要瞄准重点方向，着力推进新亚欧大陆桥、中蒙俄、中国—中亚—西亚、中国—中南半岛、中巴、孟中印缅六大国际经济走廊建设。 ◇ 要聚焦重点国家，积极推动长期友好合作，共同打造互信、融合、包容的利益共同体、责任共同体、命运共同体。 ◇ 要加强重点领域，以互联互通和产业合作为支点，促进国际产能合作和优势互补，推动务实互利合作向宽领域发展。 ◇ 要抓好重点项目，打造一批具有基础性作用和示范效应的标志性工程，抓紧建立权威、规范、全面的 "一带一路" 重大项目储备库。 ◇ 要加强指导和协调，突出重点地区，明确各省区市的定位，发挥各地比较优势，加强东中西合作，实现良性互动，在参与 "一带一路" 建设中形成全国一盘棋。

领导人	时间	地点	会议
张高丽	2015年 9月18日	中国 南宁	在第十二届中国—东盟博览会开幕大会上致辞
主题	《和平合作 开放包容 互利共赢 携手建设更为紧密的中国—东盟命运共同体》		
讲话要点	◇ 进一步增进政治互信，加强"一带一路"建设与东盟共同体建设蓝图、东盟国家发展战略对接，推进商签"中国—东盟国家睦邻友好合作条约"，加快制定《落实中国—东盟面向和平与繁荣的战略伙伴关系联合宣言行动计划（2016—2020）》。 ◇ 进一步深化经贸合作，争取尽早完成中国—东盟自贸区升级谈判，共同推进区域全面经济伙伴关系（RCEP）谈判进程。 ◇ 进一步推进国际产能合作，共同建设各类产业园区，提升中国和东盟产业在全球的竞争力。用好亚洲基础设施投资银行、丝路基金等投融资平台，发挥金融对基础设施建设、产能合作的关键支持作用。 ◇ 进一步加强互联互通建设，推动贯通中国西部地区与中南半岛、衔接"一带一路"建设的南北陆路新通道建设，共同建设中国—东盟信息港。 ◇ 进一步开展海上合作，着力把海上合作打造成为中国—东盟关系发展的新亮点、新动力。 ◇ 进一步密切人文交流，加强文化、教育、科技、旅游、农业、环保等领域的交流合作。		

领导人	时间	地点	会议
张高丽	2015年12月1日	中国广州	"一带一路"建设工作座谈会
主题	深入实施创新驱动发展战略,争当"一带一路"建设的排头兵和主力军		
讲话要点	◇ 要在"六廊六路多国多港"框架下,瞄准重点方向和重点国家,着力打造"一带一路"建设支点和标志性合作项目。 ◇ 要突出互联互通和产能合作两条主线,全力推进一批重大项目和重要园区建设,加强与沿线国家产业对接合作。 ◇ 要积极拓展"一带一路"沿线国家市场,提升经贸合作水平,促进外贸稳定增长。 ◇ 要强化财税、金融、海关、质检等政策支持,发挥好亚洲基础设施投资银行和丝路基金的重要作用,为"一带一路"建设提供有力支撑。 ◇ 要完善对外交流平台,推动与沿线国家建立更加紧密的联系,共同构建利益共同体、命运共同体和责任共同体。		

领导人	时间	地点		会议	
张高丽	2016年 1月15日	中国 北京		推进"一带一路"建设工作会议	
主题	坚持共商共建共享推进"一带一路"建设 打造陆海内外联动、东西双向开放新格局				
讲话要点	◇ 要牢固树立和贯彻落实创新、协调、绿色、开放、共享的发展理念，瞄准重点方向、重点国家、重点项目，推动"一带一路"建设取得新的更大成效。 ◇ 要加强战略对接，通过商签合作协议等合作方式，与沿线国家形成利益"最大公约数"。 ◇ 要以基础设施互联互通为先导，陆上依托国际大通道，共同打造国际经济合作走廊，海上以重点港口为节点，共同建设运输大通道。 ◇ 要深化经贸务实合作，与有关国家签署投资保护协定，提高投资、贸易、人员往来便利化水平。 ◇ 要推动人文交流，保护生态环境，共同建设绿色、和谐、共赢的"一带一路"。 ◇ 要健全保障体系，完善财税、金融、海关、质检等方面政策，强化对"一带一路"建设的支撑。 ◇ 要完善和用好各类交流合作平台，为"一带一路"建设营造良好的政治、舆论、商业、民意氛围。				

领导人	时间	地点	会议
张高丽	2016年 9月11日	中国 南宁	第十三届中国—东盟博览会暨中国—东盟商务与投资峰会开幕大会
主题	深入推进21世纪海上丝绸之路建设，共筑更紧密的中国—东盟命运共同体		
讲话要点	◇ 加强发展战略对接，落实好"2+7合作框架"，实施好双方战略伙伴关系第三份五年行动计划，共同推动包容性发展。深化政治互信，推进商签"中国—东盟国家睦邻友好合作条约"。 ◇ 加强国际产能合作，落实《中国—东盟产能合作联合声明》，打造经济互补发展的重要引擎。 ◇ 加强经济经贸合作，积极落实中国—东盟自贸区升级相关议定书，推进货物贸易和投资便利化，进一步开放服务市场，共同推进区域全面经济伙伴关系协议谈判进程。 ◇ 加强互联互通建设，制定东亚和亚洲互联互通规划，推动区域互联互通水平迈上新台阶，让双方民众获得更多实惠。 ◇ 加强金融领域合作，充分发挥亚洲基础设施投资银行、丝路基金等作用，为本地区基础设施互联互通、国际产能合作提供融资支持。 ◇ 加强人文交流合作，不断丰富双方友好关系的内涵。逐步扩大互派留学生规模，加强跨境旅游合作，落实《中国—东盟文化合作行动计划》。		

领导人	时间	地点	会议
张高丽	2016年 9月13日	中国 北京	推进"一带一路"建设工作会议
主题	有力有序有效推进"一带一路"建设		
讲 话 要 点	◇ 要加强顶层设计、规划引领，适应沿线国家发展要求，进一步研究出台推进"一带一路"建设的政策措施，尽快形成"一带一路"建设规划实施体系和政策保障体系。 ◇ 要加强战略对接，落实好已签署的30多个共建"一带一路"政府间合作备忘录，建立"一国一策"互利共赢的合作方式。 ◇ 要加强统筹协调，坚持陆海统筹、内外统筹、政企统筹，推动形成全方位对外开放、东中西联动发展的局面。 ◇ 要加强示范引导，以基础设施互联互通、产能合作、经贸产业合作区为抓手，把握重点方向、重点地区、重点国家，抓好关键项目落地。 ◇ 要加强金融合作，打造多层次金融平台，建立服务"一带一路"建设的长期、稳定、可持续、风险可控的金融保障体系。 ◇ 要加强人文合作，弘扬丝路精神，为"一带一路"建设营造民心相通、文化包容的良好外部环境。 ◇ 要进一步规范走出去企业投资行为，加强安全保障论证研判，制定切实有效措施，确保重大合作项目安全成功。		

2

"一带一路"倡议的主要内容与
实施方案

2.1 国家各部委关于"一带一路"倡议意见出台大事记

机构	时间	主要措施	相应文件
中共中央第十八届中央委员会	2013年11月12日	◇ 加快同周边国家和区域基础设施互联互通建设，推进丝绸之路经济带、海上丝绸之路建设，形成全方位开放新格局。	《中共中央关于全面深化改革若干重大问题的决定》
国务院	2014年3月5日	◇ 抓紧规划建设丝绸之路经济带、21世纪海上丝绸之路，推进孟中印缅、中巴经济走廊建设，推出一批重大支撑项目，加快基础设施互联互通，拓展国际经济技术合作新空间。	《政府工作报告》
中央经济工作会议	2014年12月9日	◇ 要重点实施"一带一路"、京津冀协同发展、长江经济带三大战略，争取2015年有个良好开局。	
国务院	2015年3月5日	◇ 构建全方位对外开放新格局，推进丝绸之路经济带和21世纪海上丝绸之路合作建设。 ◇ 加快互联互通、大通关和国际物流大通道建设，构建中巴、孟中印缅等经济走廊。 ◇ 把"一带一路"建设与区域开发开放结合起来，加强新亚欧大陆桥、陆海口岸支点建设。	《政府工作报告》

续表

机构	时间	主要措施	相应文件
商务部	2015年3月9日	◇ 中国商务部和格鲁吉亚经济与可持续发展部在京签署关于启动中国—格鲁吉亚自由贸易协定谈判可行性研究的联合声明，商定尽快成立联合专家组，启动中格自由贸易协定谈判可行性研究。 ◇ 双方同时签署关于加强共建"丝绸之路经济带"合作的备忘录，将在中格经贸合作委员会框架内，共同推进"丝绸之路经济带"建设的经贸合作，全面提升贸易、投资、经济技术合作和基础设施互联互通水平。	
国家发展和改革委员会、外交部、商务部	2015年3月28日	◇ 陆上依托国际大通道，以沿线中心城市为支撑，以重点经贸产业园区为合作平台，共同打造新亚欧大陆桥、中蒙俄、中国—中亚—西亚等国际经济合作走廊。 ◇ 海上以重点港口为节点，共同建设通畅安全高效的运输大通道。 ◇ 共建"一带一路"是中国的倡议，也是中国与沿线国家的共同愿望。 ◇ 站在新的起点上，中国愿与沿线国家一道，以共建"一带一路"为契机，平等协商，兼顾各方利益，反映各方诉求，携手推动更大范围、更高水平、更深层次的大开放、大交流、大融合。 ◇ "一带一路"建设是开放的、包容的，欢迎世界各国和国际、地区组织积极参与。	《推动共建丝绸之路和21世纪海上丝绸之路的愿景与行动》

机构	时间	主要措施	相应文件
国家发展和改革委员会	2015年4月17日	◇ "三个减少"：一是境外投资原则上一律取消审批核准，实现网上备案，取消中国企业境外发行债券及境外商业银行融资的审批；二是取消对外投资和装备"走出去"各环节不必要的收费；三是取消对企业"走出去"的各种不合理限制。 ◇ "三个拓展"：一是拓展融资渠道。支持企业以境外资产、股权、矿权等权益为抵押来开展贷款，提高企业融资能力。二是拓展合作服务。金融机构在境外设立更多的网点，并开展PPP项目贷款业务。三是拓展合作机制。通过银团贷款、出口信贷、项目融资等多种方式为企业提供支持。	
国家税务总局	2015年4月20日	◇ 在执行协定维权方面认真执行税收协定和加强涉税争议双边协商，改善服务谋发展方面做到建设国别税收信息中心、建立"一带一路"税收服务网页、深化对外投资税收宣传辅导、设立12366纳税服务热线专席、发挥中介机构作用。 ◇ 在规范管理方面完善境外税收信息申报管理、开展对外投资税收分析、探索跨境税收风险管理等。	《关于落实"一带一路"发展战略要求做好税收服务与管理工作的通知》

续表

机构	时间	主要措施	相应文件
商务部	2015年5月25日	◇ 商务部等10部门联合印发《全国流通节点城市布局规划（2015—2020年）》，目的是加快构建全国骨干流通网络，努力提升流通节点城市功能，更好发挥流通产业的基础性和先导性作用，进一步释放消费潜力。	《全国流通节点城市布局规划（2015—2020年）》
海关总署	2015年5月27日	◇ 海关总署以"推进互联互通、实现关通天下"为目标，重点从"畅顺大通道、提升大经贸、深化大合作"3个方面推出16条措施。 ◇ 畅顺大通道方面，海关总署主要采取包括统筹口岸发展布局、创新口岸管理模式、推进国际物流大通道建设、促进海上运输通道建设、推动口岸管理相关部门信息互换监管互认执法互助和推进"一带一路"区域通关一体化改革等6项措施。 ◇ 提升大经贸方面，主要采取包括支持各地扩大对外开放、支持企业"走出去"、支持新型贸易业态发展、推动与沿线国家共建自由贸易区、发挥海关特殊监管区域和保税监管场所政策优势等5项措施。 ◇ 深化大合作方面，采取包括丰富国际合作的内容与机制、突出重点推进海关双边国际合作、深化海关区域国际合作、积极参与多边合作不断扩大海关影响力、打造一批促进互联互通合作项目典范5项举措。	《全国流通节点城市布局规划（2015—2020年）》

机构	时间	主要措施	相应文件
交通运输部	2015年5月29日	◇ 以"四个全面"战略布局为统领，使交通真正成为发展的先行官，进一步支撑和引领经济社会持续健康发展。 ◇ 审议通过《交通运输部落实"一带一路"战略规划实施方案（送审稿）》。 ◇ 交通运输是"一带一路"战略实施的基础条件和重要保障，要增强政治意识、大局意识和责任意识，深化对"一带一路"中交通运输大布局定位、大通道发展、重要项目节点、运输便利化、多平台合作、双边关系以及政府引领作用等的研究，扎实推进重大任务和重点项目的实施，把"一带一路"战略要求落实到位。	《交通运输部落实"一带一路"战略规划实施方案（送审稿）》

机构	时间	主要措施	相应文件
商务部	2015年6月11日	◇ 承诺继续共同努力将GMS交通走廊转变为经济走廊，寻找促进区内外贸易投资的途径，确保GMS实现包容、可持续发展。 ◇ 欢迎GMS秘书处制订《推动实施经济走廊具体项目试点概念计划》，继续切实采取措施推动落实《经济走廊战略行动计划》，进一步促进地方政府和其他利益相关者参与具体项目或领域的合作。 ◇ 启动制订《交通与贸易便利化行动方案》，涵盖跨境交通工具、物资、人员流动等各个方面，提高次区域交通和贸易便利化水平。 ◇ 推动在具体国家选定的地点建设特殊经济区，包括双边经济合作区、边境合作区、工业园区等形式，以此促进和吸引人员、货物、资本、技术、信息和其他生产要素流动，以加速重点边境地区及整个次区域的发展。 ◇ 同意建立大湄公河次区域跨境电子商务平台，以此推动区域内的跨境电商企业深化合作，增加各国中小微企业参与国际市场的机会。	《大湄公河次区域经济走廊论坛部长联合声明》及《加强经济走廊论坛机制建设的行动纲领》和《跨境电子商务合作平台框架文件》两个附件

机构	时间	主要措施	相应文件
商务部	2015年 6月 15日	◇ 商务部国际贸易谈判代表兼副部长钟山与乌兹别克斯坦对外经济关系、投资和贸易部部长加尼耶夫共同签署了《关于在落实建设"丝绸之路经济带"倡议框架下扩大互利经贸合作的议定书》。 ◇ 在共建"丝绸之路经济带"的框架下充分发挥现有双边经贸合作机制的作用，进一步全面深化和拓展两国在贸易、投资、金融和交通通信等领域的互利合作，重点推动大宗商品贸易、基础设施建设、工业项目改造和工业园等领域项目实施，实现双边经贸合作和共建"丝绸之路经济带"的融合发展。	《关于在落实建设"丝绸之路经济带"倡议框架下扩大互利经贸合作的议定书》

机构	时间	主要措施	相应文件
最高人民法院	2015年7月7日	◇ 最高人民法院发布《关于人民法院为"一带一路"建设提供司法服务和保障的若干意见》。同时发布了人民法院为"一带一路"建设提供司法服务和保障的8个典型案例。 ◇ 最高人民法院"一带一路"司法研究中心正式成立，最高人民法院民四庭把工作重心也转向服务保障"一带一路"建设上来。 ◇ 最高法将健全服务国家经济发展战略的司法保障机制，继续加强最高人民法院国际海事司法研究基地的建设，推进设立"一带一路"争端解决中心；加强涉外司法解释和司法政策治理方面工作；建立科学的涉外商事、海事审判权运行机制，出台关于涉外民商事案件诉讼管辖问题的规定。	《关于人民法院为"一带一路"建设提供司法服务和保障的若干意见》
国家发展和改革委员会	2015年8月3日	◇ 发改委加快编制"一带一路"综合交通布局规划，将交通基础设施互联互通作为"一带一路"建设优先领域，围绕交通关键通道、关键节点和重点工程，优先打通缺失路段，畅通瓶颈路段，提升道路通达水平。	《国家发展改革委关于当前更好发挥交通运输支撑引领经济社会发展作用的意见》

表述"一带一路"

机构	时间	主要措施	相应文件
工业和信息化部	2015年10月20日	◇ 工信部正在制定"制造业'走出去'战略规划",加强对企业的统筹协调和分类指导。 ◇ 工信部已经和国家开发银行联合选择了30多个重点项目,通过银企合作推动装备制造走出去。 ◇ 在落实中国制造2025规划目标时,工信部把进一步支持高端装备制造业"走出去"作为重点,选择了一些重点项目加快推进。	
商务部	2015年12月10日	◇ 商务部国际贸易谈判代表兼副部长钟山与格鲁吉亚经济与可持续发展部长库姆西什维利在中格政府间经贸合作委员会第七次会议会后,签署了《中华人民共和国商务部和格鲁吉亚经济与可持续发展部关于启动中格自由贸易协定谈判的谅解备忘录》,正式启动中格自贸协定谈判。	《中华人民共和国商务部和格鲁吉亚经济与可持续发展部关于启动中格自由贸易协定谈判的谅解备忘录》
国家发展和改革委员会	2015年12月14日	◇ 丝路基金与哈萨克斯坦出口投资署签署了《关于设立中哈产能合作专项基金的框架协议》。 ◇ 中哈产能合作专项基金是丝路基金成立以来设立的首个专项基金。 ◇ 专项基金支持的投资项目由双方共同推荐,哈方负责落实哈国相关优惠政策,并协调各相关方解决合作中出现的问题,确保项目落实。	《关于设立中哈产能合作专项基金的框架协议》

2.2 各省关于"一带一路"倡议行动实施方案

续表

省/直辖市	时间	发布机构
山东	2013年9月27日	青岛市政府
主要内容	◇ 面向全球实施"突出亚太、深化日韩、提升欧美、巩固港台、拓展非洲"的全方位战略,将对外开放推向纵深。	
出台文件	《关于实施"走出去"与"引进来"相结合的发展战略进一步提升对外开放水平的若干意见》	

省/直辖市	时间	发布机构
山东	2015年1月27日	山东省政府
主要内容	◇ 推动8条铁路及15条公路等重大基础设施与周边省市区互联互通。 ◇ 深化东亚海洋合作平台与中韩地方经济合作建设,争取青岛获准开展自贸区试点。	
出台文件	《2015年山东省政府工作报告》	

续表

省/直辖市	时间	发布机构
甘肃	2014年5月23日	甘肃省政府
主要内容	◇ 要建设"丝绸之路经济带"甘肃黄金段，构建兰州新区、敦煌国际文化旅游名城和"中国丝绸之路博览会"三大战略平台。 ◇ 重点推进道路互联互通、经贸技术交流、产业对接合作、经济新增长极、人文交流合作、战略平台建设等六大工程。其中，与丝绸之路沿线国家加强经贸合作，包括资源开发、装备制造、新能源、特色农产品加工等产业。	
出台文件	《"丝绸之路经济带"甘肃段建设总体方案》	
省/直辖市	时间	发布机构
黑龙江	2014年11月20日	黑龙江省政府办公厅
主要内容	◇ 在哈尔滨建设面向俄罗斯及东北亚的区域金融服务中心，申报在哈尔滨设立中俄边境自贸区，在哈开展机场过境72小时免签试点等多项措施，将加快推进哈市打造对俄合作中心城市，全面构建以对俄合作为支撑的开放型经济的步伐。	
出台文件	《推进东部陆海丝绸之路经济带建设工作方案》	

续表

省/直辖市	时间	发布机构
黑龙江	2015年1月27日	黑龙江省政府
主要内容	◇ 以贯彻国家"一带一路"战略策划、加快建设"中蒙俄经济走廊"龙江陆海丝绸之路经济带为契机，加强对俄全方位交流合作。 ◇ 加大铁路、公路、口岸等互联互通及电子口岸建设力度，推动跨境通关、港口和运输便利化，借助俄远东港口，开展陆海联运。	
出台文件	《2015年黑龙江省政府工作报告》	

省/直辖市	时间	发布机构
黑龙江	2015年4月13日	黑龙江省政府
主要内容	◇ 围绕规划确定的重点任务，加快推进通道和口岸基础设施建设、以哈俄欧跨境货运班列为重点的商贸物流业发展、铁路集装箱中心等物流集散基地建设、综合保税区建设、外向型产业发展和金融服务平台建设，吸引国内外产业在通道沿线集聚。	
出台文件	《中蒙俄经济走廊黑龙江陆海丝绸之路经济带建设规划》	

续表

省 / 直辖市	时间	发布机构
重庆	2014年12月1日	重庆市委、市政府
主要内容	◇ "三大目标",即西部开发开放战略支撑能力大幅提升;长江经济带西部中心枢纽全面建成;加快形成长江上游重要生态屏障。 ◇ "五个原则",即抢抓机遇,练好内功;发挥优势,主动融入;双向开放,加强合作;深化改革,创新驱动;生态文明,持续发展。 ◇ "六项任务",即加快建设长江上游综合交通枢纽;打造内陆开放高地;增强战略支点辐射功能;培育特色优势产业集群;推进城市群建设;构筑长江上游生态安全屏障。	
出台文件	《贯彻落实国家"一带一路"战略和建设长江经济带的实施意见》	

省 / 直辖市	时间	发布机构
四川	2015年1月15日	四川省政府
主要内容	◇ 四川省商务工作会议中提出,推动实施"一带一路""251"三年行动计划。 ◇ "251"三年行动计划即在"一带一路"沿线中,筛选20个四川省具有较大产业和贸易比较优势的国家,实施重点开拓、深度开拓。 ◇ 在20个重点国家中,优选50个双向投资重大项目,实施重点跟踪、强力促进。 ◇ 在全省现有近1万家外经贸企业中,精选100家与"一带一路"沿线有较好贸易投资基础的重点企业,实施重点引导、形成示范。	

续表

省 / 直辖市	时间	发布机构
新疆	2015年1月20日	新疆维吾尔自治区政府
主要内容	◇ 要推进丝绸之路经济带核心区建设，加快落实丝绸之路经济带核心区建设实施意见和行动计划，加快五大中心建设。 ◇ 按照北、中、南通道建设规划，切实抓好重大基础设施项目建设和储备。	
出台文件	《2015年新疆维吾尔自治区政府工作报告》	
省 / 直辖市	时间	发布机构
新疆	2016年3月18日	新疆生产建设兵团
主要内容	◇ 明确十项重点任务，包括促进基础设施互联互通、打造八大进出口产业基地、打造经贸合作平台、实施走出去战略、完善城镇嵌入式布局、密切人文交流、提升医疗服务水平、增强金融支撑能力、当好生态卫士及构建开放型经济体制机制。 ◇ 建设丝绸之路经济带核心区的总体思路是：以"三通道"（北、中、南三条通道）为主线，以"三基地"（国家大型油气生产加工基地、大型煤炭煤电煤化工基地、大型风电基地）为支撑，以"五大中心"（交通枢纽中心、商贸物流中心、金融中心、文化科教中心、医疗服务中心）为重点，以"十大进出口产业集聚区"为载体，充分利用两种资源、两个市场，推进改革创新，加快开放步伐。	
出台文件	《新疆生产建设兵团参与建设丝绸之路经济带的实施方案》	

省/直辖市	时间	发布机构
浙江	2015年1月21日	浙江省政府
主要内容	◇ 将大力推进宁波—舟山港一体化，积极推进全省沿海港口、义乌国际陆港的整合与建设，积极谋划和推进港口经济圈建设。 ◇ 要加强江海联运、海陆联运体系和远洋船队建设，稳步推进"义新欧"中欧班列运行常态化。	
出台文件	《2015年浙江省政府工作报告》	

省/直辖市	时间	发布机构
青海	2015年1月22日	青海省政府
主要内容	◇ 打造与丝绸之路沿线国家和周边省区航空、铁路、公路有效对接的现代交通网络，与沿海沿江地区加强区域通关一体化合作，建成曹家堡保税物流中心。 ◇ 继2014年12月开放西宁国际航空港，并陆续开通西宁—曼谷、西宁—首尔、西宁—台北三条航线后，国际商城、保税仓库、循化穆斯林产业园等41个项目正在抓紧实施。	
出台文件	《2015年青海省政府工作报告》	

省／直辖市	时间	发布机构
云南	2015年1月26日	云南省政府
主要内容	◇ 主动服务和融入"一带一路"、长江经济带等国家战略，一批重大项目列入国家规划，第2届中国—南亚博览会暨第22届昆交会成功举办，桥头堡建设第三次部际联席会议协调推进了一批重大事项。	
出台文件	《2015年云南省政府工作报告》	
省／直辖市	时间	发布机构
云南	2015年12月15日	云南省东南亚南亚经贸合作发展联合会
主要内容	◇ 回顾了2014至2015年主要工作和取得的成绩，并对2016年的工作进行安排，提出要积极服务和融入国家"一带一路"战略，发挥自身优势和特点，践行为政府、企业、社会服务的宗旨，全面拓展信息、金融、商务平台的服务功能，为把云南建设成为面向南亚东南亚辐射中心作出新贡献。	
出台文件	《融入国家"一带一路"发展战略，推进联合会事业发展》的工作报告	

省/直辖市	时间	发布机构
湖北	2015年1月27日	湖北省政府
主要内容	◇ 深度融入"一带一路"建设，加强与欧美等发达经济体以及港澳台的经贸投资合作； ◇ 推进"武汉—东盟"、"武汉—日韩"航运通道建设，提升汉新欧班列国际运输功能； ◇ 支持武汉外国领馆区建设； ◇ 推动鄂东港口资源整合，推进中法武汉生态示范城项目建设。	
出台文件	《2015年湖北省政府工作报告》	
省/直辖市	时间	发布机构
辽宁	2015年1月27日	辽宁省政府
主要内容	◇ 主动融入国家"一带一路"开放战略，加快推进以大连、营口、丹东、锦州、盘锦和葫芦岛港为重要节点，以跨境物流为引领的中蒙俄经济走廊建设。 ◇ 加大铁路、公路、口岸等基础设施互联互通建设力度，积极推进巴新铁路建设。鼓励企业开展境外投资、承揽国际工程，带动产品出口，促进产能合作。	
出台文件	《2015年辽宁省政府工作报告》	

省 / 直辖市	时间	发布机构
广东	2015年1月29日	广东省发改委
主要内容	◇ 拟把"加快西江、北江黄金水道扩能升级,推进江海联运,支持广州港与21个友好关系港口建立海上港口联盟"等政协建议纳入海上丝绸之路建设规划。 ◇ 利用临海优势,以广州、深圳、珠海、汕头、湛江五大港口为枢纽,加快推进海上通道互联互通,积极参与东盟国家港口等重大基础设施建设。 ◇ 加快粤港澳自贸区和南沙、前海、横琴新区建设。	

省 / 直辖市	时间	发布机构
江苏	2015年5月6日	江苏省政府
主要内容	◇ 依托新亚欧大陆桥经济走廊节点城市打造国际产业和物流合作基地。 ◇ 强化互联互通基础设施建设。 ◇ 提升经贸产业合作层次和水平。 ◇ 深化能源资源领域合作。 ◇ 加强海上合作,发展海洋经济。 ◇ 拓展金融业务合作。 ◇ 密切重点领域人文交流合作。 ◇ 深化生态环境保护合作,在推进机制和保障措施上创新。	
出台文件	《贯彻落实"一带一路"建设战略规划》的实施方案(征求意见稿)	

省 / 直辖市	时间	发布机构
江苏	2015年7月19日	江苏省政府

主要内容	◇ 连云港、徐州是国家"一带一路"战略规划明确的重要节点城市，是沿东陇海线经济带的核心区域，淮安、盐城、宿迁是紧密联系区域。 ◇ 在新的战略背景下推进东陇海沿线地区科学发展、创新发展、转型发展，是江苏省主动融入国家"一带一路"建设大局的关键举措，是构建江苏区域发展新格局的主要任务，也是推动苏北全面小康建设的迫切需要。 ◇ 要通过努力增强经济带发展核心竞争力和辐射带动力，打造新欧亚大陆桥经济走廊重要增长极，在服务国家对外工作大局中增创江苏发展新优势，为建设"经济强、百姓富、环境美、社会文明程度高"的新江苏提供重要支撑。
出台文件	《关于落实国家"一带一路"战略部署建设沿东陇海线经济带的若干意见》

省 / 直辖市	时间	发布机构
海南	2015年6月7日	国家海洋局、海南省人民政府

主要内容	◇ 国家海洋局和海南省人民政府在三亚协商，就如何共同服务国家"一带一路"建设，将海南建设成为南海资源开发服务保障基地和海上救援基地，签订了协议。 ◇ 海南省政府在共建中的责任为：支持国家海洋局建设南海防灾减灾基地；承接国家海洋局贯彻落实"一带一路"和"海洋强国"战略对南海的建设任务；贯彻落实国家海洋生态文明建设任务。

省/直辖市	时间	发布机构
陕西	2015年6月17日	陕西省政府
主要内容	◇ 促进互联互通建设。以大通关促进大开放、加快口岸建设、推动网上丝绸之路建设、加快西安港建设、加快空港建设、推动西安铁路物流集散中心建设、增开国际航线、启动重点项目库建设。 ◇ 密切人文交流合作。搭建人文交流平台;加强国际旅游合作;扩大民间友好往来;加强文物保护与考古研究;积极发展文化保税产业;推进丝绸之路国际文化城建设。 ◇ 加强科技教育合作。加强农业领域合作;推进丝绸之路创新中心建设;加强培训教育领域合作;推进"一带一路"智库建设;加强卫生领域合作。 ◇ 深化经贸领域合作。推进重点项目建设;完善融资保险服务机制;支持优势企业开展国际合作,带动陕西产品走出去;优化整合驻外商贸服务机构;拓展优势产品海外市场。 ◇ 搭建对外开放平台。积极推进自贸区申报工作;办好丝博会;办好2015欧亚经济论坛;办好第22届农高会;办好第五届陕粤港澳经济合作活动周;建设丝路产品体验馆和丝路风情街;加快西安领事馆区建设;建设丝绸之路语言服务平台;加强统计、广告等领域国际交流合作。 ◇ 加强生态环保合作。加强环保领域合作。 ◇ 创新金融合作方式。积极引进各类国际性、区域性金融机构总部;与丝绸之路沿线国家和地区加强金融领域合作;争取开展国际租赁贸易和国际商业保险代理工作;建立与中亚各国的合作发展基金;支持加快金融聚集区建设;打造西安黄金交易中心。 ◇ 持续唱响新起点。加强媒体宣传引导;争取设立西安丝绸之路经济带卫视频道。
出台文件	《陕西省"一带一路"建设2015年行动计划》

续表

省/直辖市	时间	发布机构
内蒙古	2015年10月29日	内蒙古自治区政府
主要内容	◇ 争取将我区纳入国家"一带一路"战略规划范围，及时编制《内蒙古参与建设"丝绸之路经济带"实施方案》，加强与俄蒙高层往来，深化多领域务实合作，全力加快向北开放步伐，成功举办中蒙国际博览会。 ◇ 各地各部门要强化责任分工，完善与俄蒙合作机制，编制好相关规划和方案，做好宣传引导工作，加快构筑向北开放重要桥头堡和充满活力的沿边经济带。	
出台文件	《自治区参与建设"丝绸之路经济带"重大项目储备库管理暂行办法》	

省/直辖市	时间	发布机构
福建	2015年11月17日	福建省政府
主要内容		◇ 加快设施互联互通。加强以港口为重点的海上通道建设；强化航空枢纽和空中通道建设；完善陆海联运通道建设；深化口岸通关体系建设；加强现代化信息通道建设。 ◇ 推进产业对接合作。支持企业扩大境外投资；拓展现代农业合作；深化主导产业合作；加强能源矿产合作；加强旅游业合作。 ◇ 加强海洋合作。积极发展远洋渔业；加强海洋科技和生态环境保护合作；强化海上安全合作。 ◇ 拓展经贸合作。积极推进福建自贸试验区建设；努力提高对外贸易水平；强化贸易支撑体系建设；加强投资促进工作。 ◇ 密切人文交流合作。丰富文化交流；深化教育合作；开拓医疗卫生交流与合作；拓展友好城市；扩大劳务合作。 ◇ 发挥华侨华人优势。激发侨商参与建设热情；加强华侨华人情感联系。 ◇ 推动闽台携手拓展国际合作。深化闽台经贸合作；扩大闽台人文交流交往。 ◇ 创新开放合作机制。强化政府间交流机制；建立国内合作共建机制；打造重大合作平台。 ◇ 强化政策措施保障。加强组织领导；强化统筹协调；加大政策扶持；突出项目带动；强化人才支撑；加强境外投资风险防范。
出台文件		《福建省21世纪海上丝绸之路核心区建设方案》

续表

省/直辖市	时间	发布机构
宁夏	2016年1月11日	宁夏回族自治区政府
主要内容	◇ 融入"一带一路",提升内陆开放水平。全面落实"开放宁夏20条",加快内陆开放型经济试验区建设,构筑三个平台、打造三条通道、实现三项便利、深化三大合作。 ◇ 深度融入国家"一带一路"建设,将向西开放优势转化为新的动力,努力把我区建成辐射西部、面向全国、融入全球的内陆开放示范区、中阿合作先行区和丝绸之路经济带战略支点。	
出台文件	《2016年宁夏回族自治区政府工作报告》	
省/直辖市	时间	发布机构
广西	2016年1月24日	广西壮族自治区政府
主要内容	◇ 围绕建设重要门户,构建衔接"一带一路"的重要枢纽、产业合作基地、开放合作平台、人文交流纽带和区域金融中心,加快建设中国(北部湾)自由贸易试验区,推进泛北部湾经济合作机制、中国—中南半岛国际经济合作走廊、重点开发开放试验区、跨境(边境)经济合作区、国际合作园区等建设。 ◇ 打造北部湾经济区升级版,提升港口现代化发展水平,扩展临港产业集群,加快同城化,探索开放合作新模式,打造服务"一带一路"发展的国际区域合作新高地,发挥沿海优势,推动海洋经济强区建设。	
出台文件	《2016年广西壮族自治区政府工作报告》	

2.3 中央企业关于"一带一路"倡议推进情况

机构	主要措施
中国保险投资基金	◇ 紧密围绕国家产业政策和发展战略开展投资,其范围主要投向包括"一带一路"、国际产能合作和"走出去"重大项目。 ◇ 基金主要向保险机构募集,并作为母基金,对接国内外各类投资基金,特别是有政府参与、投资领域类似的其他投资基金。 ◇ 基金总规模预计为3000亿元人民币,首期1000亿元,第一期400亿元基金已经投向境外的"一带一路"项目。
中国出口信用保险公司	◇ 加强组织领导,专门成立了落实"一带一路"战略领导小组及其办公室,下属26家营业机构也分别建立了"一带一路"战略专门的工作机制。 ◇ 着手制定落实"一带一路"战略的配套措施,包括重大项目的推动管理办法、承保细则等。 ◇ 积极与相关政府部门、金融机构沟通对接,建立有效的工作联系,参与相关发展规划编制。 ◇ 梳理"一带一路"建设重点项目清单,建立项目储备库,参与设计重大项目融资保险方案,目前跟踪的项目有180多个,涉及铁路、电力、电信、船舶等行业。 ◇ 积极开展国别整体开发体系,与"一带一路"沿线国家的有关政府部门和金融机构商谈整体合作,向国内企业和银行推荐海外项目。 ◇ 加强风险研究和预警,设立了"一带一路"64国风险专报及行业报告,及时为投保企业提供风险预警以及风险管理咨询和培训。

机构	主要措施
	◇ 国别承保政策：（1）重点国别："一带一路"沿线、中巴经济走廊、孟中印缅经济走廊、中蒙俄经济走廊、非洲"三网一化"战略重点国别区域；对未建交国家，将采用一事一议方式。（2）对中巴经济走廊能源合作项目的承保新政策：接受主权信用；统一费率条件；统一赔付比例；加快项目评审进度。（3）电力行业承保新政策：保险期限延长；提高项目融资商业风险赔比；承保PPA、IA下政府违约风险。（4）铁路行业承保新政策：对原有的保险期限进行延长。
中国电力建设集团	◇ 为抓住国家"一带一路"战略机遇，全力打造四个海外平台：投资平台、融资平台、海外资产运营管理平台、全产业链升级引领平台，实现对项目全生命周期、全产业链的掌控，带动集团内部的设计、施工、制造、监理等业务的海外拓展和整体升级发展。 ◇ 正在积极推进巴基斯坦卡西姆港电站、老挝南欧江二期，以及柬埔寨、印度尼西亚、坦桑尼亚、蒙古等多个国家的水电、火电及矿产资源投资开发，总投资超过60亿美元。这些业务涉及特许经营、直接投资、收购与兼并三种境外投资形式。
中国工商银行	◇ 在总行层面专门成立了"一带一路"工作领导小组，以调动全行资源布局"一带一路"，开始启动商行+投行的全新模式。 ◇ 与其他"走出去"项目所不同的是对"一带一路"项目在融资规模的支持力度、项目审核流程方面将给予特别"优待"。 ◇ 境外网络目前拓展至全球42个国家和地区，同时通过参股南非标准银行，间接覆盖非洲20个国家，并于2015年5月收购了土耳其纺织银行。

机构	主要措施
	◇ 与安哥拉签署《索约电站融资协议》，将向安哥拉政府提供8.4亿美元贷款用于索约电站建设。 ◇ 与埃塞俄比亚签署《投融资整体开发合作协议》，将为埃塞俄比亚政府制定总体发展规划，提供战略规划咨询、项目策划、投融资顾问为一体的综合性金融服务。 ◇ 与中国电力建设集团和四川电力设计公司组成的联合体在北京签署《肯尼亚Lamu电站项目金融服务协议》，作为该项目融资牵头行并担任财务顾问，为中电建Lamu电站项目牵头安排约9亿美元的出口信贷融资。 ◇ 与中国出口信用保险公司签署"一带一路"战略专项合作协议。双方将重点加强对"一带一路"沿线、中巴经济走廊、孟中印缅经济走廊、中蒙俄经济走廊、非洲"三网一化"战略（建设非洲高速铁路、高速公路和区域航空"三大网络"及基础设施工业化）重点国别区域的市场开发，大力支持高铁、核电、电信等高端装备"走出去"和国际产能合作。
中国国家开发银行	◇ 已建立涉及60个国家总量超过900个的"一带一路"项目储备库，涉及投资资金超过8900亿美元。而在已签署的近50份协议中，涵盖的领域包括煤气、矿产、电力、电信、基础设施、农业等。已实施的项目数为22个，累计贷款余额超过100亿美元。 ◇ 完成和正在开展的"一带一路"沿线国家各类规划有37个，如中巴、孟中印缅、中蒙俄经济走廊规划，以及与印度尼西亚、塔吉克斯坦、科威特、匈牙利等国的规划合作等。同时，在规划过程当中，国开行储备大型项目416个，储备额2870亿美元，涵盖交通、通信、制造业、基础设施建设等各个门类。

机构	主要措施
中国交通建设股份有限公司	◇ 从集团总部层面成立"一带一路"工作小组，建立由平台公司、中交国际、专业公司分别牵头、分层推进的机制，深挖沿线项目机会，建立起"开工一批、商洽一批、储备一批、谋划一批"的滚动开发运营体系。 ◇ 提出"一带一路"三级融资模式，第一级为亚投行，第二级为丝路基金，第三级为2014年9月成立的中交投资基金。 ◇ 中交基金进行战略合作的机构将包括社保基金、信托公司、商业银行、保险公司、基金子公司及海外金融机构等，预计将来基金规模将随着项目的需求逐步扩大。 ◇ 打造非洲工业投资平台，形成以水泥为基础，进一步延伸到钢材、资源等的非洲工业性投资产业，准备促成刚果（金）、莫桑比克、尼日尔水泥厂项目落地。
中国铁建股份有限公司	◇ 2014年成立了"一带一路"企业战略实施领导小组，负责"一带一路"范围内重大基础设施项目尤其是铁路项目的信息收集、项目跟踪、对接承揽，为沿线国家提供铁路发展规划与咨询等。
中国银行	◇ 发行40亿美元"一带一路"债券，选取了中国银行布局在"一带一路"沿线的阿布扎比、匈牙利、新加坡，以及台北（中国台湾）、中国香港等5家分支机构作为发行主体，筹集资金将主要用于满足"一带一路"沿线分支机构的资金需求。 ◇ 在"一带一路"沿线16个国家设立分支机构，跟进境外重大项目约300个，项目总投资额超过2500亿美元，意向性授信支持约680亿美元。
中国土木工程集团有限公司	◇ 2015年6月中标印度尼西亚交通部铁路总局的钢轨道岔采购二期项目，合同金额2.26亿美元。 ◇ 目前还在印度尼西亚跟踪多条铁路和城市轨道交通项目，以及港口、公路、工业园区、房地产等项目。

机构	主要措施
中国中铁股份有限公司	◇ 中国中铁是我国最早"走出去"的大型企业集团之一，也是我国参与"一带一路"建设当之无愧的"开路先锋"。自20世纪70年代建设长达1861公里的坦桑尼亚至赞比亚铁路至今，中国中铁的海外经营已拓展到90多个国家和地区，实施各类项目近400个。2016年，在涉及"一带一路"21个国家新签合同达80多个，新签合同额100多亿美元。 ◇ 作为中国基础设施建设特别是高速铁路建设的领军企业，自中央提出"一带一路"倡议以来，中国中铁积极响应国家"一带一路"战略部署，专门成立了中国中铁"一带一路"工作领导小组，充分发挥企业在基础设施建设领域的专业优势，深入研究、谋划布局，推进重点项目落实，取得了显著成就。

3

"一带一路"倡议区域投资

3.1 "一带一路"国际区域研究

3.1.1 "一带一路"沿线区域综合情况

领域	经济与贸易
中亚	在某种程度上发挥着中国与俄罗斯之间战略缓冲区的功能，保持战略耐心，通过经贸合作培育双边战略互信，利用高渗透性的经济手段逐步提高在本地区的战略存在。
东南亚	（1）整体经济发展良好；（2）缅甸、越南、柬埔寨进出口增长迅速，泰国、印度尼西亚、马来西亚、菲律宾、老挝的进出口贸易有倒退；（3）微型经济体对外贸易仍发展缓慢。
南亚	（1）经济总量不大，但整体经济发展迅速，有巨大潜力；（2）地处印度洋，货物运输频繁；（3）未来应通过援建帮助巴基斯坦实现国家发展，引导其把更多资源用于民生领域，适度限制国防开支，防止沦为失败国家。
西亚与非洲	（1）地区动荡，政局多变，阻碍经济与贸易发展。北非经济发展较慢；（2）地区经济和贸易波动大，不稳定。
地中海欧洲沿岸	作为欧洲经济圈的成员，进出口贸易繁盛，与亚洲贸易联系紧密。

续表

领域	港口基础设施
中亚	基础设施日趋完善，泊位分配较合理。沿海港口持续进行基础设施建设，部分港口积极开展自动化码头和智慧港口的建设。
东南亚	港口设施完善，整个地区港口基础设施发展不平衡：存在新加坡港、巴生港等国际中转港，同时也存在众多基础设施较差的港口。
南亚	（1）港口基础设施相对薄弱，目前开展许多码头建设项目，整体改观明显；（2）中国的对外港口建设应主要放在南亚的孟加拉国、巴基斯坦和斯里兰卡的港口上。
西亚与非洲	（1）港口发展状况良好，中东地区港口水平略高于北非地区，港口发展势头强劲；（2）从北非的整体发展情况看，其基础设施整体水平较低，有发展空间。
地中海欧洲沿岸	港口基础设施情况良好，有众多的天然深水港，设备完善，有很多港口计划新码头建设。

领域	港口生产
中亚	地区港口集装箱吞吐总量较大，实现小幅度稳定增长，整体生产状况良好。
东南亚	港口货物生产状况稳定，新加坡港的液体散货吞吐量占其货物总量的1/3。
南亚	印度港口吞吐量稳步增长，但海运能力弱，进出口货物多依赖外轮。
西亚与非洲	（1）中东地区出口石油，其港口液体散货的作业量较大；（2）北非的港口吞吐量较低。
地中海欧洲沿岸	各大港口的货物吞吐量整体上升，集装箱运输市场份额加大。

续表

领域	投融资模式
中亚	各国对引进和利用外资都非常重视，国际融资在各国融资形式中的比重也越来越大。
东南亚	（1）新加坡：政企合一到民营化改革；（2）缅甸：向私人企业移交国有港口企业；（3）马来西亚：私有化；（4）越南：政府港口管理；（5）其他国家以股份制和私有化改革实行公私合营。
南亚	（1）印度：由政企合一的托拉斯组织管理；（2）孟加拉国：致力于集装箱码头私营化；（3）斯里兰卡：鼓励私营企业参与建设。
西亚与非洲	（1）阿拉伯联合酋长国：迪拜港务局管理；（2）阿曼：允许外企的投资建设中起核心作用；（3）土耳其：私有化；（4）中东与北非其他港口：国家运营管理。
地中海欧洲沿岸	（1）法国：政企合一，视港口为公共设施；（2）意大利：私人运营商管理港口运营；（3）希腊：公私合营。

续表

领域	经济风险
中亚	中亚五国经济发展均存在不稳定因素，塔吉克斯坦由于经济落后及自然资源匮乏，经济风险要明显大于其他四国。
东南亚	相对薄弱的经济基础与不稳定的内部环境使得越南、柬埔寨、缅甸、老挝存在相对较高的经济风险。
南亚	经济基础薄弱的巴基斯坦在新政府经济改革不力和国内不稳定的政治局势下，经济发展的不确定性加大。
西亚与非洲	（1）日益增长的通货膨胀与高额的贸易逆差给埃及和肯尼亚带来了较大的经济风险；（2）欧美取消对伊制裁，伊朗经济风险预期下降，但经济结构问题仍蕴含深层次风险；（3）土耳其经济前景不明朗。
地中海欧洲沿岸	（1）法国、德国、荷兰经济实力雄厚，逐渐走入新一轮经济复苏；（2）债务危机的阴影笼罩着希腊的经济，过高的失业率带来了较大经济风险；（3）俄罗斯经济前景不明朗。

续表

领域	财政金融风险
中亚	（1）财政收支状况平稳，多国处于金融改革过程中，金融市场化程度不均衡；（2）吉尔吉斯斯坦和塔吉克斯坦对外偿债能力较弱，要谨慎观察。
东南亚	（1）区域金融发展水平差异较大；（2）对境外资本依赖性强，随着发达国家货币政策的转向，固有的结构性矛盾可能引发系统性风险。
南亚	内外多重因素给巴基斯坦的财政带来了一定的压力，同时巴基斯坦卢比不断贬值。
西亚与非洲	（1）埃及国内局势动荡，本土资金外流，政府财政赤字居高不下；（2）伊朗政府财政赤字和债务较小，经常账户保持顺差，但汇率贬值压力巨大，税收增长能力堪忧，伴随油价走势及内部改革进程不确定性也较大；（3）复杂的国内外局势，给土耳其带来汇率风险。
地中海欧洲沿岸	（1）受欧债危机影响，希腊各项财政指标仍然在警戒线之上；（2）俄罗斯汇率的大幅波动可能带来财政赤字扩大的风险。

领域	债务违约风险
中亚	（1）哈萨克斯坦的债务可持续性表现良好；（2）乌兹别克斯坦、土库曼斯坦违约风险可控；（3）吉尔吉斯斯坦、塔吉克斯坦调整压力大。
东南亚	（1）经济较为发达的新加坡债务风险较小，马来西亚、菲律宾表现较为优异；（2）老挝负债负担最重，长期靠国际援助与贷款维持，抵御外部冲击能力较弱。
南亚	印度和斯里兰卡近年来债务水平持续降低，存在较强的债务可持续性。
西亚与非洲	（1）伊朗债务违约风险较小，但政治与安全风险相对较高，并可能产生持续影响；（2）肯尼亚和埃及短期压力较大，长期则取决于环境和政局；（3）土耳其面临一定的调整压力。
地中海欧洲沿岸	（1）由于德国主权债务和赤字水平较低，政府的资产负债表相对稳健，债务违约风险较小；（2）比利时经济处于缓慢复苏中，财政巩固效果明显，债务规模得到了控制；（3）俄罗斯整体债务规模较小且外汇储备充足，虽然油价暴跌等诸多因素影响债务可持续性，但重现1998年债务危机的可能性不大；（4）荷兰、法国则面临一定的调整压力，希腊的债务违约风险依旧存在。

领域	政治风险
中亚	中亚五国大多政治权力高度集中，政治改革及民主化进程缓慢，同时内部腐败与黑恶势力横行，外部受俄美中多国战略博弈影响，地缘政治冲突及伊斯兰极端势力威胁不断。
东南亚	缅甸的政治不稳定因素较多，泰国潜在暴力抗议依然存在，其他东盟国家政治风险较小。
南亚	巴基斯坦国内政治依然存在不稳定因素，对经济发展产生负面影响。
西亚与非洲	（1）动荡的局势隐患是中国深化与西亚经贸合作的主要风险和障碍；（2）肯尼亚国内权力斗争增加，安全风险较高；（3）埃及政局持续动荡；（4）伊朗内部腐败严重，同时与西方的长期对峙影响深远，政治安全风险较高；（5）政党斗争、宗教冲突给土耳其带来不稳定因素。
地中海欧洲沿岸	（1）政党斗争、宗教冲突给比利时带来不稳定因素；（2）地缘政治冲突给俄罗斯带来了一系列外交、经济问题；（3）新上台的希腊政府的反紧缩政策使得希腊和国际债权人关系呈现紧张局势。

3.1.2 "一带一路"沿线国别投资环境

国家	阿联酋
区域	海上丝绸之路
投资优势	◇ 投资环境和投资潜力均不错，国内政治较为稳定，社会和文化相对开放。 ◇ 有着得天独厚的地理优势，地处欧亚非结合处，是重要的转口贸易所在地，辐射面非常广，已与160个国家和地区建立贸易关系。 ◇ 完善的港口海运设施和便捷的航空中转路线，为贸易发展提供了必要的支撑。
投资风险	◇ 日益扩大的外籍劳工和强烈的等级差异与种族优越感使得外籍劳工的权益保护刻不容缓。 ◇ 受日益扩散的恐怖主义威胁。伊斯兰极端主义分子也将阿联酋当作筹集资金和开展活动的天然良港，各类跨境洗钱、贩毒、走私和恐怖主义活动也威胁着阿联酋的国际声誉和安全。
国家	阿曼
区域	海上丝绸之路
投资优势	◇ 政局稳定，社会治安良好，政府部门较廉洁，提供许多投资优惠政策。
投资风险	◇ 基础设施相对不健全，未能形成良好的水电输送网络，经常面临缺水、缺电等问题。 ◇ 交通运输存在布局不平衡、建设不完善问题，通信设施覆盖率低、港口运转能力有限。 ◇ 存在法律不完善、办事效率低、市场容量小、配套能力差、专业管理人员和熟练工人不足等不利因素。

国家	埃及
区域	海上丝绸之路
投资优势	◇ 独特的地理位置以及辐射区域为其提供了一个作为投资目的地的良好的客观环境。由于北隔地中海与欧洲大陆相望,南部直通非洲大陆腹地,苏伊士运河沟通了大西洋与印度洋,使其通往欧、亚、非的贸易有着极其优越的地理条件。 ◇ 亚历山大港、塞得港等大型国际化港口为其自由贸易创造了进一步发展的空间。 ◇ 根据埃及《投资法》和其补充条款规定,在航运、金融、计算机软件等相关领域,外国投资者可享受一系列的法定优惠政策。
投资风险	◇ 政局动荡,以及政局混乱带来经济金融政策的变化。 ◇ 财政金融系统面临严峻局面,对内融资达到极限,金融贸易秩序混乱。 ◇ 商业政治腐败,法律漏洞引起不公平竞争。 ◇ 国民经济受沉重打击,投资环境受不利影响,经济增长后劲不足。 ◇ 经济、社会矛盾复杂。国内面临的高失业率和低经济增长率,以及军人政权与主张向文官政治过渡的不同社会力量之间的冲突都可能进一步撕裂社会。 ◇ 国内原教旨主义与世俗主义的矛盾继续被激化,成为可能进一步引发社会局势动荡的又一颗定时炸弹。

国家	埃塞俄比亚
区域	海上丝绸之路
投资优势	◇ 非洲最"友华"的国家之一，中埃双方高层互动频繁，经济往来不断深化，有利于经贸和投资的深入发展。 ◇ 水利资源丰富，生物多样性特征明显。 ◇ 劳动力资源丰富、市场潜力巨大等。 ◇ 政局较为稳定，实行对外开放政策，推行经济市场化和私有化改革，通过增加投资优惠政策、降低投资门槛、扩大投资领域、实行减免税优惠等措施和为外国投资者提供保护和服务等，鼓励外商投资。
投资风险	◇ 经济稳定性不足，波动性大，偿付能力弱。 ◇ 地处内陆，基础设施建设落后。 ◇ 营商环境不佳，法律体系尚不健全，法律风险较高。 ◇ 开办企业的成本比在其他非洲国家要高，程序复杂。经济市场化程度仍有待加强，政府在投资、外贸、汇率等领域的管制较多，外资获得贷款的难度大。
国家	澳大利亚
区域	海上丝绸之路
投资优势	◇ 政局稳定，政治不稳定性风险低。 ◇ 政府高效。 ◇ 施行政府监督的开放的资本主义市场经济制度。 ◇ 法律法规完备。
投资风险	◇ 中澳双边关系不稳定。 ◇ 宏观经济不稳定，长期处于外债高企的状态。 ◇ 税收政策变动较大。 ◇ 汇率风险和资本市场风险较大。 ◇ 存在非传统安全方面威胁。

国家	巴林
区域	海上丝绸之路
投资优势	◇ 作为开放性和市场化程度较高的国家，政治局势比较稳定，投资政治风险较低。 ◇ 金融市场开放，秩序规范，经营成本较低，是海湾地区乃至中东地区的金融中心之一。 ◇ 作为海湾北部贸易的门户，发挥对沙特和科威特市场的转口作用，不断开放市场、降低营商成本。
投资风险	◇ 石油和天然气资源储量有限。 ◇ 经济自给能力不强。 ◇ 存在贫富差距、教派冲突等问题，局部冲突时有发生。
国家	比利时
区域	海上丝绸之路
投资优势	◇ 正处于欧洲主要商道的交汇点，强有力的多样性经济使其成为国际贸易中心。 ◇ 由于地处欧洲中心，拥有大量相对便宜的存储空间以及四通八达的公路、铁路和海运、空运系统，是名副其实的欧洲物流中心，其运输和配送行业正蓬勃发展。 ◇ 拥有受教育程度高、生产力强的劳动力。
投资风险	◇ 国内法语区和荷兰语区长期存在矛盾。 ◇ 境内存在极少数无政府主义分子。 ◇ 允许符合条件的个人领取执照后持有枪支。

国家	德国
区域	海上丝绸之路
投资优势	◇ 经济实力雄厚，市场体系完善，法律制度健全，劳动生产率高，创新能力强，基础设施建设完善，社会治安整体良好，投资环境较为理想。 ◇ 属于成熟的工业化国家，投资硬环境和软环境比较完善，随着中德两国贸易投资合作的不断深化，中国企业投资德国的机遇将进一步增多。
投资风险	◇ 存在来自欧洲的政治风险。 ◇ 乌克兰危机和欧元区经济复苏疲软带来的负面影响使其经济发展面临潜在风险。 ◇ 存在来自非法移民和伊斯兰教激进分子的威胁。
国家	东帝汶
区域	海上丝绸之路
投资优势	◇ 整体社会环境良好，国家加快吸收外资，不断完善法律，对外商投资给予大量优惠。 ◇ 因其目前粮食不能自给，国家和政府欢迎农业领域的投资。 ◇ 具有相对充足的农业劳动力。 ◇ 石油储量丰富，石油与农业联合开发是比较理想的模式。 ◇ 中国官方自2008年起向其派遣杂交水稻专家，示范和推广杂交水稻技术，使中国农业技术在该国产生了一定的影响。 ◇ 中、东两国双边关系良好。
投资风险	◇ 基础设施缺乏，几乎无工业基础设施，交通不便利。 ◇ 人民生活贫困，受教育程度低，失业问题严重，熟练劳动力和技术劳动力匮乏，贫困造成的社会问题严重。 ◇ 独立后地区矛盾严重，社会时有动荡。 ◇ 政党斗争严重，当局政权合法性较差。 ◇ 多方势力渗透，受制大国博弈，难以做到真正的独立自主。

国家	法国
区域	海上丝绸之路
投资优势	◇ 具备高素质、高效率的劳动力。 ◇ 地理位置处于欧洲和非洲的十字路口。 ◇ 高效的交通基础设施连通四面八方。 ◇ 拥有利于科技创新的良好环境。
投资风险	◇ 财政和公共债务危机导致经济衰退、失业率和失业人口数量反弹。 ◇ 中国企业业务开展过程面临问题。
国家	菲律宾
区域	海上丝绸之路
投资优势	◇ 菲律宾经济特区管理委员会（PEZA）下属的苏比克、卡加延、三宝颜等特区，根据企业性质与行业的不同，对外资给予一些特殊优惠政策，且幅度较大。 ◇ 当地劳动力及土地供应充沛，价格较我国相对低廉。由于教育普及，且系英语系国家，技术工人较易培训。欧、美、日信息业及劳动力密集电子业均将其作为海外零组件加工基地。 ◇ 经济改革政策持续推动，管制项目亦陆续开放，市场经济体系渐趋自由。
投资风险	◇ 存在排华情绪。 ◇ 腐败及官僚主义严重。 ◇ 家族式资源垄断。 ◇ 社会秩序及治安的不稳定。 ◇ 分离组织及恐怖组织活动猖獗。

国家	荷兰
区域	海上丝绸之路
投资优势	◇ 对外政策谋求在各种多方组织架构内发挥重要作用,如欧洲联盟、西欧联盟、北大西洋公约组织以及联合国等,为公平、稳定的商业氛围提供了积极有力的保证。
投资风险	◇ 政坛"左右对立"。 ◇ 失业率高。
国家	柬埔寨
区域	海上丝绸之路
投资优势	◇ 致力于发展经济,改善人民生活,奉行自由市场经济,加快引进外资,对外开放程度较高。为了鼓励外商投资,实行了包括土地优惠、外汇管理优惠、税收优惠等一系列特殊措施。 ◇ 发展潜力巨大,可投资利用资源众多。首先,富含金、铁、铝、石油、磷酸盐等众多矿产资源,但几乎没有进入实质开采阶段。其次,盛产贵重的黑檀、柚木、白卯、紫檀、铁木等热带林木。最后,旅游资源丰富,但利用率低,有待开发。
投资风险	◇ 投资易受其国内政党斗争影响。 ◇ 对外政策易受东盟影响。 ◇ 美国因素:经济上,美国现在是其对外贸易第一大伙伴。军事上,美柬在泰国湾开展联合军演,美柬关系升温加速。

国家	卡塔尔
区域	海上丝绸之路
投资优势	◇ 具有丰富的天然气矿产资源。 ◇ 国内政治社会保持稳定，地缘政治风险较低。 ◇ 政府有着持续而优厚的财政收入来源，财政收支和经常账户盈余，政府财政储备雄厚，外汇储备继续增加，支付能力强，可持续发展空间比较大。
投资风险	◇ 国内经济过度依赖天然气部门，消费和出口受到国外市场的制约。 ◇ 国内社会形势面临潜在不稳定性：外来工人的抗议、什叶派少数族群的反抗，等等。 ◇ 内部存在宗教派系冲突与风险。
国家	科威特
区域	海上丝绸之路
投资优势	◇ 基础设施完备。 ◇ 政治基本保持稳定。 ◇ 经济增长平稳且前景较好。 ◇ 对外开放程度高。 ◇ 融资条件好。 ◇ 政府政策支持。 ◇ 主权信用良好。
投资风险	◇ 存在一定地缘政治风险。 ◇ 经济结构单一、脆弱。 ◇ 受能源价格波动影响大。 ◇ 金融体系不健全。

国家	老挝
区域	海上丝绸之路
投资优势	◇ 森林资源丰富，占国土面积一半以上。 ◇ 蕴藏有大量矿产资源，包括金、银、锌、铅、铁、铜、煤炭等，种类繁多，且大多处于待勘测、开发状态。政府鼓励外资进入，合作开发。 ◇ 水电业的迅速发展，湄公河纵穿其全境，且支流繁多，未来新能源开发潜力巨大。 ◇ 以旅游业为主的第三产业近年来异军突起，正成为其经济新的增长点。
投资风险	◇ 部分地区由于民族和贫穷问题出现零星不安定情况。 ◇ 各省之间交流、通信不畅，中央政府对各地区控制力减弱，基础设施落后。 ◇ 进口品竞争过大，对私营部门投资限制过大，运输成本高，海关通关程序复杂，对进口中间品关税高。 ◇ 市场体系尚未健全完善，外汇来源有限，官僚作风严重，投资审批程序烦琐。 ◇ 投资法规不健全，为不法客商偷税漏税、虚投资、高控股、炒卖项目提供了方便。 ◇ 缺乏高水平高素质的劳务人员。
国家	黎巴嫩
区域	海上丝绸之路
投资优势	◇ 实行自由、开放的市场经济，私营经济占主导地位。 ◇ 金融服务业发达，不存在资本流动、汇率、利率等方面的限制。
投资风险	◇ 受叙利亚危机影响大，国家机器濒于瘫痪，存在内战隐忧，安全局势恶化。

	◇ 经济、基础设施和公共服务状况受叙利亚难民涌入迅速恶化、失业率急剧上升、贫困人口大量增加。 ◇ 政治上有很大不确定性，导致改革实施困难。 ◇ 银行面临更大的主权风险。
国家	马达加斯加
区域	海上丝绸之路
投资优势	◇ 地理位置优越，自然环境优良，是世界上的第四大岛屿。 ◇ 矿业开发市场对外开放度较高。99—022号法案和2001—031号法案都保障了外国投资者在当地投资矿山的利益。
投资风险	◇ 近期党派斗争有所加剧，但出现政治动荡的可能性不大。 ◇ 因为存在资源不足、贪污腐败等问题，导致官商勾结、监管不力等情况出现，缺乏非官方的机构对政府部门的行为进行监管，且监管体系相关法案的草案并没有正式向公众公布。
国家	马尔代夫
区域	海上丝绸之路
投资优势	◇ 地理位置优越，跨越多条国际主要航道，是沟通阿拉伯地区与南亚诸国的必经之路，是国际海洋运输在印度洋上的重要关口。 ◇ 实行开放性经济政策，政府鼓励外资进入本国几乎所有领域，并为外来资本提供税收、人员等多方面的优惠政策，外资准入门槛也极低。 ◇ 法律规定保护外国投资的安全，严禁将外资企业国有化；与外资相关的法律法规也逐步完善。 ◇ 没有外汇限制；外资可享有100%独有权；外商投资收益和利润可自由汇出等。 ◇ 中国与马尔代夫互为免签国，并签有航空运输协定，为中国资金注入提供了便利条件。

投资风险	◇ 近10年受自然灾害、全球金融危机以及本国局势动荡等因素影响，经济增长趋势急速放缓，2013年后经济有所提升。 ◇ 经济结构单一，产业布局失衡，对旅游业依赖严重，出口有限，进口依赖严重。 ◇ 实行固定汇率制，兑换美元困难。 ◇ 人口规模小和经济体量小导致地区影响力有限，在政治、经济、外交、军事上受印度影响、制约较多。
国家	马来西亚
区域	海上丝绸之路
投资优势	◇ 实行开放的市场经济，积极引进外资，基础设施建设比较完善。 ◇ 政府鼓励外国投资者的投资，近年来一直致力于改善投资环境，完善投资法律。
投资风险	◇ 政局不稳，可能影响社会经济长期发展计划的连续性和稳定性。 ◇ 外贸依存度高，实行固定汇率制。 ◇ 与邻国存在领土争端，尤其是菲律宾。 ◇ 马六甲缺乏资源，自工业革命后，开始逐渐衰落。
国家	毛里求斯
区域	海上丝绸之路
投资优势	◇ 地理位置优越，拥有自由港。 ◇ 拥有完善的基础设施、现代的通信设备和完备的物流服务体系。 ◇ 电力供应能自给自足。 ◇ 劳动力教育水平高。
投资风险	◇ 国小人少，本地市场狭小。 ◇ 失业率偏高。 ◇ 社会治安水平有所下降。 ◇ 较高的银行利率水平加重企业融资成本。 ◇ 存在一定经济风险和汇率风险。

国家	蒙古
区域	海上丝绸之路
投资优势	◇ 农、畜、矿物资源丰富。 ◇ 为国际重要组织成员，经贸体制较符合国际规范。 ◇ 具独特景观与神秘文化特色，非常适合发展旅游观光事业。 ◇ 政治安定，治安尚佳。 ◇ 劳动人口素质高，结构年轻，工资低廉。
投资风险	◇ 交通、运输、通信及能源等基础建设均显落后，运输费用较高。 ◇ 银行系统略显落后，不能完全适应市场发展需求。 ◇ 地广人稀，可用资源相对分散，如果长期大力发展劳动力密集工业，将遭遇瓶颈。 ◇ 因人口少，居住较为分散，且购买力不足，内销市场规模不大。 ◇ 为内陆国家，对外没有出海口，只能依赖中国天津港与俄罗斯海参崴港。 ◇ 因地处内陆，且平均海拔高达1500米，冬季严寒又漫长，使旅游观光业有明显淡旺季之分。
国家	尼泊尔
区域	海上丝绸之路
投资优势	◇ 作为最不发达国家，有权获得发达国家的普惠制和其他优惠待遇，作为世贸组织成员，也享受WTO给予的最不发达国家待遇。 ◇ 与英国、法国、德国、毛里求斯和欧佩克基金5个国家/组织签订了双边投资促进和保护协定（BIPPA），与印度、挪威、中国、巴基斯坦、斯里兰卡、奥地利、泰国、毛里求斯和韩国等13个国家签订了避免双重征税协议。 ◇ 是联合国等多个国际组织和金融机构（世贸组织、南亚区域合作联盟、南亚自由贸易区、孟印缅斯泰经济合作组织等）的成员。

	◇ 国际金融机构积极支持该国投资企业与私营部门参与基础建设和服务领域，如道路运输、电力、电信和水供应等。 ◇ 劳动力价格低廉，英语普及，技术与管理人员英语熟练，多数工人也可用英语交流。
投资 风险	◇ 多年来政局动荡，政府官员腐败，常常因索贿刁难投资者，不愿承担责任，互相推诿，办事拖拉，效率很低，内乱结束至今，这种状况未见明显好转。 ◇ 基础设施不完善。必要的公路、仓库、电力、生产和生活用水、投资服务设施和配套政策十分缺乏，对经济特区无力开发。 ◇ 吸引外资政策没有吸引力，现有优惠政策不能充分落实。在投资环境上，外资企业和本地企业的待遇区别不大，有些地方甚至不及本地企业，不及国民待遇。 ◇ 工业资源少，贫困人口多，消费市场小，聘用具有一定水平的专业技术人员和管理人员有困难等。
国家	瑞士
区域	海上丝绸之路
投资 优势	◇ 地理位置具有战略意义，是各种文化和语言的交汇点，是自由经济的天堂，也是欧洲先进技术的交汇地。 ◇ 资本市场效率高，金融中心高度发达，其银行和证券交易所享有盛誉。 ◇ 低税收是吸引外资的一大优势。 ◇ 国际总部的荟萃地。其商业环境有利于企业建立总部并进行研究和生产活动，基础设施名列全球榜首。 ◇ 教育经费在各级政府的预算中占较大的比重。初中教育普及、高中比重小、职业学校比重大、大学教育质量高。
投资 风险	◇ 本币升值对其经济造成冲击。 ◇ 英国退欧可能将对不同汇率及其他金融变量产生影响，也可能影响企业投资，并间接影响国际贸易，使其经济承受风险。

国家	沙特阿拉伯
区域	海上丝绸之路
投资优势	◇ 投资环境较为宽松。为提高外资吸引力，2000年在首都利雅得正式成立沙特投资总局（SAGIA）。该机构主要目标是监督国内投资行为，尤其是外商投资行为，促进国内投资环境提升，为投资合作的外商提供高效率、高质量、舒适的营商环境。 ◇ 为了吸引外资，政府颁布一系列优惠政策措施，如所得税减免、优惠的土地租金、配套基础设施保障等。 ◇ 伴随经济的稳定增长及人口的迅速增加，在能源、交通与物流、信息通信、医疗健康、生命科学、人力资本等领域都有相当大的投资潜力。 ◇ 为了减少对石油领域的依赖、刺激经济增长、解决国内极高的失业率水平，政府亦计划投入巨大财力、物力在教育、人力资源、基础设施建设等领域，这不失为外商参与沙特投资建设的一个好时机。
投资风险	◇ 国内经济过度依赖石油部门，国内宏观经济与政府财政极易受到油价涨跌的影响。 ◇ 国内社会形势面临潜在不稳定性，青年失业率高、严重歧视女性、地域差异、什叶派少数族群的反抗等。 ◇ 内部存在宗教派系冲突与风险。 ◇ 地缘政治风险高。 ◇ 面临的恐怖主义风险。
国家	斯里兰卡
区域	海上丝绸之路
投资优势	◇ 作为印度洋岛国，靠近发达的欧亚国际主航线，因其独有的地理位置，在海上转运、中转和补给等方面具有天然的优势。 ◇ 基础设施相对较好，尤其海运和空运能力较好，能基本满足国际投资需求。

	◇ 国民普遍受教育水平好，劳动技能训练有素，重视发展人力资源，该国劳动力在南亚地区以精细、优质而闻名，大多数工人都受过良好的教育，工资成本也富有竞争力，在城市地区英语普及率高。
投资风险	◇ 国内民族、宗教和解进程艰难。 ◇ 政策稳定性仍不足。税收体系复杂，税率多变，2012年曾发生临时改变税率政策，增加税费的事件。 ◇ 政府更迭，叫停部分与中国签订的投资项目。 ◇ 经济相对脆弱，对外部环境较敏感。长期实行社会福利政策，经济基础薄弱，资金短缺，财政收入有限，公共开支却居高不下，财政持续赤字，背负了沉重的公共债务，可能影响其长期可持续发展。
国家	泰国
区域	海上丝绸之路
投资优势	◇ 为外国投资者提供了完善的基础设施和优质的服务，日益现代化的运输设备及不断更新的交通和IT网络为外商的工作和生活提供了保障。 ◇ 政府通过各种渠道鼓励和帮助投资者并出台了一系列有效措施，如无国产化率要求、无汇款限制、无出口要求、制造业无外资比例限制等。 ◇ 允许外国投资者永久拥有土地所有权，土地增值潜力大。
投资风险	◇ 南部三府的宗教冲突以及社会不稳定。 ◇ 腐败、毒品、贫困并列为国家发展和社会稳定的三大障碍。 ◇ 近年来曼谷、普吉岛等地也成为了恐怖主义袭击的高发地区。

国家	文莱
区域	海上丝绸之路
投资优势	◇ 为了吸引外资，实现经济发展多元化，促进私营经济发展，政府实施了一系列优惠政策，包括免除个人所得税、进出口税、薪工税、销售税、营业税和生产税，外国投资者还可以享受免除20年公司税的优惠待遇。 ◇ 与其他国家和地区相比，所征收之税相对较少，可以降低企业生产成本。
投资风险	◇ 在南海争端中有"六国七方"，其中文莱就属于其中之一。 ◇ 宗教方面要注意伊斯兰风俗。 ◇ 中国劳工进入文莱的配额较难获得。
国家	西班牙
区域	海上丝绸之路
投资优势	◇ 经济增长快，国内复苏力量强劲。 ◇ 银行不良贷款趋于减少，稳定性加强。
投资风险	◇ 金融上，房地产泡沫破裂，主权债务问题突出。 ◇ 地区独立、移民问题和排外现象是未来一段时间的风险。
国家	新加坡
区域	海上丝绸之路
投资优势	◇ 地理位置优越，位于海上交通咽喉要道，拥有天然深水避风海港，是全球著名的转口贸易中心。 ◇ 基础设施完善，拥有全球最繁忙的集装箱码头、服务最优质的机场、亚洲最广泛的宽频互联网体系和通信网络等。

	◇ 社会治安良好，是世界上犯罪率最低的国家之一，社会政治环境稳定。 ◇ 商业网络广泛，产业结构优化程度高，所覆盖的产业类型丰富，可投资的范围广。 ◇ 融资渠道多样，是全球著名的国际金融中心，也是全球资本的重要集散地之一。 ◇ 法律体系健全，且有比较完备的申诉体系，为投资者提供了法制保障。 ◇ 政府以高效廉洁著称，为外来投资提供快捷高效的服务和相对公平的投资环境。 ◇ 推出多种促进经济发展的优惠政策，且外资企业基本上可以和本土企业一样享受。
投资风险	◇ 新元非国际化，主要是限制非居民持有新元的规模。 ◇ 自然资源短缺，部分水、气资源依靠进口，受国际能源价格影响较大。 ◇ 劳动力供应不足，外籍劳务需求量大，劳动力成本逐年增加。 ◇ 《土地征用法》规定凡为公共目的所需的土地，政府都可强制性征用。 ◇ 检疫标准、环保准入标准高，违反惩罚重。对进口商品检疫标准和程序十分严格；对境内企业的环保标准设定也很高，触犯相关规定的惩罚力度极大。
国家	新西兰
区域	海上丝绸之路
投资优势	◇ 政治、经济稳定，具有创新精神，并且拥有便利的营商环境，是理想的投资目的地。 ◇ 政府积极鼓励外国投资，并拥有世界一流的基础设施辅助商业活动。
投资风险	◇ 虽然安全级别高，但同时由于少数新西兰人前往海外参与"伊斯兰国"，使国家安全威胁级别从"非常低"提升到"低"。

国家	也门
区域	海上丝绸之路
投资优势	◇ 具有地理环境优势，地处阿拉伯半岛西南角，与非洲隔海相望，亚丁港地处红海口，扼红海南大门，是海上连接亚非欧的交通枢纽、东西方国际贸易的交通要道。 ◇ 由该国北上进入地中海，可缩短到欧洲的距离，减少海运费用。每年经过该国海域的船只占世界的一半。
投资风险	◇ 国内仍处在战乱之中，全国已经陷入了四分五裂的无政府状态。 ◇ 一直面临着较大的反恐压力。 ◇ 国内仍然盛行部落政治和部落文化。 ◇ 国内经济发展较为落后，人民生活水平贫困，市场需求有限。
国家	伊拉克
区域	海上丝绸之路
投资优势	◇ 石油工业是经济支柱产业，原油储量排名世界第三，仅次于沙特阿拉伯和伊朗。 ◇ 有可能逐渐发展成为国际石油市场的极其重要和关键的角色，对国际能源安全的重要性可能不亚于西半球对能源新版图的贡献。
投资风险	◇ 国内政治局势动荡，面临着十分严峻的安全威胁。 ◇ 国内面临着日益严重的教派和民族分歧，中央政府屡弱。 ◇ 目前大幅度增产的原油缺乏出口销路，不论是炼油还是出口设施，都存在瓶颈限制，需要尽快升级炼油设施以加工更多的原油。 ◇ 石油产业当前基础设施薄弱，急需外来资金和技术进行帮助和维护。

国家	以色列
区域	海上丝绸之路
投资优势	◇ 基础设施相对完善，投资鼓励措施丰富，金融体系高度集中且稳定，高新技术产业取得巨大成就。 ◇ 伴随着经济的稳定增长和人口的持续增加，在高新科技、制造业、钻石工业、医疗、旅游、人力资本等关键领域都蕴含商机。
投资风险	◇ 经济发展受到自然资源匮乏性的制约。 ◇ 巴以冲突短期内难以得到根本解决。 ◇ 地缘政治环境恶化。 ◇ 政府中存在官僚主义、低效率以及规章制度不透明等问题，直接影响了外国资本的流入。
国家	意大利
区域	海上丝绸之路
投资优势	◇ 位于地中海中心位置，是海陆空连接南欧、北欧、中欧和非洲等其他大洲的交通枢纽。 ◇ 对外国投资者提供便利和支持。为方便外资进入，政府专门设立了投资促进署，为有意在意大利发展的外国投资者提供免费的全方位服务，涵盖投资各个阶段，为企业全程介绍意大利投资环境详情和具体领域的投资机会，提供法律信息咨询。 ◇ 基础设施网络宽广。拥有欧盟第二长公路网，仅次于法国，铁路线位居欧盟第五。还拥有先进的国际港口系统、物流平台和中转码头，是欧洲第二大海运大国。 ◇ 经济实力雄厚。意大利是发达工业国，拥有500多万家企业。生产出的高质量产品覆盖各个产业部门，在国际市场具有极强的竞争力，制造业尤为突出。

投资风险	◇ 政府频繁倒台,政策连续性差。 ◇ 法律体系繁冗复杂,办事人员对政策的理解和执行随意性很强。 ◇ 审批程序繁杂,工作效率低。 ◇ 协会排斥外来投资者。
国家	印度尼西亚
区域	海上丝绸之路
投资优势	◇ 人口众多、市场潜力大、劳动力廉价。 ◇ 海岸线漫长、控制众多海上交通枢纽。 ◇ 对外开放程度较高,金融市场稳定。 ◇ 自然资源丰富。
投资风险	◇ 国内的民族主义情绪可能引发排华事件。 ◇ 政策不稳定,腐败现象较为严重。 ◇ 要警惕滋生的恐怖主义威胁。
国家	英国
区域	海上丝绸之路
投资优势	◇ 作为生产和贸易基地有众多优势,包括优越的地理位置,与世界各地广泛的贸易联系,完善发达的国内交通体系,经验丰富的劳动力,充足的能源以及成功的科研。 ◇ 金融、市场及其他各项专业服务极为便捷。
投资风险	◇ 中英贸易逆差逐年提高,贸易不平衡可能导致双边贸易摩擦。 ◇ 在金融危机下,为削减财政赤字和公共债务,政府不得不实行财政紧缩政策。
国家	越南
区域	海上丝绸之路
投资优势	◇ 经济好转,市场需求增加。 ◇ 政策环境有所改善。

	◇ 国际市场前景看好。已有不少西方国家看重越南乃至整个东盟市场,对越南的投资趋于增加,尤其在一些高技术和能源领域,如电信、电子、汽车、电力、油气、矿产等。
投资风险	◇ 吸引外资政策不够透明。 ◇ 投资申请手续烦琐,窗口多。 ◇ 进口关税政策多变。 ◇ 收费高,企业在申请投资和生产经营过程中,除按规定应交付的各种费用外(这方面交费不高),其他额外收费现象普遍存在。
国家	阿尔巴尼亚
区域	丝绸之路经济带
投资优势	◇ 地理位置优越,邻近西欧发达国家市场,产品销往欧盟市场具有物流成本优势。 ◇ 劳动力资源丰富,劳动力成本较低。 ◇ 自然条件优越、气候温和,无严重自然灾害。 ◇ 基础设施发展比较落后,国家财政资金紧张,吸引外资发展铁路、海运、电力等基础设施建设的需求强烈。
投资风险	◇ 地缘位置重要,受北约、欧盟影响巨大。 ◇ 腐败问题依旧十分严峻,法制薄弱。 ◇ 与塞尔维亚存在种族和领土矛盾问题。
国家	阿富汗
区域	丝绸之路经济带
投资优势	◇ 虽然经济发展水平落后,但矿产和能源资源丰富,且基本处于未开发状态,被称为"躺在金矿上的穷人"。丰富的矿产资源是经济发展的主要支柱,也是吸引外资的重要优势。 ◇ 随着国家重建的大力推进,基础设施迫切需要全面兴建,需要大量外资进入。 ◇ 具有充足的廉价劳动力资源。

	◇ 基础轻工业落后，日常消费品严重缺乏，低端劳动密集型的加工业具有巨大的投资前景，比如日常农用工具、塑料制品、自行车、服装鞋类等，这些领域也是重点引进外资的领域，享受该国对外资企业雇佣当地工人的鼓励政策，是外商投资回报较快的领域。
投资风险	◇ 恐怖主义依旧十分严重，将对国家稳定造成长期负面影响。 ◇ 部落势力强大，中央政府对部落地区控制力弱，部落封闭且相互间存在矛盾。 ◇ 毒品交易泛滥，短期内不会有太大改善。
国家	阿塞拜疆
区域	丝绸之路经济带
投资优势	◇ 在基础设施领域，拥有里海最大的港口（巴库港）与外高地区最大的机场，国内基础设施条件相对较好。 ◇ 油气资源极为丰富，目前已探明石油储量约20亿吨，地质储量约40亿吨，且石油埋藏浅，杂质少，易于开采和后期综合利用。 ◇ 除了油气资源，因毗邻里海，渔业和农业资源也较为丰富。
投资风险	◇ 总体稳定，最大的政治和安全风险是纳卡冲突。 ◇ 尽管奉行平衡外交，但由于其在纳卡地区的惨痛教训，以及保持经济、政治独立的意愿，该国与西方的联系始终处于不断加强之中。 ◇ 与俄罗斯的关系问题。
国家	爱沙尼亚
区域	丝绸之路经济带
投资优势	◇ 凭借优越的地理位置和比较完善的交通运输网络，在欧、亚中转运输中占有重要位置。 ◇ 政府有效地控制住了转轨初期的混乱局面，奉行自由贸易政策，且政府运作透明，成功使本国经济走上了新的发展道路。

	◇ 基础设施良好，但同时也存在一些问题需要改善，有一定的投资空间。 ◇ 着力于吸引外资。基本取消贸易管制，实行零关税和自由贸易的政策；对投资者开放所有领域，对外国投资者实行完全的国民待遇；取消外汇管制，可以自由兑换和汇出货币。
投资 风险	◇ 作为俄罗斯的邻国，同时又是欧盟的成员国，面临着更加动荡的地缘政治环境。 ◇ 须妥善处理与当地民众与工会等社会组织的关系，同时要尊重当地风俗习惯，重视环境保护与维护生态。
国家	巴基斯坦
区域	丝绸之路经济带
投资 优势	◇ 人口众多，市场潜力大。 ◇ 通信行业发展迅速，尤其是电信方面规模可观。 ◇ 大力欢迎外来投资。为了吸引外资，政府推行投资自由化政策，几乎所有经济领域均向外资开放，外国投资者享有与当地投资者同等的待遇，没有股权限制，资金流动自由，另外还享有设备进口关税等方面的优惠政策。
投资 风险	◇ 恐怖主义盛行，本土塔利班运动不断发展壮大，阿富汗塔利班也是重要因素。 ◇ 宗教问题严重影响了社会的稳定，教派斗争是导致安全形势下滑的重要因素之一。 ◇ 地区主义日益突出。 ◇ 地区间的矛盾进一步加剧了民族混居地区的族群矛盾。
国家	白俄罗斯
区域	丝绸之路经济带
投资 优势	◇ 地理位置优越，连接独联体市场和欧盟市场。 ◇ 教育基础良好，劳动力素质较高。 ◇ 具备一定的产业配套能力，适合中国企业实施"走出去"战略，转移中国具有比较优势的产能。

投资 风险	◇ 经济危机倒逼政治改革的压力急剧增大。 ◇ 政治权力移交将带来巨大风险。 ◇ "颜色革命"的风险仍然较大，不排除内外反对派联手动摇其政治体制。 ◇ 乌克兰危机的外溢使白俄罗斯面临产生输入性政治危机的潜在风险。
国家	保加利亚
区域	丝绸之路经济带
投资 优势	◇ 不仅劳动力成本低廉，且劳动者受教育水平也非常高，素质良好。 ◇ 政府鼓励外商投资，税率在全欧洲范围内是最低的，企业所得税和个人所得税仅为10%。 ◇ 目前已经加入欧盟，并且是申根区国家。这就意味着，凡是在保加利亚境内投资的企业，其产品可以自由进入其他欧盟国家，没有税收限制，并且企业人员也可以在申根协议国内自由出入。
投资 风险	◇ 短期内保俄关系存在一定不确定性。 ◇ 国内民族问题。 ◇ 同马其顿共和国的关系不明朗。
国家	波兰
区域	丝绸之路经济带
投资 优势	◇ 地缘位置优势。地处欧洲大陆中心，濒临俄罗斯和德国两大国际市场，在连接欧洲大陆的东西部地区发挥着非常重要的作用。 ◇ 经济状况良好，表现为 GDP 快速增长、劳动力市场灵活性提高、失业率逐步降低等，投资环境也较为稳定，是经济合作与发展组织成员国。 ◇ 具有较好的工业基础和科技实力。波中两国在生物技术、信息与通信、矿山机械、食品贸易及页岩天然气开采等领域的合作有着良好的前景。

	◇ 投资环境稳定。政府对吸引外资较为支持。主管当局为吸引外国直接投资，出台了一系列激励政策，包括经济特区的所得税豁免、不动产税豁免，以及对购买新技术及研发中心的优惠的税务抵扣。
投资风险	◇ 中波经济互补性较弱。中波相互间的贸易投资合作与两国的经济规模、在世界经济中的地位不相称。中波经济依存度低，且波兰对华贸易逆差明显，这种经济状况对于建设长远的中波关系势必形成阻碍。 ◇ 中波价值观和政治制度存在差异。 ◇ 中波关系受第三方因素影响。
国家	波斯尼亚和黑塞哥维那
区域	丝绸之路经济带
投资优势	◇ 可以作为中国企业进入利润丰厚的欧盟市场以及中欧市场的战略门户。 ◇ 拥有一批高素质劳动力队伍，且价格较低。 ◇ 拥有与欧元挂钩且较为稳定的金融体系。 ◇ 外国投资者享有与本国公民同样的权利，因此投资更为便利，收益更高。 ◇ 政府重视引进外资，以改善其落后的基础设施建设，为外商投资波黑承包工程提供了商机。
投资风险	◇ 体制复杂，国家权力有限，中央政府制定的具体政策措施难以落实，给投资带来不便。 ◇ 民族矛盾与社会问题突出，难以营造良好的国家发展环境。 ◇ 由于内战在欧美等国调停下结束，这也意味着美国与欧盟对其内政至今进行着某种程度的监督和指导，导致其政策难以实现独立自主。

国家	俄罗斯
区域	丝绸之路经济带
投资优势	◇ 交通运输非常发达，邮政系统十分便利，通信系统也有很大发展。 ◇ 为吸引更多外资，联邦政府出台了相应政策和措施。例如，针对外资手续办理采取"一个窗口"政策以简化办事手续；降低个人所得税以深化税制改革措施；取消烟草以及贵金属的出口许可证制度等。 ◇ 各级地方政府也相继推出优惠措施吸引外资，例如，加里宁格勒州对外免征财产税、土地税、水利等基础设施使用费。
投资风险	◇ 政策法规多变，国家法律、政府条例缺乏连续性，特别是针对外来投资方面的政策不够稳定，相关法律不够完善，总体法制环境有待改善。 ◇ 政治腐败问题根深蒂固，政府政策效率不高，这对投资者来说增加了很多不确定性因素。 ◇ 社会环境治安问题突出，黑社会等组织犯罪活动日渐猖獗。
国家	格鲁吉亚
区域	丝绸之路经济带
投资优势	◇ 自然资源较为丰富，主要有森林、矿产和水力资源等。 ◇ 为"一带一路"核心枢纽国，连接欧亚的桥头堡。 ◇ 在市场空间上，环黑海周边拥有3.2亿人口的巨大市场，且本身90%以上的商品需要进口。 ◇ 由于是欧盟成员联系国，货物在此进行落地加工后转口至欧盟各国为零关税。 ◇ 与周边国家有自由通关贸易协定，关税较低，是理想的加工贸易周转地。
投资风险	◇ 阿布哈兹和南奥塞梯问题的悬而未决仍然是最大的政治风险。 ◇ 国内政局存在一定变数。

国家	哈萨克斯坦
区域	丝绸之路经济带
投资优势	◇ 能源矿产开发等传统经济领域优势互补，发展前景较为乐观。 ◇ 2014年制定了《2015–2019年工业创新发展国家纲要》（第二个五年计划），将进一步加大招商引资力度，以实现2020年前制造业实际总增加值增长不低于1.5倍的目标。 ◇ 2014年6月，纳扎尔巴耶夫总统签署了一份新的投资优惠政策，使得外资在哈注册法人的前提下可获得包括免除关税、国家实物赠与和税收优惠、外籍劳工免除配额限制等一系列优惠政策。
投资风险	◇ 存在比较严重的"接班人"问题。 ◇ 在民族问题上存在隐患。 ◇ 虽然重视与中国的经贸联系，但是其有多个经济发展战略可以选择，"一带一路"倡议面临与美、俄中亚战略的竞争。 ◇ 处于欧亚的"中心地带"，其地缘政治环境长期缺乏稳定。 ◇ 仍然面临"颜色革命"的危险。
国家	吉尔吉斯斯坦
区域	丝绸之路经济带
投资优势	◇ 地理位置重要，扼守高加索和中亚通往欧洲的门户，因此是重要的转口贸易国家，目前80%的港口和60%的铁路运输是转口货物。 ◇ 服务业环境相对自由宽松，特别是对金融业，实行自由的金融政策。 ◇ 受教育人口特别是高等教育普及率较高，人力成本低廉。
投资风险	◇ 大国干预带来政治风险，因战略位置极为重要，长期是美俄等大国争夺的目标。 ◇ 内部政局动荡也带来政治风险，南北部族矛盾与吉尔吉斯—乌兹别克族裔冲突，是难以消除的两大内部隐患。

续表

国家	捷克共和国
区域	丝绸之路经济带
投资优势	◇ 地理位置优越，辐射力强。 ◇ 不限制外资的投资规模和所有制。 ◇ 基础设施完善，工业基础雄厚，信息技术发达。 ◇ 劳动力平均素质较高。
投资风险	◇ 政党政治的不稳带来一定的投资与贸易风险。 ◇ 经济复苏与可持续发展带来不确定性。 ◇ 政府经贸政策带来不确定性。 ◇ 与欧盟（尤其是德国）的关系带来不确定性。
国家	克罗地亚
区域	丝绸之路经济带
投资优势	◇ 地理位置优越，连接东西欧，辐射西欧和东南欧，且拥有包括里耶卡港在内的多个主要港口，海洋运输发达。具有极佳的区位投资优势和广阔的市场。 ◇ 不断完善的外商投资优惠政策。 ◇ 金融体系管理比较健全稳固。
投资风险	◇ 成为欧洲难民潮"重灾区"是最严峻的危机。 ◇ 历史民族遗留问题导致的克塞矛盾是潜在的威胁，很大程度上影响着当地的经济状况和投资环境。 ◇ 贪腐问题和政局更迭频繁也对投资环境带来阴影。
国家	拉脱维亚
区域	丝绸之路经济带
投资优势	◇ 拥有战略性的地理位置。 ◇ 宏观经济稳定、经济增长活跃。

	◇ 拥有熟练专业人员,劳动力成本低。 ◇ 电信和交通基础设施发达。
投资 风险	◇ 工资增速已高于生产力。 ◇ 投资增长微弱,尽管目前经济实现增长,但发展缺乏持续性和充分性。 ◇ 缺乏结构性改革,全球经济现状也不利于短期内改善经济环境。
国家	立陶宛
区域	丝绸之路经济带
投资 优势	◇ 突出的地缘优势。地理位置关键,连接了欧、亚、波罗的海等地区,坐落于几大市场的交叉点上。 ◇ 将开放自由的市场经济环境作为经济发展的主要政策目标。 ◇ 基础设施建设也越来越完善。
投资 风险	◇ 受国际形势影响,自身具备一定的不确定因素,在国际浪潮面前为确保自身利益,外交动向具有摇摆性。 ◇ 自身政治体制与国家内部治理也存在很大漏洞,腐败的政府处理问题能力效率低下,为投资者增加了许多不稳定因素,也致使该国的投资信誉降低。 ◇ 国内社会形势也具有不稳定性,贫富差距逐渐加大,导致社会难以稳固发展。黑社会数量不断增加,并开始向政治、经济等领域慢慢渗透,社会安全隐患无法解决,极大地增加了前来投资的外商的心理负担。
国家	罗马尼亚
区域	丝绸之路经济带
投资 优势	◇ 地理位置得天独厚,拥有黑海最大港口康斯坦察港以及多瑙河—黑海航道,可以成为中国进入欧洲的重要门户之一。

	◇ 在基础设施项目建设上有大量需求，如高速公路、高速铁路、桥梁、机场、电站等，中国企业在这些项目上有很好的技术，且有配套资金支持，因而两国合作互补性强。 ◇ 在清洁能源、旅游资源方面都有大块值得开发的"处女地"。
投资风险	◇ 周边局势的不稳定性和区域局势的复杂性可能影响国内政治社会的稳定。 ◇ 国内政治转型与政治腐败可能对国家整体的政治生态产生很大的负面影响。 ◇ 东欧、中亚等地区复杂的政治局势以及黑海地区的各类民族运动使部分难民涌入，甚至有恐怖分子与组织牵涉其中。
国家	马其顿
区域	丝绸之路经济带
投资优势	◇ 区位优势明显。坐拥东西向的欧洲8号走廊和南北向的欧洲10号走廊，公路网密集，首都有两个国际机场，与优良港湾距离近，交通便捷，物流成本偏低。 ◇ 政治经济形势较为稳定。政府重视发展经济，经商环境良好。 ◇ 优惠政策吸引大量外资。 ◇ 劳动力资源丰富、价格相对较低，且受教育程度较高。 ◇ 物价水平小幅紧缩，投资成本较低。
投资风险	◇ 历史遗留问题将可能成为引发政治风险的导火索。 ◇ 国内民族矛盾仍未根本解决。 ◇ 欧盟、北约对该国的政策有较大影响力。
国家	孟加拉国
区域	丝绸之路经济带
投资优势	◇ 人力资源丰富，劳动力成本低廉，劳动力充足，适宜发展劳动密集型产业。

	◇ 实行投资自由化政策，鼓励投资。近年来为鼓励外国投资，政府制定了一系列优惠政策：投资者享受国民待遇、投资受法律保护不允许被国有化和被征用、保证资本和股息外派、公司享受5~7年免税期、进口机械设备享受关税优惠、享受最不发达国家出口优惠、允许100%外资股权和无退出限制。 ◇ 几乎所有经济领域都对外国投资者开放，投资自由度较高。 ◇ 积极建设出口加工区、特殊经济区。
投资风险	◇ 资金、技术短缺，经济发展水平较低，接受国际组织和发达国家的援助是其筹集建设资金的重要方式。 ◇ 国内工业器械设备非常落后，缺少大型机具，且配置较低。 ◇ 缺乏高技术专业人才。 ◇ 基础设施薄弱，运输能力差。 ◇ 能源供应困难，电力短缺相当严重，该国日益增长的用电需求已经接近其发电能力的2倍，目前国内仍有一半的人口未能用上电。许多企业需自备发电机，增加了生产成本。
国家	缅甸
区域	丝绸之路经济带
投资优势	◇ 在政治上，实行民主改革，推动民族和解，实现了社会相对稳定，从而为外国直接投资创造了相对有利的政治环境。 ◇ 在经济上，实行改革开放，经济平稳快速发展，为外国直接投资创造了有利的宏观经济环境。
投资风险	◇ 基础设施落后。 ◇ 技术人才短缺。 ◇ 政府治理能力不足。

续表

国家	斯洛文尼亚
区域	丝绸之路经济带
投资优势	◇ 地理位置优越。 ◇ 基础设施完善。 ◇ 工业基础雄厚。 ◇ 劳动力素质，性价比较高。 ◇ 宏观经济稳定。 ◇ 辐射市场广。 ◇ 政策支持。 ◇ 法制相对健全。
投资风险	◇ 自然资源匮乏，能源依赖进口。 ◇ 内部市场狭小，受外部市场影响大。 ◇ 融资环境相对较差。 ◇ 劳动力成本上升，就业体系不灵活。 ◇ 产品品质标准高。 ◇ 投资领域限制。
国家	塔吉克斯坦
区域	丝绸之路经济带
投资优势	◇ 经济社会领域各项建设逐步展开，民众富裕程度不断提高，消费市场日渐繁荣。 ◇ 石化能源方面，煤的储藏量较为丰富，有很大的开发潜力，已经有中资企业在进行开采活动。 ◇ 政府努力改善投资环境，吸引外国投资者，尽量对外国投资者提供较好的条件。
投资风险	◇ 阿富汗局势恶化带来的国内安全局势恶化。因与阿富汗有着漫长的边境线，且由于国力的原因，始终无法有效地保障其边境的安全。

	◇ 境外大国博弈带来的政治风险。 ◇ 地域利益集团冲突带来的政治风险。
国家	土耳其
区域	丝绸之路经济带
投资 优势	◇ 区位优势显著。 ◇ 基础设施较完善。 ◇ 政治基本保持稳定。 ◇ 经济增长迅速。 ◇ 市场开放化程度不断提高。 ◇ 国内市场不断扩大。 ◇ 融资条件好。 ◇ 人力资源充足且素质较高。 ◇ 推行自由和开放的经济政策，对外资实行平等待遇原则，简化 外资政策和行政手续，外国投资者可享受国民待遇。
投资 风险	◇ 经济对外依赖性过强。 ◇ 通货膨胀风险大。 ◇ 能源相对短缺。 ◇ 劳动力市场竞争激烈。 ◇ 财政赤字与外债。 ◇ 投资和贸易法规不完善。 ◇ 政府腐败问题。 ◇ 技术性贸易壁垒。 ◇ 行业限制。
国家	土库曼斯坦
区域	丝绸之路经济带
投资 优势	◇ 资源丰富，80%的领土蕴藏着丰富的石油、天然气等重要能源， 其支柱产业是油气工业。

续表

	◇ 经济持续较快增长的主要推力源于高投资，直接拉动油气、工业、建筑、建材、电力、纺织等产业稳步增长。
投资风险	◇ 民主化改革带来的国内政治稳定问题。 ◇ 管线问题带来的不确定风险。 ◇ 宗教与民族问题。
国家	乌克兰
区域	丝绸之路经济带
投资优势	◇ 是欧洲境内除俄罗斯外领土面积最大的国家，境内矿产资源丰富，蕴藏有大量的铁、锰矿石、煤炭、石油和天然气等资源，许多矿产都是出口的热门产品。 ◇ 人口众多，市场广泛。 ◇ 继承了原苏联境内众多发达的重工业，工业门类齐全，具有产量高、规模大的特点。机械、化工、煤炭、军工已成为工业的主导部门。 ◇ 境内基础设施完善，铁路、公路、河运和海上运输发达。 ◇ 地处世界三大黑土带之一，土地肥沃，气候适宜，机械化水平高，适合大规模农业生产，粮食大量对外出口，故素有"欧洲谷仓"之美誉。
投资风险	◇ 容易引起俄罗斯的警惕，尤其是在能源领域。 ◇ 国内政治和立法稳定性较差。 ◇ 乌克兰危机带来的负面影响。
国家	乌兹别克斯坦
区域	丝绸之路经济带
投资优势	◇ 盛产棉花，素有"白金之国"的美誉，目前其棉花种植保持在 300 万亩左右，是世界第五大棉花生产国、第二大棉花出口国。

	◇ 矿产资源较为丰富，已探明的矿产品有100多种，矿产地3000余处，主要有天然气、石油、煤炭、有色金属等。
投资风险	◇ "接班人"问题。 ◇ 极端宗教势力问题。 ◇ 乌俄关系问题。
国家	匈牙利
区域	丝绸之路经济带
投资优势	◇ 客观地理位置优越，物流条件好。 ◇ 政策灵活，对外商投资在行业、外资比例、资本以及利润的转移均无限制。 ◇ 政府提供很强劲的投资援助和税务等各方面优惠。 ◇ 拥有廉价且高素质的技术劳工。 ◇ 基础设施完备，电、通信设施先进。 ◇ 金融业自由化、国际化，企业税率低。 ◇ 具发展潜力的产业范围广泛。 ◇ 土地成本极低。
投资风险	◇ 语言和文化差异。 ◇ 交易习惯差异。 ◇ 本国市场规模不足。 ◇ 增值税过高，不利于产品价格竞争。 ◇ 生活习惯休闲，员工生产力有待提高。 ◇ 人际关系在业务中过于重要。 ◇ 政策缺乏足够的透明度、稳定性、可预测性。 ◇ 本币汇率不稳定。

续表

国家	亚美尼亚
区域	丝绸之路经济带
投资优势	◇ 投资和贸易政策是独联体国家中最开放的。 ◇ 劳动力，特别是工程和技术方面的劳动力受教育程度高并接受过良好的训练，能够迅速适应新的市场条件。 ◇ 透明的法规制度。直接投资方面的法律和规章，如环境条例、健康和安全条例、雇用规定等，不带歧视性，对国内外公司一视同仁。
投资风险	◇ 与阿塞拜疆的"纳卡冲突"。 ◇ 与俄罗斯的依附关系。 ◇ 地缘安全形势显著恶化。
国家	伊朗
区域	丝绸之路经济带
投资优势	◇ 地理位置优越，北濒里海，南望波斯湾，东邻巴基斯坦和阿富汗，西界土耳其与伊拉克，是连接东西方文明的重要走廊。 ◇ 拥有丰富的石油，天然气和其他自然资源。 ◇ 经济实力较强，是亚洲主要经济体之一。除了石油工业外，钢铁、汽车制造业和电子信息工业也具备较强实力。
投资风险	◇ 伊朗核问题是投资环境中最大的不确定因素。 ◇ 国内保守派和改革派矛盾冲突不断。 ◇ 国内制度体系严格，这也给投资带来了一定的阻力。 ◇ 能源产业引进外资是通过回购合同（buy-back）的方式进行。

国家	印度
区域	丝绸之路经济带
投资优势	◇ 莫迪政府通过改革进一步优化外国投资环境，助推经济发展。将外国直接投资在铁路基础设施领域的投资上限提高至100%，允许外资参与城郊公私合作模式的铁路走廊建设、高速铁路系统、铁路电气化、信号系统等项目。 ◇ 经济产业多元化，涵盖农业、手工艺、纺织以及服务业。 ◇ 虽然2/3人口仍然直接或间接依靠农业维生，但是近年来服务业增长迅速，已成为全球软件、金融等服务业重要出口国。
投资风险	◇ 政治和社会治理不容乐观。政府对外商投资设置了较高门槛，审批程序复杂，行政效率低下。 ◇ 保护外资的法律体系并不健全，一旦出现商业纠纷难以找到合理的维权渠道。 ◇ 国内官员腐败猖獗，寻租现象比比皆是，贿赂成为了印度人的生活方式。 ◇ 宗教差异经常引发教派冲突。 ◇ 恐怖主义和分离主义带来的安全隐患。 ◇ 中印关系中的负面因素不可低估。

3.2 "一带一路"国内区域研究

省 / 直辖市	重庆
地位	丝绸之路经济带的重要战略支点、长江经济带的西部中心枢纽、海上丝绸之路的产业腹地。
已有平台，优势或劣势	◇ 长江经济带联结点，具有承东启西、联结南北的独特区位优势。
路径分析、策略	◇ 营造全方位、宽领域、多层次的体系，大力发展口岸经济。 ◇ 优化加工贸易结构，稳步发展一般贸易，探索发展总部贸易和转口贸易，推进服务贸易创新发展。 ◇ 积极有效利用国内外资金发展产业，承接长江经济带产业转移。
省 / 直辖市	福建
地位	为我国东南沿海的主要省份之一，也是古代海上丝绸之路的起点。
已有平台，优势或劣势	◇ 在海上丝绸之路建设中发挥海西的先行先试作用，发挥闽籍华侨华人深厚的人脉作用，发挥海西港口群的枢纽作用，发挥经贸合作的前沿平台作用。
路径分析、策略	◇ 发挥福建的特色和优势，建设"一带一路"民心相通的重要纽带、贸易畅通和货币流通的前沿平台、政策沟通的试验田。 ◇ 积极谋划福建自由经济示范区，为"一带一路"建设提供载体。 ◇ 探索妈祖信仰与慈善的结合，扩大妈祖文化在凝聚人心和构建和谐社会中的影响力。

	◇ 善用华人华侨资源，引导本土企业"走出去"。 ◇ 打造"海丝"文化品牌，发掘"海丝"旅游资源。 ◇ 加快海洋经济发展，培养海洋型专业人才。 ◇ 提高出口产品质量，推进出口品牌战略。
省 / 直辖市	甘肃
地位	全国重要新能源、有色冶金新材料、特色农产品生产加工及向西开放门户和次区域合作战略基地。
已有平台，优势或劣势	◇ 正在建设华夏文明传承创新区这一平台。 ◇ 自然环境限制；基础设施落后；市场成熟度差；产业发展落后；民族地区教育发展水平落后；地方财政困窘。
路径分析、策略	◇ 大力加强基础设施建设，与区外大通道实现全方位对接。 ◇ 全面加大对民族地区的扶贫力度，持续改善民生。 ◇ 建立兰州自贸区，进一步带动民族地区经济发展。
省 / 直辖市	广东
地位	"珠三角""金三角""银三角"在广东省内形成完整的"丝绸之路"经济带。
已有平台，优势或劣势	◇ 领头羊"珠三角"（广州、深圳、珠海）支撑国内腹地经济和沿线腹地国家的经济发展。 ◇ 粤西"金三角"（湛江、茂名、阳江）参与印度洋方向的商品、能源的交换和文化交流。 ◇ 粤东"银三角"（潮州、汕头、汕尾）参与太平洋区域的商品、能源的交换和文化交流。

路径分析、策略	◇ 设立部长级"一带一路"建设的专门机构。专门机构负责协调并推动省内、省际、跨国沿海、沿线城市的经济带建设，促进"一带一路"沿线的资源、要素、资本、财物高效流动和高效配置。 ◇ 潮汕地区的海外华侨，可以通过人际和网络互动，推动商品生产和贸易互动，从而推动"一带一路"的建设。
省 / 直辖市	广西
地位	具有与东盟国家陆海相连的独特优势，加快北部湾经济区和珠江—西江经济带开放开发，构建面向东盟的大通道，打造西南、中南地区开放发展新的战略支点，形成21世纪海上丝绸之路和丝绸之路经济带有机衔接的重要门户。
已有平台，优势或劣势	◇ 中国—东盟博览会，沿边金融综合改革试验区。 ◇ 最大的优势是区位，最大的作用是面向东盟的国际大通道，最根本的出路是开放，最核心的定位是东盟合作高地，贯穿21世纪海上丝绸之路、沿边地区开发开放、构建新的战略支点、珠江—西江经济带建设等重大战略构想和战略决策的共同战略是大开放战略。
路径分析、策略	◇ 建立"一带一路"农业合作示范区，推动第一产业现代化发展。 ◇ 深化与"一带一路"沿线国家的旅游合作，促进第三产业发展。 ◇ 在港口、航运、物流、海洋经济等方面加大发展力度建设中国—东盟商品交易中心、北部湾区域性国际航运中心。 ◇ 充分调动市场主体作用，充分发挥国有、民营、外资等各类经济主体的作用。 ◇ 加强与兄弟省份的合作，搭建服务平台。 ◇ 充分利用智库资源。

省/直辖市	贵州
地位	凭借其在"长江经济带"和"海峡西岸经济区"衔接点的地理优势和资源禀赋优势,具备融入"一带一路"的战略空间。
已有平台,优势或劣势	◇ 向北可经过欧亚大陆桥,融入新丝绸之路经济带,向南可连接广东、广西等省或自治区,融入21世纪海上丝绸之路。 ◇ 劳动力资源的主要输出地和自然资源的重要供给地。
路径分析、策略	◇ 在基础设施层面,主动创建与"一带一路"沿线重要节点城市的互联互通。 ◇ 在发展政策方面,利用综合保税区建设等政策契机,大力促进要素聚集。 ◇ 在产业发展方面,打破行政壁垒对重工业要素集聚的限制,把握东部产业转移的大背景,切实发挥要素集聚的规模经济。
省/直辖市	海南
地位	是21世纪海上丝绸之路的战略支点,是往来"两洲"(亚洲、大洋洲)和"两洋"(太平洋、印度洋)的必经之地,也是通往"两亚"(东南亚、东北亚)的"十字路口"。
已有平台,优势或劣势	◇ 四通八达的交通优势,广泛拓展的外交优势,文化相通的人文优势,都使得海南的战略支点地位凸显。 ◇ 博鳌亚洲论坛定址海南,更让海南如虎添翼。 ◇ 海南国际旅游岛建设,现在面临的迫切问题:把一套服务的规范建立起来、落实下去,提高服务水平。
路径分析、策略	◇ 物产丰富,可以在加工业上有所作为,同时可以与东南亚的各种物产相配合。

	◇ 需加强自身的基础设施建设,待港口、铁路、公路等基础设施建设加强后,结合海上丝绸之路,可以取得更大的发展。 ◇ 中小企业在条件成熟之后,可以到东南亚各地投资经商,或是开展各种交流活动。
省/直辖市	黑龙江
地位	完善对俄铁路通道和区域铁路网,以及黑龙江、吉林、辽宁与俄远东地区陆海联运合作,建设向北开放的重要窗口。
已有平台, 优势或劣势	◇ 与俄罗斯远东地区相毗邻,铁路、公路相通,开辟陆海联运物流通道,通过铁路公路与海运无缝对接,货物运输时间大大缩短,费用也更加便宜。
路径分析、 策略	◇ 加快建设同江铁路大桥、黑河大桥,开通对俄铁路通道。
省/直辖市	吉林
地位	成为我国东北地区重要的经济增长极和国际区域合作的桥头堡。
已有平台, 优势或劣势	◇ 制造业内部主要集聚产业的产业链条不完善,制造业内部各行业缺乏整体协调发展的机制和效应。产业多集中在石化工业、汽车制造业、交通运输制造业等领域,基本上是以国家投资兴建为主,因而存在计划性强,后发性突出等问题。 ◇ 产业聚而不精,高新技术投入不足。
路径分析、 策略	◇ 应积极调整产业结构,整合产业集聚,融合区际、国际产业关联。 ◇ 加强基础设施建设,强化区域关联,落实区域通关一体化。 ◇ 充分利用双边、多边国与国之间良好的合作关系,在经济合作的同时加强人文交流。

省/直辖市	江苏
地位	地处丝绸之路经济带和海上丝绸之路交汇点。连云港是《推进"一带一路"愿景与行动》里面规划的"新亚欧大陆桥国际经济合作走廊的东方起点",也是中亚一些国家最便捷的出海基地。
已有平台,优势或劣势	◇ 地理位置特殊,经济开放程度很高,而且是"一带一路"的重要交汇点,与沿线国家也有深厚的历史渊源和广阔的经贸合作往来。 ◇ 外贸方面,IT、轻纺等优势产品出口,与"一带一路"沿线国家的石油、矿产、农产品等进口,彰显了双边贸易的互补性。
路径分析、策略	◇ 在深化产业合作方面实现新突破,加强优势产能、对外工程、农业领域及能源资源合作,在拓展产业投资和产能合作中实现双赢。 ◇ 在贸易畅通方面实现新突破,多元开拓市场,优化贸易结构,提高投资贸易便利化程度。 ◇ 在基础设施互联互通方面实现新突破,打造便捷高效的陆上运输通道,建设经济安全的海上运输走廊,强化快速畅达的空中运输网络,构建江海一体的现代港口体系。 ◇ 在提升平台功能方面实现新突破,推动开发区创新发展,推进境外经贸合作区和产业集聚区建设,加强关键节点城市开放平台建设。 ◇ 在密切人文交流方面实现新突破,加强教育、文化、科技、医疗、体育、旅游等领域交流合作,实现经贸合作与人文交流互动并进。 ◇ 在资金融通方面实现新突破,建立完善多元化投入机制,提高金融服务水平,加快构建有效的投融资渠道支撑。

省/直辖市	辽宁
地位	是"一带一路"倡议中的中蒙俄经济走廊建设的重要参与者。
已有平台，优势或劣势	◇ 区位优势明显。 ◇ 政策优势明显。 ◇ 老工业基地振兴战略。 ◇ 拥有良好的对外经贸合作基础，也有进一步扩大对外开放的实际需要。
路径分析、策略	◇ 通过加强与中西部地区对外经贸体系的对接工作，提供一些技术与产业发展方面的帮助，同时寻找辽宁企业贸易与投资的新通道。 ◇ 加强与东部沿海地区的对接。对接广东、福建等外贸大省既有的海外营商渠道，可以在一定程度上减少开拓国际市场的时间和成本。
省/直辖市	内蒙古
地位	国家重要的农牧业产业基地、能源输出地、向西开放的重要战略平台。
已有平台，优势或劣势	◇ 资源丰富，储备量大。 ◇ 长期以来依靠能源输出拉动经济增长，输出模式单一，高耗能高污染的粗放型增长模式弊端重重。
路径分析、策略	◇ 加大基础设施建设，实现经济带沿线的联通。 ◇ 推进电子口岸建设，优化口岸开放布局。 ◇ 深化同俄罗斯、蒙古国各领域合作，完善合作机制。
省/直辖市	宁夏
地位	形成面向中亚、南亚、西亚国家的通道，商贸物流枢纽，重要产业和人文交流基地。

已有平台，优势或劣势	◇ 具有战略支点的区位优势。 ◇ 具有丰富的矿产资源。 ◇ 具有辐射穆斯林文化的人文交流优势。 ◇ 丰富的旅游资源。 ◇ 具有特色农产品和畜牧产品。
路径分析、策略	◇ 积极争取中央支持和完善沿线省区地区的合作机制。 ◇ 着力构建绿色立体丝绸之路大通道。 ◇ 办好中国—阿拉伯国家博览会，建设中国和阿拉伯国家贸易投资便利化示范区。 ◇ 建设中阿金融合作示范区。 ◇ 打造中阿人文交流合作示范区。
省/直辖市	青海
地位	兰新高铁使其海成为连接中亚和亚太的一个重要支点。
已有平台，优势或劣势	◇ 经济总量偏低。 ◇ 产业结构处于较低级形式。 ◇ 投资规模小。 ◇ 对外贸易程度低。
路径分析、策略	◇ 建立生态及资源补偿机制。 ◇ 加快推进基础设施建设。 ◇ 推进青海金融业发展。 ◇ 加强对外联系。 ◇ 培养和引进人才，推进科技升级。
省/直辖市	山东
地位	地处中国东部的交通要道，北承京津冀经济圈，南接长江经济带，东临浩瀚的黄、渤海，西接中原腹地，是新亚欧大陆桥经济走廊的重要沿线地区和海上丝绸之路的重要战略支点。

已有平台, 优势或劣势	◇ 在"一带一路"建设中对外扩大开放、对内加强合作的区位优势得天独厚。 ◇ 交通基础设施完备,港口优势突出,铁路和高速公路发达,各种运输方式衔接良好,四通八达、方便快捷的交通物流体系为山东融入"一带一路"建设提供了便利条件。 ◇ 农业、工业、海洋经济发达,产业体系完备,为开展与"一带一路"沿线国家的合作提供了坚实基础。 ◇ 与"一带一路"沿线国家和地区的经贸合作已有较好基础。 ◇ 在推进对外开放的过程中,高度重视对外合作平台建设。
路径分析、 策略	◇ "一蓝"应利用海洋资源,面向东北亚扩大开放,打造高端海洋产业,突出战略支点地位。 ◇ "一黄"则依托生态经济和低碳循环发展,突出生态文明示范建设。 ◇ "一圈一带"要发挥圈层经济体向心协同发展和临边经济互联互通特点,通过城市间的联动增强辐射能力,强化专业化园区建设,充分挖掘文化内涵,在打造新亚欧大陆桥经济走廊沿线经济文化高地建设中走在前列。
省/直辖市	西藏
地位	是中国与南亚国家重要的交往门户和通商要道。
已有平台, 优势或劣势	◇ 西藏陆路边境线较长,与印度、尼泊尔多个国家和地区接壤,具有独特的区位优势和地缘优势。
路径分析、 策略	◇ 建立健全立体交通网络。 ◇ 实现天衣无缝衔接,推动贸易融合发展。 ◇ 不断推动金融产业持续快速协调发展。 ◇ 大力发展旅游业。 ◇ 推进能源产业发展。 ◇ 积极发展现代物流。

省 / 直辖市	新疆
地位	着力于打造"五中心三基地一通道",定位丝绸之路核心区,强化基础设施投资。
已有平台,优势或劣势	◇ 具有较为齐全的产业结构体系,尤其在电子、轻工、纺织服装、日用品工业、建材、机电业、家电、信息产业、高新技术产业等领域具有很强的优势,而这些正是中亚五国和其辐射地区最薄弱的产业,双方具有很强的互补性。 ◇ 存在市场的需求不足、城乡居民增收较难、物价压力很大、财政增收难以及扩大就业难等问题。 ◇ 高校外语教育教学存在如下主要问题:开设外语语种过少,除俄语和日语外,未开设其他传统的主要二外语种;疆内高校未开设与新疆有密切经贸文化往来的周边国家的实用小语种教学;新疆的外语专业研究生硕士点太少,研究方向相对单一,缺少外语专业博士点。
路径分析、策略	◇ 建成"丝绸之经济带"的区域性交通枢纽中心,区域性商贸物流中心,区域性金融中心,区域性文化科教中心,区域性医疗中心。 ◇ 成立省级专门机构,负责新疆区域的外语教育政策调研、考察、制定、调整和监督等工作;扩大高校外语教学语种数量;在高校实行灵活多元的外语教育模式,加大对小语种人才培养的经费与政策支持,或制定小语种学习鼓励政策;尝试推广外语人才尤其是小语种人才培养的复合模式;加大对新疆高校外语学科和学位点的建设力度。 ◇ 旅游方面,可以同中亚国家进行合作,对我国西边丝绸之路旅游资源进行开发,这样可以达到整合与连接完整的中亚旅游资源链条,实现新疆旅游产业的发展目标,有利于与周边国家搞好交往关系,还可以促进贸易的多元化。

省/直辖市	云南
地位	与长江经济带和珠江经济文化带相连接,是中国加强孟中印缅经济走廊建设和湄公河次区域合作的具体承担者。
已有平台,优势或劣势	◇ 经济滞后与观念滞后。 ◇ 产业与产品的国际竞争力不足。 ◇ 企业规模小、技术低,缺乏龙头企业。 ◇ 基础设施相对落后。 ◇ 社会事业相对落后。 ◇ 市场机制不健全。 ◇ 城市化程度低。 ◇ 外向型经济较低。
路径分析、策略	◇ 打造云南"一带一路"的大通道。 ◇ 加大与周边国家合作,提升云南的对外影响力。 ◇ 走开放型高等教育发展道路,深化云南—东盟高等教育国际合作。 ◇ 推动国际人才培养模式创新,构建多主体政府、高校、社会(行业企业)协同的人才培养新机制。 ◇ 实施国门大学(分布在与国外直接接壤地区的大学)振兴行动计划,提升云南沿边高校国际化发展水平。
省/直辖市	浙江
地位	是我国率先发展的东部沿海经济大省和外贸大省,有能力成为"一带一路"倡议中的"门户省"与"中坚省",在新丝绸之路经济带建设中扮演着不可或缺的角色。
已有平台,优势或劣势	◇ 是全国乃至全球重要的轻工、日用消费品生产和采购集聚区。 ◇ 义乌国际采购中心驰名全球,其小商品已辐射到全球215个国家和地区,具有国际采购聚焦地优势。

	◇ 具有以宁波—舟山港为核心的港口优势和海洋资源优势，货物吞吐量自2013年起跃居世界第一。
路径分析、策略	◇ 将遍及全球的浙商网络尽快接轨"一带一路"，全面推进与深化双边贸易，争当"一带一路"的新源头与新起点，积极拓展"一带一路"国家市场。 ◇ 立足中国（杭州）跨境电子商务综合改革试验区和电子商务产业优势，鼓励跨境电子商务服务试点创新和搭建"网上丝绸之路"，通过发展网上贸易实现与"一带一路"建设的互动互促，进一步提升与周边国家与地区的经贸关系。

4

"一带一路"研究机构及重要论坛

4.1 "一带一路"重要研究机构

机构	北京大学"一带一路"数据分析平台
所属单位	北京大学
与"一带一路"相关成果	◇ 课题组编制了反映"一带一路"沿线国家互联互通水平的"五通指数",该指数从中国的视角,对比分析了"一带一路"64个沿线国家政治、经济、文化等方面的基本现状与发展态势。
关注重点	汇集"一带一路"沿线各国政治、经济、文化、科技、外交、军事等各类数据与信息并进行研究。
机构	北京第二外国语学院中国"一带一路"战略研究院
所属单位	北京第二外国语学院
与"一带一路"相关成果	◇ 联合宁夏银川体育旅游局、新加坡华鼎集团、中国旅游研究院旅游安全基地主办亚太旅游教育与旅游管理华鼎国际论坛（2015年12月19日）。 ◇ 举办"一带一路"投资与安全论坛（2015年9月19日）。 ◇ 与北京第二外国语学院阿拉伯研究中心正式成为中联部"一带一路"智库合作联盟理事单位（2015年12月29日）。
关注重点	以"一带一路"研究简报、"一带一路"蓝皮书、"一带一路"论坛、"一带一路"课题等形式重点服务外交部、商务部、中联部和国家旅游局等部委及"一带一路"沿线国家领事馆。

机构	察哈尔学会
所属单位	非官方的外交与国际关系智库
与"一带一路"相关成果	◇ 举办以"一带一路"为主题的察哈尔圆桌会议、公共外交年会、察哈尔大讲堂专题讲座以及"一带一路"和平培训班。 ◇ 发表关于"一带一路"署名文章50余篇。 ◇ 发布研究报告《"共同现代化":"一带一路"倡议的本质特征》（中英文版）。 ◇ 访问法国巴黎、比利时布鲁塞尔、意大利米兰、德国柏林、韩国汝矣岛研究院等国外智库及中国香港智库，传播"一带一路"倡议。 ◇ 出版《公共外交季刊》，以"一带一路"为主题进行专题研讨。
关注重点	以中国与周边国家外交与国际关系为主要研究领域，以案例、调查、档案为主要研究方法，提供前瞻性的创新思想产品，在国际社会发出中国非官方的声音。
机构	东中西部区域发展和改革研究院
所属单位	总部位于北京，在上海大学、武汉大学设有合作中心，在波兰华沙设有东中欧研究中心。
与"一带一路"相关成果	◇ 2012年，重点研究并提出"构建中蒙俄丝绸之路经济带"等诸多建议，被中央有关部委采纳。 ◇ 2013年起，在北京、上海、新疆、广西、云南等地主办"丝绸之路智库研讨会"。 ◇ 2013年与波兰经济大会基金会共同签订"丝绸之路"战略合作框架。

	◇ 2014年与中国驻波兰大使馆、波兰经济大会基金会在波兰华沙共同主办"中国丝绸之路研讨会",并签订两国智库战略合作框架。 ◇ 2015年5月与国家旅游局重点课题"一带一路"旅游发展战略研究课题组共同成立"'一带一路'研究中心"。 ◇ 2015年6月与联合国开发计划署签署战略合作框架,专门为中国政府设计"'一带一路'示范城市"等三个示范项目。
关注重点	在中国国务院提出"西部提速,东北攻坚,东部保持,东西互动,拉动中部,东中西部协调发展"经济发展大思路的背景下成立的综合性智库研究机构。其决策咨询性、公益性研究特征突出,研究领域广泛。重视"丝绸之路"研究与实践工作。
机构	凤凰国际智库
所属单位	凤凰网
与"一带一路"相关成果	◇ 开展华侨华人"一带一路"国别系列研究。 ◇ 编制"一带一路"指导手册,对"一带一路"各系统、各省、各行业和领域、服务组织对接进行点评和建议。 ◇ 计划推出针对国别的风险和机遇的专项研究报告。 ◇ 进行深度的调查和研究,引导能源、基建、矿产、旅游、互联网电商、金融等国际化水平较高的行业与"一带一路"进行对接。
关注重点	国际关系,国际局势的研判,企业国际化服务。

续表

机构	国家开发银行研究院
所属单位	国家开发银行
与"一带一路"相关成果	◇ 作为国家开发银行总部的战略研究部门，持续开展亚、非、拉地区的国际战略研究，在能源、交通、农业、矿产、物流、旅游、产业合作、跨境开发区等领域规划了若干重大项目。 ◇ 配合中央及国务院有关部门，开展中国周边地区战略、亚洲及拉美地区互联互通研究，初步形成了亚太、亚欧、拉美地区互联互通理论体系，构建了一批重大项目，提出了促进亚洲基础设施投融资的整体构想，为亚洲基础设施投资银行、丝路基金、亚洲金融合作协会等组建提供支持。
关注重点	发挥融资、融智的优势，服务"一带一路"倡议，参与设立和管理中非基金、中阿基金、丝路基金、中拉基金等，发挥上合银联体和中国—东盟银联体的作用，支持"一带一路"沿线项目的建设。
机构	盘古智库
所属单位	民间智库——由中外知名学者组成的公共政策研究机构。
与"一带一路"相关成果	◇ 陆续发表了包括《"一带一路"大自贸区顶层设计》《大选之际看土耳其——历史遗产、地缘政治及与中国的相关性》《新丝绸之路农业发展规划建议》在内的多个课题研究成果，并在此基础上形成了数十份内部通讯。
关注重点	盘古智库秉持客观、开放、包容的宗旨，推行经世致用、和谐共生的理念，促进社会共识，推动经济社会持续健康发展；建设和谐共生的中国；探寻中国现代化成本最低的路径。

机构	无界智库
所属单位	无界传媒——以"一带一路"为主题的综合研究平台
与"一带一路"相关成果	◇ 已联合举办2014"一带一路"投资与安全论坛、2015"一带一路"甬商大会等一系列城市论坛。 ◇ 发布京津冀发展报告,珠三角、长三角转型报告,长江上游城市竞争力报告等综合性年度报告。 ◇ 开展以亚洲新兴市场、市场与区域经济、国际反恐等为主题的"无界思享+闭门研讨会"及专访。
关注重点	在无界大数据基础上,聚焦城市区域经济研究、推出行业类指数产品,为企业向"一带一路"地区、国家转移产能、进行投融资提供决策咨询,集聚中国、新加坡、日本、美国等国内外专家学者、政府官员的智库网络。
机构	"一带一路"百人论坛
所属单位	由政府官员、专家学者、企业家、媒体从业者等各界精英组成
与"一带一路"相关成果	◇ 2015年8月8日在京举行首届"一带一路"百人论坛。 ◇ 2016年2月17日至2月22日,"一带一路"百人论坛亮相澳洲,四位专家受邀赴澳大利亚进行调研,交流中澳在"一带一路"中的机遇与挑战。
关注重点	基本定位是要打造"一带一路"的"网络智库",成为"一带一路"优质资源的共享与孵化平台,聚智慧、聚资源,推动"一带一路"早期成果与标志性项目的落地。

4.2 "一带一路"相关重要论坛及主要观点

会议名称	机构	时间	主题
十二国智库论坛	中国人民大学主办，中国人民大学重阳金融研究院承办	2014年6月28日	丝绸之路经济带的建设与未来

主要观点	◇ 丝绸之路经济带沿线国家具有巨大的经济体量，将成为和平发展的新纽带、世界体系的新重心。 ◇ 丝绸之路经济带建设将是一项长期的工作，要通过增加地区和区外成员的合作互信，精简重复性甚至潜在对抗性的机制设置，同时在功能与效率上强化现有机制的互补性效应。 ◇ 以民间交往为基础奠定智库层面的常态化的合作机制，使各国支持者与政策制定者加强沟通，为推进丝绸之路经济带建设提供强有力的智力支持，从而增进丝绸之路经济带有关各方的合作意向，实现亚欧大陆长期共赢。

会议名称	机构	时间	主题
"一带一路"文化圆桌会议	中国宋庆龄基金会与兰州大学联合举办	2014年8月24日	发挥民间组织与高校的作用，推进"一带一路"区域内国家间交流合作

主要观点	◇ 在新的时期建设"一带一路"，政府间的精诚合作、互利互信是主导，非官方的交流对话也具有独特而不可替代的作用。 ◇ 在丝绸之路经济带振兴的过程中，教育和文化科技等各项交流合作必将起到重要的先导作用。

续表

会议名称	机构	时间	主题
2014中国·青岛海洋国际高峰论坛	青岛西海岸新区管委会和新华（青岛）国际海洋资讯中心联合主办	2014年10月15日	海洋科技自主创新与21世纪海上丝路

主要观点	◇ 应打造"透明海洋"为"21世纪海上丝绸之路"护航。 ◇ 可以让海商先行，特别是民间的海商更可以通过大小的多样贸易来与其通商，通过互惠来加强"21世纪海上丝绸之路"建设。 ◇ 通过开发南海邮轮游艇旅游和海岛旅游促进"21世纪海上丝绸之路"。

会议名称	机构	时间	主题
第六届中国对外投资合作洽谈会分论坛之"一带一路"投资论坛	经国家发展和改革委员会批准，国家开发银行和中国产业海外发展协会共同主办	2014年10月24日	"一带一路"沿线国家经贸合作和投资

主要观点	◇ 把促进基础设施互联互通作为"一带一路"建设的优先领域。 ◇ 在"一带一路"沿线的主要节点和港口城市，促进经贸合作园区的发展。 ◇ 通过推进"五通"建设，完善"一带一路"沿线相关的，包括通关等方面新型体制的建设。 ◇ 要继续深化现有的合作平台和相关机制，以此为基础来推进"一带一路"建设。

续表

会议名称	机构	时间	主题
"一带一路"战略构想研讨会	北京大学国家发展研究院举办	2015年1月16日	"一带一路"战略内涵及推进策略

主要观点	◇ "一带"是找到西部往外走的大通道，实行共同发展的经济带，延伸到欧洲，从而发挥中国西部地区优势，东部地区同时也可借机利用往外发展新的空间。 ◇ "一路"的核心是建立海洋新秩序。海洋新秩序的关键就是要推动航海的自由开放，推动海上的共同安全，推动沿海地区和海洋资源的共同利用和开发。 ◇ "一带一路"是要实现互联互通。要打通与邻国的大通道，使得法规能够协调统一，使得人员能够比较顺利地流动。

会议名称	机构	时间	主题
中国境外中资企业年会	中国民营经济国际合作商会和中国开发性金融促进会共同主办	2015年3月20日	"一带一路"战略与发展新机遇

主要观点	◇ 充分发挥企业的主体作用和市场的基础作用，引导鼓励企业积极参与境外基础设施建设和国际产能合作，推动铁路、电力、通信、工程机械以及汽车、飞机、电子等中国装备走向世界。 ◇ 中国开发性金融促进会将推动设立"丝路合作委员会"等合作平台，支持企业"抱团出海"，提升企业整体竞争力，并运用国际合作网络和互联网技术，协助企业拓宽战略空间及信息、项目和融资渠道，使开发性金融在"一带一路"建设中发挥更大作用。

会议名称	机构	时间	主题
中国发展高层论坛2015年会	国务院发展研究中心设立，中国发展研究基金会承办	2015年3月21日	推进"一带一路"战略实施

主要观点	◇ 推进"一带一路"建设应该把基础设施互联互通作为优先的领域，要在尊重相关国家主权和安全关切的基础上，加强各国之间基础设施建设的规划，技术标准体系的对接，逐步形成连接亚洲各区域以及亚非欧之间的基础设施网络。

会议名称	机构	时间	主题
CCG智库圆桌会	中国与全球化智库（CCG）和欧美同学会2005委员会主办	2015年4月14日	"一带一路"、亚投行及人才战略

主要观点	◇ 建设"一带一路"以及设立亚洲基础设施投资银行需要广纳国际精英参与。 ◇ 可以学习新加坡模式从社会精英中选拔人才，建议从成熟的跨国公司、金融体系中选拔。 ◇ 亚洲基础设施投资银行的筹建，要有国际眼光和国际胸怀，树立大的愿景，网罗全球人才。 ◇ 亚洲基础设施投资银行成立后，不能直接搬世界银行或亚洲开发银行的体系，要形成整合一套新的国际化人力资源管理体系。

会议名称	机构	时间	主题
人大重阳思想沙龙	中国人民大学重阳金融研究院主办	2015年5月29日	建设新楼兰，助"一带一路"腾飞

	主要观点
主要观点	◇ 重建楼兰将会引起相关国家的关注和支持，中国可以把现代的楼兰建成西部自贸区，建成中国的拉斯维加斯。 ◇ 现代楼兰应当具有新的文化符号和文化特色，吸引各国旅游，创造经济价值。 ◇ 借"一带一路"倡议机遇，建设"丝绸之路经济带"上的重要节点城市，恢复楼兰古城的繁荣面貌。

会议名称	机构	时间	主题
民俗非遗研讨会	广东省民俗文化研究会主办	2015年6月15日	"一带一路"建设带来非遗保护新机遇

主要观点	◇ 海上丝绸之路文化在湛江有着深厚的历史积淀，相关非物质文化遗产项目蕴含着丰富的文化资源。 ◇ 在21世纪海上丝绸之路建设中，充分挖掘海上丝绸之路相关非遗文化资源，发挥其强大的文化激活力、对应力、伸张力、浸润力、持续力，推动文化、创意、旅游等领域的深层次合作和文化资源到文化资本的转变，是发挥湛江特色优势文化资源，引导推动湛江文化产业发展的有效途径。 ◇ 应擦亮海上丝绸之路文化品牌、开发海上丝绸之路文化资源、打造海上丝绸之路文化产业。 ◇ 做到科学规划、保护为主、合理开发、加大投入。

会议名称	机构	时间	主题
民盟第十一届二十八次主席办公会	中国民主同盟	2015年6月29日	民盟服务"一带一路"倡议专题

	主要观点	
主要观点	◇ 向全盟发文安排部署服务"一带一路"倡议的工作,全盟各级组织特别是"一带一路"沿线省份要研究制定服务"一带一路"倡议的具体实施措施,明确阶段任务和目标,确保有力有序地推进。 ◇ 运用新闻媒体、网络平台、交流论坛等多种载体和途径,加强民盟服务"一带一路"倡议的宣传报道,树立民盟良好的社会形象,营造良好的舆论氛围。 ◇ 建立民盟服务"一带一路"倡议工作报告制度,及时汇总全盟各级组织开展服务的情况,编发情况简报,交流有关信息和工作成果。 ◇ 充分依托盟内外资源,坚持上下联动、左右互动,不断探索建立和完善工作机制,推动民盟服务"一带一路"倡议工作向广度和深度拓展。

会议名称	机构	时间	主题
中国国际问题论坛2015	中国人民大学国际关系学院主办	2015年7月5日	"一带一路"与中国外交

主要观点	◇ 应争取高层,政府领导人层面的战略布局,经济外交先行,全面加强经济外交。 ◇ 应加强同沿线各国政策规划的协调,加紧双边和区域性投资保护、交通运输、贸易便利化、金融合作、司法协作等协议,尤其要充分利用现有的双边和多边的合作机制,与各国的发展规划和区域合作内容实现对接。

续表

会议名称	机构	时间	主题
第七届中国对外投资合作洽谈会	经国家发改委批准，国家开发银行、中国产业海外发展协会联合创办	2015年10月22日	新常态、新机遇：开启海外投资大时代

	主要观点
主要观点	◇ 以基础设施合作为先导。 ◇ 以冶金建材合作为延伸。 ◇ 以装备制造合作为重心。 ◇ 以金融服务投融资为支撑。 ◇ 以人才科技合作为纽带。 ◇ 以重点项目为载体。

会议名称	机构	时间	主题
2015中国·青岛海洋国际高峰论坛	新华（青岛）国际海洋资讯中心与国家海洋信息中心、国家金融信息中心指数研究院联合主办	2015年10月30日	科技引领海上丝绸之路

	主要观点
主要观点	青岛将全面融入"一带一路"倡议，促进海上丝绸之路深入融合，重点做好三部曲 ◇ 要演奏好开放的进行曲，与海上丝绸之路沿线国家开展合作，推进新的合作项目。 ◇ 做好合作的协作曲，主动融入世界创新交流发展的平台，与海上丝绸之路沿海国家协同发展，促进海洋科技的创新发展。 ◇ 奏响交响曲，打造政策的洼地，人才的高地，欢迎沿海国家的朋友们来青岛推动跨界融合和合作。

会议名称	机构	时间	主题
"一带一路"沿线国家的冲突转化圆桌会议	察哈尔学会主办	2015年11月3日	"一带一路"沿线国家的冲突问题

主要观点	◇ 中国可能会面临如非洲东海岸海盗、中亚和西亚国家伊斯兰极端组织、美国反恐战争、中美、中印地缘政治紧张等危机。 ◇ 为了应对这些危机与风险，中国就需要做好冲突预防、冲突转化与和平建设。 ◇ 冲突管理对中国"一带一路"的发展至关重要，公民社会、政府、媒体都可发挥作用。

会议名称	机构	时间	主题
北京论坛（2015）	北京大学、北京市教育委员会、韩国高等教育财团联合主办	2015年11月6日	文明的和谐与共同繁荣——不同的道路与共同的责任

主要观点	◇ 资本主义的"文明优越论"不利于多样性文明的发展，多种文明只有共荣才能共存，文明多样性符合世界的发展趋势。 ◇ 世界文明多种多样，文明之间没有高低优劣之分，交流、互鉴、融合、合作才是正确的道路。 ◇ 中东的战略位置十分重要，人类的和谐相处离不开中东的稳定。 ◇ 应该坚持多边主义的策略，摒弃冷战思维，相互借鉴，和谐共存。

续表

会议名称	机构	时间	主题
丝路论坛："一带一路"与共同体建设	丝路论坛规划研究中心、中信改革发展研究基金会、中国社会科学院"一带一路"研究中心、中国人民大学"一带一路"经济研究院联合主办	2015年11月6日	"一带一路"与命运共同体建设
主要观点	◇ "一带一路"与命运共同体建设是顺应世界大势的"天下大计、百年大计",两者相辅相成。 ◇ "一带一路"建设,可以促使亚非欧广大区域发展成为一体化的经济空间,为形成互利共赢、共同发展的命运共同体提供坚实的物质基础。 ◇ 加强命运共同体建设,有利于把区域经济一体化合作成果转化为情感纽带,上升到精神层面,增加相互间的认同感,为"一带一路"的深入推进创造良好的社会与人文环境。		

会议名称	机构	时间	主题
"一带一路"与TPP:区域一体化和经济全球化的辩证博弈圆桌会	中国与全球化智库(CCG)举办	2015年11月9日	"一带一路"与TPP:区域一体化和经济全球化的辩证博弈
主要观点	◇ TPP对亚太地区的影响:复杂性与局限性。TPP影响中国可能更多的是服务业、投资,以及其他方面的规则。如服务业里面进一步开放金融行业,这是比较敏感的一个行业,电信行业的增值服务、电子商务等方面可能受到影响会比较大。 ◇ 中国应对TPP:谨慎观望与积极融入。中国应该继续大力支持WTO工作,同时及时争取加入TPP,及早参与国际经贸新游戏规则制定。		

会议名称	机构	时间	主题
第二届中国企业全球化论坛	中国与全球化智库（CCG）主办	2015年11月21日	中国企业全球化：新的历史，新的舞台

主要观点	◇ 需要更新知识，了解当地的"办事之道"。多数国内做得很成功的企业往往是遵循了中国的办事之道，而这些企业如果在国外碰得"头破血流"乃至失败，归根结底还是以为国内这套方法在国外还"行得通"。 ◇ 要更新观念，活用中介机构。包括国际咨询机构和律师事务所在内的各色中介机构，在跨国贸易中是十分重要乃至必须的存在。 ◇ 中国企业"走出去"的标杆是由跨国公司逐渐演变为全球公司。凡是在国外失败的企业，往往没有与合作方做到"共赢"，或是没有在追求股东利益最大化的同时考虑对当地的环境和社会责任，从而留不住高管和各种人才，得不到当地的认可，从而失败。

续表

会议名称	机构	时间	主题
《新丝绸之路特色农业发展建议》课题发布会	盘古智库举办	2015年12月4日	《新丝绸之路特色农业发展建议》课题发布

主要观点	◇ 丝绸之路经济带的农业不能一味地走规模化、同质化的老路子，必须发挥当地的生态优势和文化资源优势，结合互联网思维、现代营销理念与多种新型经营模式，发展"新丝绸之路特色农业"。

会议名称	机构	时间	主题
"'一带一路'与国际化人才培养"论坛	新加坡南洋理工大学南洋公共管理研究生院主办，中国与全球化智库（CCG）以及察哈尔学会共同协办	2015年12月5日	"一带一路"与国际化人才培养

主要观点	◇ 强调人才因素在"一带一路"中的重要性，"一带一路"要实现五通，人的因素是重要环节也是关键支撑。 ◇ 中国人力资源分配面临三大问题：第一，以制造业为代表的实体经济转型升级面临劳动力素质偏低的挑战；第二，以知识为核心的现代行业对国民经济贡献过低，缺乏引领和支撑作用；第三，政府在发展中主导地位与公务人员薪酬体系缺乏规范的合理定位。

会议名称	机构	时间	主题
"一带一路"沿线国家文化遗产保护交流合作专题论坛	陕西省人民政府、国家文物局主办	2016年5月13日—14日	文明互鉴增友谊,交流合作促发展

主要观点	◇ 丝绸之路文化遗产是多民族、多种文化和平交往、和谐共存、共同发展的历史标志和象征。加强在丝绸之路文化遗产研究和保护方面的合作交流,有利于传承和弘扬丝绸之路文化遗产所承载的人文精神,促进相互了解和理解。 ◇ "一带一路"沿线国家历史深厚、文化遗产丰富,建立文化遗产保护管理长效机制,也搭建起了文化交流与合作的桥梁。 ◇ 丝绸之路跨国联合申遗成功,增进了中国和哈萨克斯坦、吉尔吉斯斯坦等中亚国家的传统友谊,成为新时期中国与中亚地区各国和平对话、共同发展的新纽带。 ◇ 通过"一带一路"文化遗产保护将沿线国家文物、考古界力量整合,对话交流增进了解,促进合作,为"一带一路"沿线国家文化遗产保护事业搭建了合作共赢的平台。

会议名称	机构	时间	主题
2016 "一带一路"媒体合作论坛	人民日报社主办	2016年7月26日	命运共同体，合作新格局
主要观点	◇ 媒体合作论坛催生了跨越国家、种族、文化的"北京共识"。 ◇ "一带一路"沿线各国虽然有着时空和语言上的阻隔，但更有着休戚与共的经济与文化联系。各国只有不断增进了解互信，才能做知心朋友，才能获得共赢。而这在很大程度上要靠各国媒体积极、全面、客观、准确的报道。 ◇ 因为互联网在非洲的渗透率还不太高，非洲没有非常大、非常成功的现代化媒体集团，所以希望"一带一路"倡议能给非洲提供这方面的帮助，帮助其构建一个"讲故事"的平台。 ◇ 互联网、大数据、云计算、人工智能……如何运用新平台、新渠道、新载体连通沿线国家、推动"一带一路"，是媒体必须思考的问题。 ◇ 需要共建的就是一条新技术之路、新媒体之路，通过直接联系与互动的方式，新闻才能更吸引受众。 ◇ "一带一路"是国与国之间的合作共赢，也是媒体与媒体之间的共同事业。新媒体、新技术的交流将打造出更广泛的合作平台，为丝路报道凝聚力量。

会议名称	机构	时间	主题
2016中国(宁夏)"一带一路"信用论坛	宁夏回族自治区人民政府与北京大学共同主办	2016年9月27日—28日	构建"一带一路"信用体系,深化沿线国家务实合作

主要观点	◇ 国际信用体系急需创新和发展。国际现有信用体系无法推动世界经济复苏,无法解决世界经济难题,在全面建设"一带一路"的背景下,国际信用话语权需要重构和创新。 ◇ 国际信用合作有望开创全球治理和经济发展的新篇章。无论是中国与阿拉伯国家经济合作,还是中俄蒙经济走廊建设,海上丝绸之路的发展,国际信用合作都是重要的基石。对促进全球治理的发展,增进国际经济合作和发展新动力,均具有重要现实意义。 ◇ 信用产业建设开创经济新局面。以信用价值为基础的信用产业,将有效解决中小微企业融资难和融资贵的难题,对开创新常态化的经济新局面具有重要意义。

作者	国籍	标题
安东尼雅·哈波娃	保加利亚	丝绸之路经济带：中国的马歇尔计划，欧亚轴心或中国外交政策手段

观点	◇ 中国政策如果从传统的西方价值观来解读会出现很多的误解，因为中国有自身的逻辑和传统。 ◇ 中国在欧亚大陆中不断的发展会对传统的西方中心格局带来巨大的变化。 ◇ "一带一路"倡议能否成功主要取决于：中国自身的发展；中俄是否能处理好二者之间的利益和分歧；美国保护自身利益的决心；伊斯兰势力的发展状况是否会影响到新疆和沿线国家。

作者	国籍	标题
马辛·卡奇马尔斯	波兰	新丝绸之路：中国政策中万能的政策工具

观点	"一带一路"倡议成为中国一个重要的多样性的政策工具，表现为以下几方面特点 ◇ 成为中国公共外交和软实力的关键因素。 ◇ 成为中国扩展经济影响的载体。 ◇ 提供了一个十分灵活的与周边、沿线国家对华的平台。 ◇ 成为平衡美国和俄罗斯相关战略的工具。 ◇ 成为缩小国内东西差距的政策工具。 ◇ "一带一路"倡议不会失败，因为这一概念是具有开放性的。

续表

作者	国籍	标题
诗丽娜	波兰	中国的新丝绸之路外交

观点	◇ 中亚国家对中国并不完全信任，而是倾向在中国和俄罗斯之间谋求利益最大化。 ◇ 波兰企业在中国的投资大部分集中于东部沿海省份，没有关注到西部快速发展地区，建议波兰政府引导波兰企业与中国西部省份进行商贸合作。

作者	国籍	标题
鲍里斯·古斯列多夫	俄罗斯	丝绸之路经济带对中俄关系发展的影响

观点	◇ "一带一路"项目显示中国在欧亚大陆经济区所显现出来的雄心，在有利的国际环境和邻国的支持下项目有成功实施的可能。 ◇ 俄罗斯未必会接受在该超级项目上充当小伙伴的角色。 西方和欧美对乌克兰局势的态度可能把俄罗斯推向中国。

作者	国籍	标题
亚历山大·卢金	俄罗斯	丝绸之路和欧亚一体化的构想

观点	◇ 俄罗斯对中亚的态度：欧亚一体化。俄希望通过在互利基础上的平等合作，及自愿重建政治经济关系，保持其在中亚的传统影响力。 ◇ 欧美对中亚的态度：欧盟正研究通过土耳其和高加索地区进入中亚的可能性，通过资助中亚经济和教育的计划等意识形态的掩饰，来达到地缘政治目的；美国直截了当的想达到地缘政治目的。 ◇ 中亚国家对各种关乎命运的项目的态度很务实，只要该项目以金融活动，融资的形式呈现，不会损害国家体制和安全就接受。

续表

作者	国籍	标题
卡米尔·布鲁格	法国	中国新丝绸之路

观点	中国推行"一带一路"倡议的主要原因有 ◇ 抗衡俄罗斯在中亚东欧的势力。 ◇ 维持中亚和中国西部的稳定。 ◇ 开辟新的能源供应通道，保障能源供应。 ◇ 开辟新的不经过俄罗斯的欧亚陆上通道。

作者	国籍	标题
爱丽娜拉·拜纳扎洛娃	哈萨克斯坦	丝绸之路经济带：欧亚安全体系的可变性

观点	◇ 哈萨克斯坦对欧洲、中亚、南亚和亚太地区的联系和发展起到了战略性作用。 ◇ 哈萨克斯坦和多数亚洲国家均支持国际多极化体系，不支持绕过联合国安理会的单方面军事行动，以及对待基本民主和人权价值观上的双重标准。 ◇ 哈萨克斯坦在外交政策方面不应该将欧洲和亚洲对立，亚信会议可能成为联系欧亚安全网络问题最成功的平台，但其在评价多边组织和有效性和长期性战略方面必须从粗放型转变成集约型。 ◇ 上海合作组织是欧亚地区最有前途的组织之一，它很大程度的缓解长期以来存在在独联体国家内部分裂的倾向。 ◇ 整合欧亚大陆共有的文化价值观和概念仍处于初始阶段。亚洲的价值观并不适用于该地区所有国家，需要将欧洲和亚洲的方法融合为国际机构的通用方法。

续表

作者	国籍	标题
詹尼斯·坎巴耶夫	哈萨克斯坦	如何从"上海合作组织"通往"丝绸之路经济带"

观点	◇ 上海合作组织的主要目的是守护全球和地区安全,主张多极化。 ◇ 有别于西方机构,它强烈反对由外部力量引发的中东政权更迭,呼吁不干涉主权国家的内政,谴责外部的军事行动。 ◇ 只有当上海合作组织变身为"带"时,路才可以建成。 ◇ 组织成员国可以在各领域加强合作、增加对话、增进互信,把合作议程从主要面向安全性问题扩展到包含深度和广度的经济合作。 ◇ 践行"上海精神",一定会实现丝绸之路经济带的目标,它将有效连接亚洲市场和欧洲市场,并显著促进沿途各国的共同发展和繁荣。

作者	国籍	标题
叶弗哥尼·霍	哈萨克斯坦	中国与哈萨克斯坦发展跨境运输走廊前景展望

观点	◇ 中哈的运输中转走廊是双赢的策略,对于哈萨克斯坦来说,加强两国协作、互利共赢很重要。 ◇ 中哈双方应做到:建立打造生态运输形式的中哈合资企业;形成良好的投资环境,吸引最大的物流和铁路运营商,已根据国际标准实现哈萨克斯坦和中国的双边项目;在中国境内,特别是在中国沿海地区建立哈萨克斯坦终端网。

续表

作者	国籍	标题
梅迪特·提勒吉诺夫	吉尔吉斯斯坦	从东亚到中亚地区：丝绸之路沿线关系网的制度动态学

观点	◇ 对中亚和东亚各国而言，它们的经济规模、政治体制、社会构成及历史进程都相去甚远，而同为苏联加盟共和国的经历影响着中亚国家的相互关系，过去20年，关系逐渐疏远。 ◇ 中日韩在国际社会扮演着重要的经济和政治角色，同时也力求更大范围内与世界其他地区的合作，只有与三个中亚国家接壤的中国与中亚地区来往密切，虽然日本参与海外援助，韩国涉足商业投资，但它们会不会积极参与中亚事务还取决于中国未来在中亚所扮演的角色。

作者	国籍	标题
阿尔文·程轩林	老挝	老挝与丝绸之路经济带的分析

观点	◇ 老挝政府计划通过创造就业的工业发展使国家脱离贫困。 ◇ 老挝认为泛亚铁路的建设是今后一段时间发展的关键，已经将相关计划列入国内的第八个五年计划。 ◇ 老挝的自然条件吸引了中国大量的投资，这些投资带动了老挝的经济发展，中老可以更进一步地在军事领域和安全领域展开合作。 ◇ 老挝发展水电事业，寻求与中国公司的广泛合作。 ◇ "一带一路"下的中老合作客观上使日本在老挝的影响力下降了，虽然日本有资金援助的意愿，但无意像中国一样帮助老挝基础设施建设。

表述"一带一路"

续表

作者	国籍	标题
乔治·科内尔·杜米特雷斯库	罗马尼亚	东欧国家聚集丝绸之路经济带

观点	◇ 东欧国家由于其在历史（前社会主义国家）和地理方面的优势，成为中国联系欧洲的通道。 ◇ "一带一路"给东欧国家带来的最大机遇是投资和基础设施的建设。 ◇ 东欧国家需要把握住这一机会，力争与中国合作，这不仅有利于自身发展，同时缩小了与西欧的差距，使欧洲发展更为平衡。

作者	国籍	标题
乔治·科内尔·杜米特雷斯华	罗马尼亚	丝绸之路经济带——中国经济的战略性开放

观点	◇ 中国为了保证战略物资的供应和在中亚的国际地位而主导开辟了"丝绸之路经济带"。

作者	国籍	标题
高柏	美国	从海上亚洲到陆上亚洲：中国对泛太平洋伙伴关系挑战的应对

观点	◇ 中国为了应对美国TPP而提出"一带一路"倡议。 ◇ 对于美国来说重要的是保持现有的国际秩序，力图让中国适应这一秩序而不是完全脱离。

作者	国籍	标题
克莉丝汀·林	美国	ISIS哈里发与中国丝绸之路经济带

观点	◇ 中国的"一带一路"倡议和极端势力的伊斯兰国存在地域上的冲突。 ◇ 中国在中亚地区的利益和新疆地区的稳定都受到伊斯兰国的威胁。 ◇ 伊斯兰极端势力不了解中国的政策和传统，并且不具备和中国抗衡的军事实力，在对抗中不可能战胜中国。 ◇ 中国有足够应对外部极端势力的经验。

作者	国籍	标题
刘亚伟	美国	丝绸之路经济带建设中面临的挑战

观点	◇ 中美关系虽不融洽，但要比中国和一些亚洲国家关系好得多。 ◇ 无论硬实力还是软实力，中国都难以充分影响丝绸之路沿线国家，中央政府负责了所有的协调和供给工作，导致丝绸之路难以得到社会的支持。 ◇ 中国缺少一个合法的、有影响力的和相应实权的国际结构来协调整个欧亚大陆的经济增长计划。 ◇ 上有预算、资源配置、组织协调问题，下有混乱实施的问题，丝绸之路经济带建设很容易半途而废，并且权力寻租和腐败问题也可能由此滋生。

作者	国籍	标题
纳克·卡瑞尼	美国	丝绸之路经济带及其在中国的发展

观点	◇ 中国的发展已经表明，大多数欠发达国家在21世纪实现与富裕国家的收入趋同前景是可以期待的。 ◇ 促进收入趋同的因素有：以低边际成本实现的技术传递转让和普及，以及要素投入、资本、国际贸易和金融资源流动的相对宽松。

续表

作者	国籍	标题
香农·蒂耶兹	美国	中国新丝绸之路愿景

观点	◇ 中国目前只是与沿线各国分别签署双边协议，没有扩大到区域，区域的各个国家是否能很好地联系起来是需要考虑的问题。

作者	国籍	标题
古萨勒·玛耶蒂诺娃	塔吉克斯坦	中亚一体化项目和丝绸之路经济带：实现路径和前景

观点	◇ 鉴于中俄两国的共同利益和新兴国家的利益，俄罗斯与中国在中亚一体化中能够相互支持，在安全领域，能够加强集体安全条约组织和上海合作组织的协作，其中包括保证通信基础设施的安全，以及和平解决阿富汗的问题。 ◇ 所有地缘政治方案的实施直接与阿富汗的稳定相关联。

作者	国籍	标题
科加曼马德·乌马罗夫	塔吉克斯坦	丝绸之路经济带：一体化的前沿

观点	◇ 丝绸之路经济带各国家之间的贸易和经济关系应完全不受任何新自由主义理论的概念的约束。 ◇ 对于丝绸之路经济带的某些区域，不能采取自由贸易原则，而要采取软保护主义原则。

作者	国籍	标题
萨比得·特根	土耳其	丝绸之路：过去和现在

观点	◇ 对运输成本、交通风险、贸易成本等进行经济分析，认为通过中亚的现代丝绸之路将是全球化时代主要的欧亚连接点。 ◇ 现代丝绸之路分为北中南三条线路，北路经过俄罗斯，是已经实现了的线路。中路经过中亚，距离相对较短、沿线环境较好的线路，但没有开发，这条线路大致与"一带一路"规划一致。南线从中国的喀什，横跨哈萨克斯坦、吉尔吉斯斯坦和塔吉克斯坦，穿过阿富汗到达伊朗，进一步通过土耳其与欧洲连接。南线投资可能面临大量的边境口岸和政治不稳定风险。 ◇ 问题是新丝绸之路关键在于降低成本，交通成本在可期望的计划中会降低，但关税和贸易壁垒、安全保障、达成协议、货币互换、法律问题、地区分配问题都可能增加贸易成本，如何解决这些问题成为新丝绸之路建设的关键。

作者	国籍	标题
萨迪克·里德 万·卡勒克苏莱 曼·西姆术拉曼	土耳其	沟通亚洲到欧洲文明的桥梁：丝绸之路

观点	◇ 中国的"丝绸之路经济带"很有希望可以带动沿线地区的发展，但中国需要注意的是，在沿线培育更多的共同利益，而不是偏向个别大国的利益。 ◇ 丝路经济带开辟的新的贯通欧亚大陆的陆上通道绕过了俄罗斯，提供了一种新的交通选择，欧洲和美国都欢迎这种做法。

作者	国籍	标题
马拉尔·梅列多娃	土库曼斯坦	土库曼斯坦在复兴伟大丝绸之路中的作用

观点	丝绸之路经济带除了具有合理的可行性,还有重大的社会意义 ◇ 它给远离地区中心的小城市和村庄带来快速发展的机会,并促进这些地方形成现代工业增长点。 ◇ 对里海地区扩大运输、生产和完善社会基础设施在内的发展起到推动作用。

作者	国籍	标题
弗拉基米尔·巴拉马诺夫	乌兹别克斯坦	伟大的丝绸之路:俄罗斯、中国和欧洲在中亚地区政治经济和安全领域的互动

观点	◇ 从历史角度推断出:不恢复跨欧亚大陆陆地过境交通,不发展欧洲、俄罗斯和中国在中亚地区的经济协作,长期发展的关系就无从谈起。 ◇ 从现代的角度推断出:任何外部努力的成功和失败,很大程度上与是否考虑俄罗斯在该地区的重要性有关。 ◇ 从发展的角度来看,除了要加强上海合作组织,还要积极促进上海合作组织和苏联解体后的其他一体化机制以及欧盟进行对话和协作,并加强欧亚毗邻国家国防体系方面的协调工作,中亚地区的国防体系是首选。

续表

作者	国籍	标题
米尔左吉德·拉西莫夫	乌兹别克斯坦	中亚国际化与亚洲合作伙伴化关系展望

观点	◇ 中亚的经济和政治合作的前景以及这一进程的速度和规模将取决于各国是否愿意在区域项目上合作，并进行适当改革，以及引进经过实践检验的经济监督模式和方法，而这显然是成员国政府的政治意愿问题。 ◇ 区域组织需要首先专注于加强中亚自身一体化，继而参加不断提高的全球化进程。 ◇ 中亚地区有必要建立囊括政治、军事、经济、生态等所有方面的区域安全体系，中亚地区的稳定和安全亦将对一体化的方向、区域合作模式和制度建设产生影响。 ◇ 中亚国家与这些利益各不相同的大国和组织要建立强有力的双边关系，就要加强这些组织在安全、经济、交通上的协调性和透明度。

作者	国籍	标题
阿里·比尼亚兹	伊朗	伊朗对丝绸之路经济带计划的政治经济影响

观点	◇ 伊朗在中国丝绸之路倡议中有举足轻重的地位，当中国决议与世界融合时，寻求合作就成为必要的一环，而其中与伊朗、俄罗斯及美国的合作尤为重要。

续表

作者	国籍	标题
歌莉娅·拉维 何静洁 奥德·叶兰	以色列 中国 以色列	中国和以色列：是在相同的"一带一路"上么？

观 点	◇ 以色列虽然没有处在"一带一路"的计划图内，但可以藉此机会和中国展开深入的合作，例如在农业、节水、海洋等高科技领域的合作。 ◇ 以色列在计算机方面的优势可以对接中国的"互联网+"的国家战略。 ◇ 在地理位置方面，同样可以考虑在以色列建立港口对接欧洲。 ◇ 以色列与美国的盟友关系制约了以中两国的关系，使两国很难走得太近，同时在高科技领域的合作很有可能涉及到军事、航天等敏感领域。

作者	国籍	标题
尼迪	印度	交通的地缘政治：中国在中亚地区的资源获取战略

观 点	◇ 中国"一带一路"倡议的主要目的是满足国内发展的能源需求。 ◇ 中亚国家没有意识到与中国贸易中的债务会通过能源形式偿还。 ◇ 中亚国家的能源通常掌握在国家手中，使得贸易谈判从政府层面开展就能取得成果。 ◇ 中亚国家也从与中国的能源贸易中获得大量外汇，保障了政府的财政安全，国家整体也取得发展。 ◇ 与以前资源获取手段不同，中国通过贸易和技术交流，用和平手段取得了资源，因此中亚国家并不担心中国可能对其产生控制。

续表

作者	国籍	标题
沙仕·塔罗尔	印度	中国丝绸之路的复兴及其激起的恐惧——是否深深根植于中国的历史

观点	◇ 中国的"一带一路"倡议会令区域内相关国家感受到威胁,在历史上郑和下西洋干预了印尼的政权。 ◇ 丝绸之路经济带让人想起来自古以来中国"天下"的概念和日本的"东亚共荣圈"。

作者	国籍	标题
谢刚	印度	丝绸之路经济带与中印关系

观点	◇ 双方的政府机构对这些项目建设达成战略性共识,这将促进中印两国——同时崛起的亚洲国家建立起互利共赢、和谐持久的合作关系。 ◇ 双方在反恐和海盗方面达成共识,但还没有实质性的行动。 ◇ 中印急需建立战略对话与合作,进一步加强互利共赢关系。

作者	国籍	标题
约得克西克哈尼	印度	中国的"一带一路"

观点	印度如果参与"一带一路"会获益极大,如果不参与将会损失极大。 印度参与"一带一路"主要涉及以下几个方面 ◇ 丝路经济带建设经过印控克什米尔地区,不仅可以使得该地区经济增长,也可缓和地方局势,建立互信机制。 ◇ 在海上丝路方面,印度要建立一条通过印度港口的海上通道。 ◇ 印度应利用这一机会加快基础设施建设。 ◇ 印度可以充当中国和西方世界的调解人,以此提升自身国际声望。

6

"一带一路"产业与行业发展分析

6.1 基础设施

题名	作者	文献来源	发表时间
"一带一路"之高铁外交——以泰国为例	陈鹏	决策探索（下半月）	2014年11月28日
主要结论	◇ 铁路建设尤其是高铁建设将会在陆地上延伸"海上丝绸之路"，各国间的跨境贸易货物运输和旅客运输可经过铁路最终到达航运港口，中国与东南亚各国共同建设的铁路系统能确保"海上丝绸之路"的高效利用。		

题名	作者	文献来源	发表时间
"一带一路"战略	安宇宏	宏观经济管理	2015年1月8日
主要结论	◇ 通路、通航和通商是"一带一路"的发力点。考虑到我国西部地区和沿线国家基础设施薄弱，为了更好地内引外联，打造顺畅的交通动脉是第一位的。		

题名	作者	文献来源	发表时间
关于"一带一路"战略内涵、特性及战略重点综述	盛毅 余海燕 岳朝敏	经济体制改革	2015年1月25日
余海燕	◇ 战略的远期目标是构建区域合作新模式，近期目标是道路联通与贸易畅通，着重加强贸易、交通、投资领域的合作。 ◇ 随着新亚欧大陆桥投入使用，中哈第二条铁路开通，欧洲西部—中国西部国际公路、中吉乌铁路加快推进，丝绸之路经济带的交通运输体系正逐步形成。 ◇ 当前要在规划指导下，依据拟建设的内容和相关协议框架，逐个克服经济、政治、文化等的障碍，在畅通贸易渠道、促进骨干铁路、公路和机场建设及配套，扩大产业合作领域等方面，建立多种形式的组织机构，制定一系列的政策措施和协调机制。		

续表

题名	作者	文献来源	发表时间
全面提升"一带一路"战略发展水平	张茉楠	宏观经济管理	2015年2月8日

主要结论	◇ 区域内基础设施投资存在较大缺口。 ◇ 积极构建基础设施多元化投融资框架：我国已成立了亚投行和丝路基金，未来需要以这两大机构为投融资平台，搭建更加开放的多元化基础设施投融资框架，最终建成"一带一路"自由贸易区。

题名	作者	文献来源	发表时间
"一带一路"战略下的港口转型升级之路	张国华	中国国情国力	2015年3月7日

主要结论	（1）问题 ◇ 沿海与内陆衔接不够，通道结构亟待改善，在今后相当长时期，东部沿海地区仍将是我国对外开放的重要扇面，其与内陆地区衔接明显不够。 （2）建议 ◇ 与"一带一路"倡议结合，提升航运中心功能，推进港口"走出去"步伐。 ◇ 与国家新型城镇化战略结合，完善集疏运体系，促进港城联动发展。 ◇ 与市场配置资源结合，推进跨界多元经营。

题名	作者	文献来源	发表时间
探寻"一带一路"上中国工程的新方向	周密	国际工程与劳务	2015年3月10日

主要结论	◇ 积极参与关键基础设施建设运营。 ◇ 打通"毛细血管"促各国经济参与。 ◇ 推动中国标准沿线得以更广应用。 ◇ 努力沿基础设施价值链提升位置。 ◇ 积极把握工业化城市化基建需求。 ◇ 以多元化拓展"蓝海"行业领域。

题名	作者	文献来源	发表时间
中国高铁对实现国家"一带一路"战略构想的作用	陈安娜	商业经济研究	2015年3月30日

主要结论	◇ 充分利用中国的高铁优势建构连接丝绸之路经济带的交通运输网络，中国高铁"走出去"有利于促进"一带一路"的互联互通且初显成效。

题名	作者	文献来源	发表时间
中国高铁与"一带一路"战略的大智慧——专访西南交大中国高铁战略研究中心主任高柏	玛雅	决策与信息	2015年4月1日

主要结论	◇ 中国应该利用以高铁为代表的交通基础设施的建设，向西开放，促进欧亚大陆经济整合，建立以地缘经济为基础的陆权战略，在全球层面以陆权对冲海权。 ◇ 中国应该尽快修建中巴铁路。 ◇ 如果北京–莫斯科铁路在完成后进一步向西修，与西欧各国的高铁接通，而且一路使用国际标准轨距，它将变成代表欧亚大陆经济整合的重要政治象征。 ◇ 必须打破高铁先发国家通过设定国际标准对中国高铁的标准封锁。 ◇ 必须为知识产权的纠纷做好法律上的准备。

续表

题名	作者	文献来源	发表时间
亚投行是"一带一路"战略的重要支柱	赵钊	国际融资	2015年5月15日

主要结论	◇ "一带一路"基础设施建设存在巨大资金缺口。亚洲开发银行曾经做出测算,从2010至2020年这10年间,亚太地区基础设施建设投资需要8万亿美元,而亚开行每年提供的基础设施项目贷款仅为100亿美元。 ◇ 建立亚投行的目的之一就是为了吸引全球资金弥补这一缺口。

题名	作者	文献来源	发表时间
公共产品视角下的"一带一路"	黄河	世界经济与政治	2015年6月14日

主要结论	◇ 加强跨国合作以满足区域性及区域间公共产品融资的需要。 ◇ 鼓励私人资本通过PPP模式参与基础设施项目投资。 ◇ 带动官方和金融机构资金的投入。 ◇ 为融资机制的建构创造良好的外部环境。

题名	作者	文献来源	发表时间
大力建设"一带一路"上的全天候经济走廊	周密	国际工程与劳务	2015年7月10日

主要结论	◇ 我国企业应注重长远发展、面向未来需求,发挥工程承包对中巴经济走廊的支撑作用。 ◇ 加强人力资源合作,在传统工程建设的基础上融入更多创新理念和技术。 ◇ 逐步加大项目融资建设力度,做好跨境产业链发展与设计建造,注重绿色元素融入。

题名	作者	文献来源	发表时间
"一带一路"建设的六个"点位" 改革传媒发行人、编辑总监王佳宁深度对话六位知名学者	罗雨泽 汪鸣 梅新育 许利平 王义桅 史育龙 王佳宁	改革	2015年7月15日

主要结论	◇ 应重点强化国内、国际和城际三个层次和辐射范围的物流通道设施建设。 ◇ 加强物流体系建设，必须实现国际国内物流服务的一体化。 ◇ 通过高效化满足不同层次的高效物流服务需求，为"一带一路"建设培育具有辐射能力的引领性城市经济、产业和物流枢纽。 ◇ 应加快点线串接贯通的"一带一路"物流体系建设。 ◇ 应构建网络统筹下的新经济发展空间格局物流体系。 ◇ 为防止盲目建设和发展，防止"一带一路"建设的地方化倾向，必须在整体规划的基础上，突出建设和发展重点。 ◇ 应加快国际物流大通道及枢纽建设，完善通道及枢纽建设机制，推进产业发展和加快产业走出去。

续表

题名	作者	文献来源	发表时间
亚投行应为推进"一带一路"PPP融资模式发挥先导作用	张茉楠	中国经济周刊	2015年7月20日

主要结论	（1）问题 ◇ "一带一路"沿线各国基础设施建设不平衡，中低收入国家的基础设施严重滞后。 ◇ 各国基础设施建设过程中会面临巨大的资金缺口问题，融资渠道、融资方式、融资主体、融资机制单一，亟待构建多层次、多元化、多主体的"一带一路"投融资体系。 （2）建议 ◇ 要充分发挥亚洲基础设施投资银行的先导作用，设计出盈利性的项目和产品，供私人资本参与跨境基础设施建设。 ◇ 从构建多元化的投融资体系框架的发展趋势看，为了动员更多的私人部门的资金，积极推进PPP模式，增强基础设施项目对于私人部门投资者的吸引力，必须实现更大的模式创新和安全保障。

题名	作者	文献来源	发表时间
三问答解读"一带一路"	张建平	纺织科学研究	2015年11月5日

主要结论	◇ "一带一路"的建设需要大家共商、共建和共享。 ◇ "一带一路"不仅仅是一条路和一条带，实际上它是由多条路和多条带所形成的巨型的经济网络，覆盖大洋洲、亚洲、欧洲以及非洲。 ◇ 如果想要用贸易和投资来带动繁荣，首先要做的就是基础设施的互联互通和人员的互联互通。

6.2 贸易

题名	作者	文献来源	发表时间
"一带一路"战略与中国对阿拉伯国家出口潜力分析	赵翊	阿拉伯世界研究	2014年5月15日

	主要结论
主要结论	◇ 中国对阿拉伯国家普遍存在较大的出口潜力,应积极开展对阿贸易。 ◇ 同时阿拉伯国家经济、社会结构差距较大,要分析具体对象国的市场,制定合理的贸易产品结构,随时关注阿拉伯国家的局势变动,趋利避害寻求贸易最大化。 ◇ 在与周边国家建设"一带一路"经济合作的过程中,秉承亚洲地区开放的区域合作模式,积极开展对阿拉伯国家的贸易出口,是具有积极的战略意义和时代意义的。

题名	作者	文献来源	发表时间
深化经贸合作,共创新的辉煌——"一带一路"战略构建经贸合作新格局	高虎城	国际商务财会	2014年6月10日

	主要结论
主要结论	◇ 挖掘区域贸易新增长点,稳定劳动密集型产品等优势产品对沿线国家出口,通过对外投资和工程承包带动大型成套设备出口,在增加自沿线国家能源资源和农产品进口的同时,加大非资源类产品进口力度,促进贸易平衡发展,坚持货物贸易和服务贸易协同发展。 ◇ 提高区域经济一体化水平,推动重启中国——海合会自贸谈判,打造中国——东盟自贸区升级版,逐步形成立足周边、辐射"一带一路"、面向全球的高标准自贸区网络。

题名	作者	文献来源	发表时间
"一带一路"背景下的中国与西亚国家贸易合作现状和前景展望	韩永辉 邹建华	国际贸易	2014年8月20日

	主要结论
主要结论	◇ 中国与西亚产业的强互补性是有利于两地加强贸易合作的经济基础。 ◇ 西亚动荡的局势隐患是中国深化与西亚经贸合作的主要风险和障碍。 ◇ 建议：共建"一带一路"合作伙伴关系，全面扩大与西亚的贸易经济交往；加快与西亚地区海陆交通设施的互联互通建设；深化与西亚国家的工业制成品贸易的合作；加强中国与西亚国家能源贸易的合作。

题名	作者	文献来源	发表时间
国际区域经济合作新形势与我国"一带一路"合作战略	申现杰 肖金成	宏观经济研究	2014年11月18日

	主要结论
主要结论	◇ 实施高标准的开放性政策。推进中国与丝绸之路沿线及周边国家在金融、教育、文化、医疗等服务业领域的相互开放和制造业领域的全面开放，大幅度放宽相互间在绿地投资、并购投资、证券投资、联合投资等方面的外资准入限制。 ◇ 建设全面性的制度安排。在包括货物贸易、投资保护、原产地规则、海关手续、贸易救济、卫生和植物检疫措施、贸易技术壁垒、竞争政策、知识产权、政府采购、劳工与环境、临时入境、透明度、争端解决、伙伴关系、行政制度与条款、一般与例外条款等领域，建设既顺应世界贸易标准高端化发展，又符合沿线及周边国家具体国情及发展需要的制度安排。

题名	作者	文献来源	发表时间
"一带一路"战略提振福建企业国际竞争力的思考	朱鹏颐 施婉妮	福建论坛（人文社会科学版）	2015年2月5日

主要结论	◇ 福建省仍具备一定的国际竞争优势，不仅出口总额有很大的扩大空间，而且其国际竞争力处于不断提高中。 ◇ 应该借助"一带一路"的建设发展，抓住机遇，依托丰富的海洋资源，开拓"新海上丝绸之路"，发挥已有优势，实现质的飞跃，提高国际竞争力。

题名	作者	文献来源	发表时间
"一带一路"战略下的中国与中东欧经贸合作	姚铃	国际商务财会	2015年2月10日

主要结论	提升中国与中东欧贸易规模有很大空间 ◇ 中国与中东欧双方有必要加强海关、质检相互认证合作，提升通关和人员往来的便利化水平，为双方企业扩大贸易规模、优化贸易结构创造良好条件。 ◇ 推动中欧投资协定谈判，落实好中国与各国的避免双重征税协定，积极商签社保协定，促使中东欧国家放宽市场准入、技术标准等方面的限制，为中方企业投资提供投资便利化支持。

题名	作者	文献来源	发表时间
欧亚经济联盟，"一带一路"的重要节点	周密	世界知识	2015年2月16日

主要结论	◇ "一带一路"区域内的区域全面经济伙伴关系（RCEP）与欧亚经济联盟（EAEU）都是正式的经贸协议，这两大经贸协定都是按照成员方在遵守主要的国际规则的要求下设定议题，明确各方的权责利，在理念、做法上较为相似，融合发展的难度相应较小。 ◇ "一带一路"与欧亚经济联盟的有效对接必然将有效增强欧亚经济联盟成员国资源配置和产业配合的能力，促进各方在经贸合作中实现更好的互补。

续表

题名	作者	文献来源	发表时间
在"一带一路"战略背景下中国与海合会国家贸易发展与展望	肖维歌	对外经贸实务	2015年3月10日

主要结论	
主 要 结 论	◇ 加强双边能源贸易与合作。 ◇ 提升中国制成品出口技术含量，扩大对GCC（海湾阿拉伯国家合作委员会）制成品出口。 ◇ 促进双边服务贸易发展。

题名	作者	文献来源	发表时间
中国与西亚地区贸易合作的竞争性和互补性研究——以"一带一路"战略为背景	韩永辉 罗晓斐 邹建华	世界经济研究	2015年3月25日

主要结论	
主 要 结 论	◇ 中国与西亚贸易的竞争性比较弱，两地贸易联系更加紧密并呈现产业间贸易特征，中国优势产品以工业制成品为主，西亚则拥有能源资源优势，两地优势产品类目没有重叠，各类产品的竞争优势差距也较大，双方表现出较强的贸易互补性；应通过与西亚共建"一带一路"的战略合作伙伴关系，依托中阿合作论坛等平台为支点，建立更多的商品贸易合作和沟通渠道，促进两地商人深入交流。 ◇ 应加快与西亚地区海陆空交通设施的互联互通建设。 ◇ 应深化与西亚工业制成品贸易的合作。 ◇ 应加强与西亚能源贸易的合作。

题名	作者	文献来源	发表时间
“一带一路”与欧亚经济联盟合作空间巨大	周密	中国经济周刊	2015年5月11日

主要结论	◇ 中国与俄白哈三国政府关系良好，创造了较好的经贸合作环境。 ◇ 对通过国际贸易实现要素互补的需求，需要更多层面、更广阔范围的互联互通。 ◇ “一带一路”倡议的实施即伴随着国际分工的调整和要素的优化配置。 ◇ 建议加强制度性安排，推进务实合作。制度性经贸协定的安排会以更为明确的方式，为解决企业投资过程中遭遇的壁垒和其他障碍提供解决问题的渠道，通过明确的争端解决机制维护相关方利益，促进市场竞争的良性有序。

题名	作者	文献来源	发表时间
中国与“一带一路”沿线国家贸易的商品格局	公丕萍 宋周莺 刘卫东	地理科学进展	2015年5月21日

主要结论	◇ 沿线国家在中国对外贸易中的地位不断提高。 ◇ 中国与沿线国家贸易的商品结构与各国出口优势行业基本一致。 ◇ 中国与经济规模相对较小且产业结构较为单一的国家存在一些敏感性行业。

题名	作者	文献来源	发表时间
中国与"一带一路"沿线国家贸易格局及其经济贡献	邹嘉龄 刘春腊 尹国庆 唐志鹏	地理科学进展	2015年5月21日

主要结论	◇ 中国与"一带一路"沿线国家贸易联系紧密，相互依赖加深。 ◇ 各省（市、区）对"一带一路"沿线国家出口拉动 GDP 增长空间差异显著。 ◇ 中国与"一带一路"沿线国家间的贸易依赖程度加深，同时呈现出不对称性。 ◇ 沿海省份对"一带一路"沿线国家的出口对其GDP增长的贡献较高。 ◇ 新疆对中亚五国的贸易对其GDP增长的贡献非常高，对中亚五国的出口有着很强的依赖性。

题名	作者	文献来源	发表时间
"一带一路"战略下我国对外贸易格局变化及贸易摩擦防范	董红 林慧慧	中国流通经济	2015年5月23日

主要结论	◇ "一带一路"倡议对我国对外贸易格局及贸易摩擦的影响：基础设施输出增加，大工业出口增加，基本项目输出增加；实物贸易摩擦加剧，金融摩擦升级。 ◇ "一带一路"倡议下我国企业贸易摩擦防范措施：整合国外技术资源，提升产品科技竞争力；对外直接投资，享受生产国国民待遇；充分利用外资，促进技术进步。

题名	作者	文献来源	发表时间
实施"一带一路"战略的财税政策研究	杨志勇	税务研究	2015年6月1日

主要结论	◇ 为配合"一带一路"倡议的实施，在世界新秩序的约束下，中国短期内应注重加强纳税服务，加强跨境税源管理，进一步优化税收抵免制度，采取更加灵活的国际税收管理政策。 ◇ 从长期制度建设来看，需要加强税收立法，加强数据库建设，探索国际税收经济分析新方法，促进税务组织的现代化。

题名	作者	文献来源	发表时间
"一带一路"建设背景下对民族文化影响国际贸易的理论探讨	杨韶艳	西南民族大学学报（人文社科版）	2015年6月10日

主要结论	◇ 基于民族文化的民族特色产业发展是进行国际贸易的重要基础。 ◇ 民族文化"异质性"赋予产品的差异化促进国际贸易的产生并强化竞争力。 ◇ 民族文化"同质性"形成的民族文化禀赋优势有利于强化国际贸易关系。

题名	作者	文献来源	发表时间
直面"一带一路"的六大风险	张明	国际经济评论	2015年7月27日

主要结论	◇ 相关投资收益率偏低。"一带一路"倡议所带动的投资有很大一部分集中在国际基础设施投资领域。而大多数基础设施投资都具有投资收益率偏低的特点。 ◇ 投资安全面临较大挑战。"一带一路"所涉及的区域既是地缘政治冲突的热点地带，也是全球主要政治力量角逐的焦点区域。 ◇ 私人部门与境外主体出资有限，从而使得中国政府不得不成为主要的出资者。 ◇ 可能妨碍而非加速中国经济的结构调整。 ◇ 可能加深而非缓解沿线国家对中国崛起的疑虑与抵制情绪。 ◇ 可能加剧与美国的对抗。

6.4 农业

题名	作者	文献来源	发表时间
在"一带一路"战略下扩大对外农业合作	宋双双	国际经济合作	2014年9月20日

主要结论	<ul><li>将合作的重点放在东南亚、中亚、东欧等地区，着重选择农业资源丰富、农业技术先进。着重重点领域，考虑有利于保障中国粮食安全或综合效益较好的产业，如棉花、玉米、橡胶等作物种植加工，农产品物流和贸易，生态保护。</li><li>在商业性农业"走出去"和"引进来"过程中，坚持以市场为主导、企业为主体、项目为载体、政府为引导的原则。在开展对外农业援助项目过程中，在坚持项目政治性的同时，引导双方企业探讨扩大合作，带动受援国农业生产。</li><li>要有力推动农业"走出去"，必须加大政策支持力度。</li><li>根据中国农业企业在海外生产的特点，推动设立海外农业发展专项基金。</li><li>要加强对实施企业的教育，规范企业的经营秩序，树立中国农业企业的良好形象。</li></ul>

题名	作者	文献来源	发表时间
"一带一路"战略：加强中国与中亚农业合作的契机	张芸 杨光 杨阳	国际经济合作	2015年1月20日
主要结论	◇ 中亚国家与中国加强非资源领域尤其是农业领域合作的愿望日益迫切。中亚国家由于受自然条件、传统习惯、经济发展水平以及生产结构等因素的限制，农业生产总体上仍处于低投入、低产出，"靠天吃饭"的粗放耕作状态，单产水平普遍低于中国。农业生产技术落后，农业劳动生产率和农业机械化水平低，化肥、农药等物资供应严重不足，尤其是果蔬、农畜产品加工等劳动密集型和技术密集型农产品生产非常落后。 ◇ 推动中国与中亚国家农业合作，应充分发挥新疆、四川等重点省区的地缘优势和既有合作基础，联合东部沿海省份的资金、技术及管理优势，面向中亚形成分工合作、重点突出、省域联动的全方位农业国际合作格局。		

题名	作者	文献来源	发表时间
"一带一路"：农业食品产业发展新机遇	程国强	中国经济报告	2015年12月1日
主要结论	"一带一路"将促进形成国际农业合作新格局、农业贸易投资新机遇以及全球农业治理新秩序。体现在 ◇ 有利于实现与周边国家农业资源的互补。 ◇ 促进沿线国家农业食品产业的产能合作，把国内农业食品产业的价值链，通过投资、合作等方式延伸到境外。 ◇ 建立农产品市场互惠机制。 ◇ 实现沿线国家农业发展共赢。		

6.5 金融

题名	作者	文献来源	发表时间
进一步加强与"一带一路"国家的金融合作	易诚	甘肃金融	2014年4月15日

主要结论	◇ 旨在维护区域金融稳定的多边合作：人民银行通过参与东亚及太平洋中央银行行长会议组织（EMEAP）、东盟与中日韩（10+3）金融合作机制等区域合作机制，增加了与相关地区国家的沟通交流，提升了我国在区域金融合作中的参与力度。 ◇ 推动建立区域投融资机构：建立区域投融资机构，促进我国与周边国家的基础设施建设。 ◇ 跨境人民币业务政策框架基本建立。 ◇ 互设金融机构与项目融资合作：中资金融机构对"一带一路"沿线主要国家合作项目和基础设施建设提供了有力的金融支持。 ◇ 金融市场合作。

续表

题名	作者	文献来源	发表时间
"一带一路"的金融合作	闫衍	中国金融	2015年3月1日

主要结论	（1）问题 ◇ 受经济发展水平的影响，"一带一路"沿线国家政府的财力有限，难以提供主权担保，许多国家还存在法律法规不健全、政府效率低、信用体系不完善、汇率波动较大等问题，政治风险也不容小觑。 （2）建议 ◇ 积极培育发展多层次资本市场，促进区域内融资渠道多元化。 ◇ 加强货币合作，提升人民币货币信用，推进人民币从区域化迈向国际化。 ◇ 充分发挥亚洲基础设施投资银行作用，加强金融基础设施合作。 ◇ 加强跨境征信合作，推动沿线国家之间建立双边本币/外币跨境流动统计监测合作机制。

题名	作者	文献来源	发表时间
"一带一路"金融区域化路径	赵志刚	中国金融	2015年3月1日

主要结论	（1）"一带一路"倡议实施中的金融政策创新 ◇ 进一步壮大开发性金融。 ◇ 完善多元化的筹资机制。 ◇ 大力发展跨境保险产业。 ◇ 加快推进人民币国际化。 （2）加强国际区域金融合作 ◇ 加强区域金融监管合作。 ◇ 促进金融机构双向进入。 ◇ 做大做强多边金融机构。 ◇ 建立区域金融安全保障机制。 ◇ 夯实国家金融安全保障基础。 ◇ 强化企业金融风险抵御能力。

题名	作者	文献来源	发表时间
丝路基金："一带一路"建设的启动器	张建平 刘景睿	国际商务财会	2015年3月10日

主要结论	◇ 丝路基金的运用方式及特点：投资方式——股权投资为主；投资领域——从基建到多元化；投资周期——着眼中长期投资；投资货币——外汇为先。 ◇ 发挥杠杆作用——四两拨千斤能够让丝路基金发挥最大效益的是它的杠杆作用。 ◇ 促进协同效应——整合金融资源：分头行动不能形成合力，如果能将它们整合起来，那么融资的功能就会非常强大。丝路基金正是以其开放性和包容性，构成了联系各股力量的纽带，进而可以把社会上的资金、国际金融机构的资金和不同经济体的开发性金融机构的资金也都整合起来。

题名	作者	文献来源	发表时间
金融引领与"一带一路"	张红力	金融论坛	2015年4月5日

主要结论	（1）问题 ◇ "一带一路"沿线许多新兴市场国家资本市场发展较为缓慢，金融对外开放却过快，国内优质企业缺少安全和高效的直接融资渠道。 ◇ 沿线国家总体金融实力有限，建设互联互通的基础设施缺乏资金和融资支持。 ◇ "一带一路"涉及多个国家、多个币种的广泛跨境金融合作，目前却缺乏有效的多边合作框架。 ◇ 由于地缘政治、经济博弈非常复杂，建设并完善区域货币稳定体系、投融资体系和信用体系还存在一些现实困难。 （2）建议 ◇ 推出离岸证券交易中心，实现"四个提振"。 ◇ 加快培育一流金融企业，做到"四个推动"。 ◇ 加强利益共享，深化"四种协作"。 ◇ 完善各类配套政策，提供"四种保障"。

题名	作者	文献来源	发表时间
"一带一路"的经济金融效应分析	鄂志寰 李诺雅	金融博览	2015年4月8日
主要结论	◇ "一带一路"推动结构性金融业机构的发展："一带一路"为商业银行创造了大量的业务机会，商业银行可以紧抓重点客户和项目，满足大型国企的融资需求。 ◇ "一带一路"推动人民币国际化：中国与"一带一路"一些沿线国家的中央银行签署了双边本币互换协定，大力拓展跨境金融交易管道，庞大的贸易和基建投资规模将推动人民币计价及支付走进当地市场。		

题名	作者	文献来源	发表时间
"一带一路"战略实施与国际金融支持战略构想	王敏 柴青山 王勇 刘瑞娜 周巧云 贾钰哲 张莉莉	国际贸易	2015年4月20日

主要结论	（1）当前存在的问题 ◇ 中国对"一带一路"国家进行大规模的资本输出存在诸多风险。 ◇ "一带一路"区域金融发展严重不平衡。 ◇ 人民币资本项目可兑换进程制约。 （2）建议 ◇ 应尽快制定沿线金融支持战略框架。 ◇ 加快跨境人民币业务政策创新，扩大人民币在"一带一路"沿线各国使用。 ◇ 将自贸区金融支持战略复制或辐射至"一带一路"沿线国家。 ◇ 中资金融机构要努力制定并实施适应"一带一路"国家实体经济需要的供应链金融支持战略。 ◇ 积极加强与"一带一路"国家的金融市场合作，推进中国金融市场的国际化。 ◇ 进一步深化与沿线国家的金融监管合作，完善"一带一路"区域监管协调机制。

题名	作者	文献来源	发表时间
亚投行与"一带一路"战略	刘翔峰	中国金融	2015年5月1日

	主要结论
主要结论	◇ 亚投行不能套用世界银行、亚洲开发银行以及国际货币基金组织等机构所谓的最高标准，因为这些机构的治理体系也亟待改革。亚投行应创立新的机制，制定更简洁、容忍度更高的操作标准，简化审批程序，从而降低运营成本和提高效率。 ◇ 亚投行要向欧洲学习，以战略资金撬动资本，以及对高技术产业进行股权投资，提高其资金运营、资本市场运作的能力。 ◇ 作为一个多边开发银行，亚投行可以利用其投资风险识别和筛选机制来帮助企业规避风险，可以通过和现有的多边银行的合作，通过撬动私营部门的金，实现合理分担风险、利益共享。

题名	作者	文献来源	发表时间
中国金融业前瞻：沿着"一带一路"走出去	张红力	人民论坛·学术前沿	2015年5月1日

主要结论	在战略安排上，体现"六个结合" ◇ "引进来"和"走出去"相结合，既要积极推动中国金融机构走出去，也要大力吸引沿线国家企业走进中国金融市场。 ◇ "先予"和"后取"相结合，以共赢为最终目标，短期内给予沿线国家金融助力，长期内取得沿线国家对中国"更认同、更亲近、更支持"的良好效果。 ◇ 发展与安全相结合，在谋发展、求共赢的同时，完善安全应对措施，加强安全保障工作。 ◇ 利益共享和金融反制相结合，促进沿线国家实体经济与中国资本市场的深度结合，在共赢模式下切实提升中国在"一带一路"沿线的金融控制力和政治影响力。 ◇ 宏观目标和微观利益相结合，保障宏观战略的推进具有坚实的微观基础。 ◇ 整体推进和机动灵活相结合，既要全面加强与沿线国家的金融互动，也要根据多重分化的区域特征区别对待。

续表

题名	作者	文献来源	发表时间
发挥开发性金融作用，服务"一带一路"战略	胡怀邦	全球化	2015年5月25日

主要结论	◇ "一带一路"沿线主要是新兴经济体和发展中国家，财政实力普遍较弱，需要发挥开发性金融作用，以中长期投融资推动区域经济发展。 ◇ 国家开发银行将发挥基础设施建设、中长期投资以及国际业务优势不断深化银政合作，助力"一带一路"。 ◇ 充分发挥中国政府、银行、企业及智库等非官方组织的作用，在"一带一路"建设中形成合力。

题名	作者	文献来源	发表时间
"一带一路"下的人民币海外循环机制	巴曙松 叶聃	中国外汇	2015年6月1日

主要结论	◇ 制约离岸人民币股票市场发展的因素：香港离岸人民币资金池规模一直偏小，不足以支撑人民币IPO，境外人民币使用渠道有限，海外企业到港募集离岸人民币的动力不足。 ◇ 离岸人民币理财产品发展主要有两个瓶颈：一是受人民币升值趋势的影响，二是可选择的人民币资产有限。 ◇ 在推进"一带一路"倡议的背景下，发展香港离岸人民币金融市场，可以激发海外市场持有人民币的动机，促进人民币在海外实现良性循环，从而平稳推进人民币国际化进程。

题名	作者	文献来源	发表时间
坚持市场导向，构建"一带一路"政策支持体系	罗雨泽	北方经济	2015年6月10日
主要结论	◇ 加大中央财政投入和国家开发银行、进出口银行等对重点项目的信贷支持力度。 ◇ 推进人民币国际化，扩大与沿线国家本币互换、结算的范围和规模，加强金融机构合作，提升结算便利化水平。 ◇ 推进区域通关一体化改革，推广海关"单一窗口"管理和"三个一"（一次申报、次查验、一次放行）的通关模式。 ◇ 鼓励沿海地区与沿线国家重点港口之间加强合作，支持地方设立中外经济合作园区和对外开放园区。 ◇ 适当加大对沿线发展中国家的援助力度，帮助建设一批民生项目和培训一批管理技能人才，促进民心相通。 ◇ 投融资平台建设模块。促进沿线国家银行合作，推动以联合体的方式开展银团贷款、授信担保等业务。 ◇ 鼓励沿线国家在国内成立或联合成立基础设施建设基金。 ◇ 推动东盟及中国、日本、韩国多边合作的"10＋3"宏观经济研究办公室功能升级，扩大覆盖面，使之成为监测和维护沿线地区宏观经济和金融系统运行情况的重要国际机构。 ◇ 推进亚洲债券基金建设，推动亚洲债券市场的开放发展，大力培育亚洲债券市场，优化亚洲金融资源配置。 ◇ 创新利用PPP等投融资模式，推出海外投资保险产品，对购买相关保险给予一定的补贴，引入和撬动民间资本，发挥市场机制作用。

题名	作者	文献来源	发表时间
"一带一路"建设的六个"点位" 改革传媒发行人、编辑总监王佳宁深度对话六位知名学者	罗雨泽 汪鸣 梅新育 许利平 王义桅 史育龙 王佳宁	改革	2015年7月15日

主要结论	◇ 中国与"一带一路"沿线国家的金融合作的着眼点是加强货币稳定体系合作，开展投融资体系合作，开展信用体系合作。 ◇ 亚投行为"一带一路"沿线国家产业分工、升级、资源优化配置提供解决方案，是其重要战略合作平台。 ◇ 亚投行的治理机制要考虑亚洲地区的金融实际状况，实行"开放包容、兼容并蓄"。

题名	作者	文献来源	发表时间
"一带一路"战略推动人民币国际化落地生根	逯新红	金融与经济	2015年8月25日

主要结论	◇ "一带一路"倡议为人民币国际化提供了落地生根的可能，但也应看到人民币国际化是把"双刃剑"：企业使用人民币进行跨境贸易结算，一方面汇率波动将使企业面临更多的汇兑风险，另一方面人民币跨境结算可以帮助企业规避汇兑风险。 ◇ 中国在实现人民币资本账户可自由兑换之后，有必要在防范跨境资本流动冲击以及维护币值稳定和金融环境安全等方面保留资本项目管制。 ◇ 企业使用人民币进行跨境贸易结算时需要注意：丰富外汇风险对冲工具，增强企业避险意识；加强防范资本流动冲击，完善调控工具；进一步完善汇率市场定价机制，增强汇率弹性。

题名	作者	文献来源	发表时间
"一带一路"区域能源合作中的大国因素及应对策略	杨晨曦	新视野	2014年7月10日

主要结论	（1）问题 ◇ 美国全球战略向亚太倾斜，推行"亚太再平衡"战略，在安全事务中制衡中国影响。 ◇ 中国与中亚各国深化能源合作易引发俄罗斯的疑虑，担心其主导的欧亚一体化进程受阻。 ◇ 印度对中国在区内地位的上升有所顾虑，且两国间在国际能源贸易中存在竞争。 （2）建议 ◇ 加强中美良性沟通与合作。 ◇ 深化中俄能源战略合作。 ◇ 扩大中印共同能源利益。

题名	作者	文献来源	发表时间
能源资源合作：共建"一带一路"的着力点	石泽	新疆师范大学学报（哲学社会科学版）	2014年12月23日

主要结论	（1）面临的问题 ◇ 大国博弈造成负面影响。 ◇ 我国周边涵盖广大海陆区域，面临尚未解决的海界、陆界和水资源争端挑战。 ◇ 周边地区国家存在不稳定因素和安全隐忧。 （2）建议 ◇ 应将"能资"合作置于"一带一路"建设的优先方向，着力加以推动。 ◇ 搭建涵盖周边地区开放性的合作平台，畅通各层次的对话渠道、制定合作规则、确定务实的合作项目，是开展"能资"合作和保障其可持续运营的重要途径。

续表

题名	作者	文献来源	发表时间
"一带一路"中的大国合作	石泽	中国经济报告	2015年2月1日

	主要结论
主要结论	◇ 深化中俄全方位战略合作：发挥中俄能源合作的龙头作用：双方应在互利共赢的前提下，加快落实已有能源贸易协议，巩固已有合作成果；加强能源互联互通建设；深入开展能源技术合作。 ◇ 加强中美良性沟通与合作。在东南亚，中美在"大湄公河次区域合作"（GMS）能资互联互通、能源政策等方面也已进行合作并取得一定成果；在中亚，中美在地区安全事务、管线安全维护等领域拥有共同利益；在中东，中美在确保能源供应稳定、运输安全、价格合理及基础设施建设方面合作潜力很大。 ◇ 扩大中印共同利益：中印在能资领域中的共同利益；推动中印能资供给安全合作；推动中印共同参与全球能源治理。

题名	作者	文献来源	发表时间
"一带一路"战略契机中的国家能源安全问题	朱雄关	云南社会科学	2015年3月20日

	主要结论
主要结论	◇ 针对俄罗斯政治形势，借势用力抓住合作新契机。 ◇ 发挥地缘政治优势，构建中亚能源合作新重心。 ◇ 积极稳妥介入中东北非，寻求能源合作新突破。 ◇ 适时推进中巴油气管道建设，开辟能源进口新通道。 ◇ 依托传统友好关系，稳固建立东非能源新支点。

续表

题名	作者	文献来源	发表时间
"一带一路"矿产资源合作：机遇、挑战与应对措施	刘伯恩	国土资源情报	2015年4月20日

主要结论	◇ 美国的区域竞争、俄乌关系、印巴关系以及"阿拉伯变局"，都导致"一带一路"建设不确定性。 ◇ 主要资源丰富国家投资风险较高，环境和可持续发展要求提高。 ◇ 我国在全国矿产资源治理体系缺乏话语权。 ◇ 国内地方政府对境外矿产勘发可能越俎代庖。 ◇ 我国矿产企业对境外投资还处于摸索阶段。

题名	作者	文献来源	发表时间
"一带一路"战略背景下中国油气国际合作的机遇、挑战与对策	董秀成	价格理论与实践	2015年4月25日

主要结论	◇ 出台扶持政策引导各类油气企业参与油气国际合作。 ◇ 在推动"一带一路"油气国际合作过程中，我国既要加大油气资源进口，注重进口多元化，以满足国内油气资源需求，同时也要培养"油气输出"理念，以带动"一带一路"沿线国家油气行业与经济的发展。 ◇ 建油气贸易中心和定价中心。 ◇ 继续加大油气资源的投资与并购。

题名	作者	文献来源	发表时间
系好资源纽带 搭建共赢平台——对"一带一路"矿产资源合作的思考与建议	刘伯恩	国土资源	2015年6月15日

主要结论	◇ 全球矿业资源治理主体多是西方国家,形成了国际上通行的规则与机制,在某些领域甚至成为其实现自身利益诉求的工具。而我国对国际矿业游戏规则制定缺乏主动权,明显对我国境外勘查开发造成不利影响。 ◇ 国内各级地方政府对"一带一路"建设热情高涨。但是如果因为过度干预,而导致各省市地勘单位、矿业企业在条件不成熟的情况下盲目"走出去",往往难以成功,还将背上沉重负担。 ◇ 境外矿业开发与国内有较大差别,矿山开发不只是技术问题,还是政治、金融问题,其国际供给背后交织着更为复杂的经济利益关系。

6.7 国际相关

题名	作者	文献来源	发表时间
"一带一路"战略为中阿关系发展增添活力	杨福昌	阿拉伯世界研究	2014年5月15日
主要结论	◇ 双方产业结构不同，互补性强。 ◇ 经历动荡的国家急需恢复建设，以提高人民生活水平。 ◇ 阿方向东看，中方向西进，双方越走越近。		

题名	作者	文献来源	发表时间
"一带一路"：新全球化时代的经济大动脉	郭芳 谢玮	中国经济周刊	2014年8月18日
主要结论	◇ 在地方层面，多个省市已将"一带一路"视作加速自身经济社会发展的重大机遇，竞相出台"一带一路"区域战略。 ◇ "一带一路"沿线国家多为新兴经济体和发展中国家，各国在贸易和投资领域合作潜力巨大。 ◇ 丝绸之路经济带一旦形成，新的共同市场即将被打造。		

题名	作者	文献来源	发表时间
"一带一路"：印度的回应及对策	杨思灵	亚非纵横	2014年11月15日
主要结论	◇ 实现"一带一路"与印度"跨印度洋海上航路与文化景观"计划的全面对接。 ◇ 推动孟中印缅经济走廊的务实合作与发展，孟中印缅经济走廊本身是"一带一路"的重要组成部分。 ◇ 举办中印"丝路文化"联展项目。 ◇ 防微杜渐，管控分歧，理性引导两国关系的积极发展。		

题名	作者	文献来源	发表时间
"一带一路"背景下中国与吉尔吉斯斯坦战略合作探讨	谢锋斌	商业时代	2014年12月10日

主要结论	◇ 中吉在矿产品、工业产品等领域互补性强，市场合作前景广阔。 ◇ 中国可继续发挥资金优势为吉发展提供助力。 ◇ 中国在通讯、水电建设等领域为吉提供技术支撑。

题名	作者	文献来源	发表时间
"一带一路"与自贸区：新的对外开放格局已经确立	新华	珠江水运	2014年12月30日

主要结论	◇ 要以自贸区战略为切入口，构建利益共同体，从以周边为基础加快实施自由贸易区战略，过渡到面向全球的高标准自由贸易区网络。 ◇ 建议建设"一带一路"与建立亚太自贸区关系总结为"硬件和软件的互联互通"，前者侧重以基础设施为先导促进沿线经济体互联互通，而后者则以降低贸易门槛、提升贸易便利化水平加快域内经济一体化。

题名	作者	文献来源	发表时间
如何认识"一带一路"的大战略设计	张蕴岭	世界知识	2015年1月16日

主要结论	（1）问题 ◇ 挑战之一是战略疑虑。一些近邻国家怀疑中国借此实施扩张，对于合作共建基础设施网络存有疑虑，不太愿意让中国参与大通道的达设，把经济问题政治化，一些非政府组织受到其他力量的鼓动，散布抵制中国参与的舆论；一些大国出于担心自己被排斥的考虑，也对自己的伙伴实施加压力，甚至直接出而做工作，制造"中国主导"的舆论。 ◇ 挑战之二是如何妥善解决或者化解争端。 ◇ 挑战之三是如何创建可持续的新发展方式。 （2）建议 ◇ 要强调共同建设、共同参与、共同发展、共享利益，这样才能发挥各方面的积极性，包括各种国际组织、区域组织的积极性，使"一带一路"倡议变成大家的战略。

题名	作者	文献来源	发表时间
绸缪"一带一路"风险	王义桅	中国投资	2015年2月5日

主要结论	（1）战略风险 ◇ 中国的战略扩张，包括战略投入与战略补给两大风险，以及美国的战略围堵、俄罗斯的战略猜疑、印度的战略不合作、日本的战略搅局、地缘政治风险。 （2）建议 ◇ 确立两容、两分、一抓的思路应对风险。所谓"两容"，一是与当地已有合作架构的兼容，尽量不另起炉灶；二是与域外力量的包容，不是排挤俄美欧日等域外势力。所谓"两分"，就是分好工，分好责，不能全包。所谓"一抓"，就是抓住欧洲。

题名	作者	文献来源	发表时间
国际话语权视域下的"一带一路"战略实现路径研究	吴贤军	中共福建省委党校学报	2015年2月10日

主要结论	◇ 建议凸显道义因素的大国战略。 ◇ 尝试制度建设的大国战略。 ◇ 推动多边合作的大国战略。 ◇ 以话语整合阐释战略内涵。 ◇ 以利益协调加强依赖程度。 ◇ 以民间交往开辟联通渠道。

题名	作者	文献来源	发表时间
国家"一带一路"战略：亚欧大陆桥物流业的机遇与挑战	徐习军	开发研究	2015年2月20日

主要结论	（1）问题 ◇ 对"一带一路"倡议的共同认识会有障碍。 ◇ 客观条件障碍。 ◇ 中亚地区面临的安全风险上升。 ◇ 丝绸之路经济带区域国家间关系复杂，协调难度大。 ◇ 丝路班列的竞争不可避免。 ◇ 大陆桥通道的畅通受阻带来的物流运输不畅。 （2）建议 ◇ 随着经济技术合作的深化，大陆桥物流的量和质会大幅提升。 ◇ 贸易投资便利化会使促进大陆桥基础设施建设得到快速发展。 ◇ 促进南亚大陆桥加快建设。 ◇ 促进港航企业服务"一带一路"倡议，多式联运模式发生变革。 ◇ 政策机制得到创新，丝绸之路经济带沿线国家在我国大陆桥沿线城市互设交流机构办事机构日益增多，未来有望设立领事馆代表处等机构。

题名	作者	文献来源	发表时间
"一带一路"是欧亚非的共同发展战略	金应忠	国际展望	2015年3月15日

主要结论	◇ "一带一路"倡议不仅是中国在新时期提出的重要国家战略，同时也是欧亚非三大洲各国的共同发展战略。 ◇ "一带一路"沿线国家之间确实存在大量历史与现实的矛盾与分歧。 ◇ 构建责任共同体，营造良好的国际舆论环境，形成强调国家之间关系的平等与均衡化的伙伴关系，塑造包容性外交。

题名	作者	文献来源	发表时间
"一带一路"战略下中国新疆与哈萨克斯坦跨边界次区域经济合作	张辛雨	长春金融高等专科学校学报	2015年3月25日

主要结论	（1）中国新疆与哈国次区域经济合作按照空间结构划分属于二维，要优于多维合作，其主要优点是 ◇ 主权成本低，政治经济风险小，易于合作。 ◇ 新疆的区位优势已经显现，哈萨克斯坦也积极利用其潜在的资源优势转化为经济优势。 ◇ 新哈都致力于改变各自边境地区经济滞后态势，通过合作实现共赢。 （2）建议 ◇ 重点开发交通沿线，发挥各级中心城市作用。 ◇ 上海合作组织框架下的战略通道规划建设。 ◇ 发挥新疆区位优势，深化与中亚国家次区域市场一体化合作。 ◇ 中国应关注和警惕中亚地缘政治经济关系的复杂化。

题名	作者	文献来源	发表时间
"一带一路"战略构想的基础及策略	孙伟	宏观经济管理	2015年4月8日

主要结论	（1）问题 ◇ 国际经贸投资规则体系出现双轨化趋势。 ◇ 提升国际产业分工位势处于瓶颈期。 ◇ 国际能源供需格局面临深刻调整。 （2）建议 ◇ 积极推进人民币国际化。 ◇ 全面参与国际经贸投资规则体系重构。 ◇ 鼓励加大对外直接投资。 ◇ 国际金融危机以来，各国对于外商直接投资的迫切需求给拥有巨量外汇储备的我国提供了良机。 ◇ 提升海外能源供给和运输保障能力。

题名	作者	文献来源	发表时间
论共生系统理论视阈下的"一带一路"建设	夏立平	同济大学学报（社会科学版）	2015年4月25日

主要结论	（1）问题 ◇ 美国作为国际体系中的主导大国，它对"一带一路"建设采取何种政策将产生重大影响。 ◇ 一些周边国家对中国存在不信任与猜忌。 （2）建议 ◇ "一带一路"建设的长期目标是建立共生型国际体系。 ◇ 以互联互通推动"一带一路"建设应该形成经贸流、金融流、智慧流、信息流、人文流等五个大通道。 ◇ 推动"一带一路"建设应该形成区域共同价值观。

题名	作者	文献来源	发表时间
浅析如何落实"一带一路"重大战略	郭明 冯义强	长春教育学院学报	2015年4月29日
主要结论	（1）问题 ◇ 中国经济发展减速。 ◇ "一带一路"涉及的国家众多，国家间的关系影响基础设施建设；大国介入南海问题，影响中国与东盟国家关系的发展。 （2）建议 ◇ 亚投行、丝路基金两大机构，解决亚洲基础设施建设巨大资金缺口。 ◇ 处理好与俄罗斯、东盟国家间的关系，除巩固经贸领域、非传统领域合作外，要开展安全领域的合作，拓宽中国与东盟国家间军方高层交往。 ◇ 通过基础设施建设加强中国与"一带一路"国家间全方位的互联互通，将中国的经济发展惠及这些国家，是这一重大战略的最终目标。		

题名	作者	文献来源	发表时间
印度如何看待"一带一路"下的中印关系	杨思灵	人民论坛·学术前沿	2015年5月1日
主要结论	对印度对中国"一带一路"发展倡议的回应显得较为保守的问题的建议 ◇ 没有必要苛求印度完全附和中国的提议。 ◇ 中国没有必要借助"一带一路"刺激印度在印度洋上的存在感。 ◇ 积极探索中印关系治理模式。 ◇ 中印应为亚太地区乃至世界的共同安全而努力。 ◇ 乐观积极推进两国已经达成的合作项目。 ◇ 继续处理好双边关系中的重大问题。		

题名	作者	文献来源	发表时间
"一带一路"战略背景下的中欧经贸合作	文瑞	国际经济合作	2015年5月20日

主要结论	（1）问题 ◇ 中欧贸易呈缓慢增长态势。 ◇ 中欧贸易争端解决趋于理性。 ◇ 中欧双边贸易产品结构趋向调整升级。 ◇ 中欧双边投资规模持续扩大。 （2）建议 ◇ 双边合作应文化与经贸并重。 ◇ 充分利用亚洲基础设施投资银行合作平台。 ◇ 积极推动中欧在城镇化和创新驱动方面的合作。

题名	作者	文献来源	发表时间
全球化4.0、区域协调发展4.0与工业4.0——"一带一路"战略的背景、内在本质与关键动力	张可云 蔡之兵	郑州大学学报（哲学社会科学版）	2015年5月25日

主要结论	◇ 创建以合作、平等、共赢为核心的新型国际关系是"一带一路"倡议的出发点。 ◇ 创建公平、自由、务实的新型世界级经济、贸易和金融组织是"一带一路"倡议的重要保障，同时能够为全球化4.0的到来奠定基本的运行准则。 ◇ 人民币国际化是"一带一路"倡议的重要目标，也是中国参与全球化4.0竞争、获得主导权的根本保障。

题名	作者	文献来源	发表时间
"一带一路":中华民族复兴的地缘大战略	杜德斌马亚华	地理研究	2015年6月15日

主要结论	◇ 缅甸是中国21世纪海上丝绸之路进入印度洋的第一站，也是最为关键的一站，自然资源丰富，与中国经济互补性强，可为中国提供众多贸易和投资机会，而且还可作为中国西南诸省进入印度洋的便捷通道，以及中国在北印度洋地区施加战略影响的重要立足点。 ◇ 巴基斯坦本身自然资源并不丰富，但地理位置十分重要，未来应通过援建帮助巴基斯坦实现国家发展，引导其把更多资源用于民生领域，适度限制国防开支，防止沦为失败国家。 ◇ 中亚在某种程度上发挥着中国与俄罗斯之间战略缓冲区的功能，保持战略耐心，通过经贸合作培育双边战略互信，利用高渗透性的经济手段逐步提高在本地区的战略存在。 ◇ 利用俄罗斯被西方孤立和油价下跌造成的困境，争取其在更深程度上对中国资本开放市场，并就联合应对美国战略压力等议题进行深度沟通，争取就欧亚大陆安全合作问题达成某种默契，从而为"一带一路"建设争取更多的支持。

题名	作者	文献来源	发表时间
经济走廊助力"一带一路"建设	刘英	中国投资	2015年7月5日

主要结论	六大经济走廊 ◇ 中蒙俄经济走廊。 ◇ 新亚欧大陆走廊。 ◇ 中国—中亚—西亚经济走廊。 ◇ 中国—中南半岛经济走廊。 ◇ 中巴经济走廊。 ◇ 孟中印缅经济走廊。

题名	作者	文献来源	发表时间
"一带一路"战略对国际秩序的影响	王志民	唯实	2015年7月15日

主要结论	◇ 对于"一带一路"将如何影响国际格局和国际秩序的问题，建议新兴经济体的深度合作改变国际力量对比。国际力量对比将推动国际经济规则的调整，"一带一路"推动国际秩序走向公正合理。

题名	作者	文献来源	发表时间
"一带一路"倡议下中国与沿线国家关系治理及挑战	杨思灵	南亚研究	2015年7月23日

主要结论	◇ 影响中国与"一带一路"沿线国家关系治理的主要挑战包括战略利益互构及认同、国家的政治社会结构、双边关系中的重大问题、中国文化范式吸引力的缺失、大国干扰及其影响等。 ◇ 建议在推进中国与沿线国家关系治理过程中，不应刻意回避安全问题，应当积极倡导"共同安全"理念，亚信会议开了个好头，中国要做的是在中国与沿线国家关系治理中大力推进中国关于"共同安全"的方案，较为彻底地解决中国与"一带一路"沿线国家合作存在的战略互信不足的问题。

续表

题名	作者	文献来源	发表时间
热话题与冷思考——关于"一带一路"与中国外交的对话	王义桅	当代世界与社会主义	2015年8月20日

主要结论	（1）"一带一路"政策的意义 ◇ 在空间上超越了传统的丝绸之路的限制，所涉区域空间进一步扩大，合作空间也得以深化。 ◇ 在性质上赋予了古丝绸之路新的内涵，超越了传统丝绸之路的思维模式，以其"时代性""先进性""开拓性"稳健地推动"一带一路"建设的开展。 （2）问题 ◇ 中国的富余优质产能的市场问题。 ◇ 中国的资源获取问题。 ◇ 中国的战略纵深开拓和国家安全的强化问题。 （3）建议 ◇ 提升境外直接投资，开辟海外市场，扩大产品出口，消化富余产能，破除贸易壁垒，最终确立符合我国长远利益的全球贸易及货币体系。

题名	作者	文献来源	发表时间
"一带一路"：印度的角色扮演及挑战	杨思灵 高会平	东南亚南亚研究	2015年9月20日

主要结论	◇ 重视中印项目合作的落实。 ◇ 推进中印经贸合作应当有耐心。 ◇ 推进中印经贸合作应注意底线思维。 ◇ 重视中印合作的战略性。 ◇ 重视中印合作的全面性。

题名	作者	文献来源	发表时间
"一带一路"是促进全球发展合作的中国方案	高虎城	杭州（周刊）	2015年10月15日

	主要结论
主要结论	◇ "一带一路"倡议是发展开放型世界经济的重要途径，相关国家要素禀赋各异，比较优势差异明显，互补很强，有利于各国发挥比较优势，拓展贸易投资和产能合作，把经济的互补性转化为发展的互助力。 ◇ "一带一路"倡议提供具有广泛包容性的发展平台，相关国家和地区着眼于自身发展和区域合作，提出了一系列发展战略，"一带一路"与这些战略的对接已经或正在达成重要共识，一批重大合作项目也在规划和建设之中。 ◇ "一带一路"倡议是对全球经济治理新模式的积极探索，国际经贸规则面临重构，多边贸易体制发展坎坷，多哈回合谈判久拖不决，多边投资规则尚未建立，"一带一路"建设致力于推动相关国家扩大市场开放和贸易投资便利化，有利于促进国际经贸规则制定朝着更加公正合理的方向发展。 ◇ "一带一路"倡议是民心相通和文明互鉴的桥梁纽带。 ◇ "一带一路"倡议始终坚持共商共建共享原则。

题名	作者	文献来源	发表时间
"一带一路"：南亚地区国家间关系分析视角	杨思灵	印度洋经济体研究	2015年10月20日

	主要结论
主要结论	（1）问题 ◇ 整体推进"一带一路"在南亚地区实施的可能性不大。 ◇ 中国与处于半依附状态的南亚国家合作出现反复的可能性很大。 ◇ 近期突破与对印关系处于完全依附状态国家的合作可能性较小。 ◇ 印度对中阿合作影响甚微。 （2）建议 ◇ 加强与印度战略协调与战略对接。 ◇ 确定巴基斯坦与阿富汗为"一带一路"合作的南亚支点国家。 ◇ 加强与半依附型国家的关系治理。 ◇ 与完全依附型国家开展软性项目合作。 ◇ 争取在多边框架下实现"一带一路"在南亚地区的发展。

续表

题名	作者	文献来源	发表时间
"一带一路"的新加坡思路	赵磊	新城乡	2015年11月1日

主要结论	建议学习新加坡的"轻巧精准" ◇ 项目要尽可能不留后遗症，且附加值高。 ◇ "一带一路"不回避竞争、不排斥竞争。 ◇ "一带一路"不仅是要做项目、做园区，更重要的是做理念。

题名	作者	文献来源	发表时间
"一带一路"战略推进中的多重互动关系分析	王志民	中国高校社会科学	2015年11月10日

主要结论	◇ "一带一路"沿线国家数量之众多，发展水平之悬殊，政治环境之复杂，文化传统之差异，均超乎想象，它们将直接影响"一带一路"倡议的推进。 ◇ 建议必须正确处理其内生动力与合作共赢、陆路推进与海路拓展、官方推动与民间参与、理念引领与挑战应对等多重互动关系，这样"一带一路"倡议方能有序推进并不断走向深入。 ◇ 推进"一带一路"倡议，需要保持与国内深化改革的总体思路和总体部署相一致，实现与沿线国家的经济发展战略对接，进而优化我国经济发展空间格局。

题名	作者	文献来源	发表时间
"一带一路"撬动世界新变局	王义桅	WTO经济导刊	2015年11月15日

主要结论	◇ 全球分工体系：从中国制造到中国建造。 ◇ 外交战略布局：从过去的"以空间换取时间"向"时空并举、陆海联动"的方向发展。 ◇ 中国与国际体系的关系：从中国崛起到文明复兴，推动其他文明复兴。

题名	作者	文献来源	发表时间
"一带一路"与中德产业合作新亮点	张建平	当代世界	2016年1月5日

主要结论	中德产业合作的亮点 ◇ 围绕转型工业化的产业合作升级：经过长期的交流合作，中德两国在制造业领域已经形成了良好的合作态势，中国已成为德国企业最重要的市场和利润来源地，中德制造业互补性强，合作特点正由单向投资制造转为投资合作、研发合作、产业链合作。 ◇ 围绕转型城镇化的产业合作亮点：在中国的城镇化发展进程中，城市规划是十分重要的问题，德国是一个特别重视城市规划的国家，空间结构比较科学先进，中德可以在城市规划的全产业链上进行合作。 ◇ 围绕可持续消费的产业合作：可以预想中国将是一个拥有巨大可持续消费人群的市场，而德国在可持续消费上走在前面，中国与德国在可持续消费上的产业合作是有发展潜力的。

题名	作者	文献来源	发表时间
论蒙古永久中立对"一带一路"建设的影响	储殷	当代世界	2016年2月5日

主要结论	◇ 蒙古永久中立对"一带一路"建设的积极影响：有助于缓解俄罗斯由于远东地区地广人稀而产生的安全焦虑，从而使得俄罗斯有更多的积极性来与中国、蒙古两国推动中蒙俄走廊的建设。 ◇ 蒙古永久中立可能对"一带一路"造成的挑战：各方势力都丧失了成为蒙古"最"亲密伙伴的机会，这种等距离、多支点且敏感度降低的局面，将让各方在蒙古的竞争变得更加激烈。

6.8 国内情况

题名	作者	文献来源	发表时间
云南主动融入"一带一路"规划	易水	创造	2014年3月15日

	主要结论	◇ 从地理位置以及历史的角度来看，云南参与"一带一路"建设有着显著优势，而且改革开放以来云南不断创新对外开放的思路，与周边国家互联互通成效明显，与东南亚、南亚各国经贸合作大幅度提升，对外开放平台也不断增加，已成为中国东盟"10+1"和泛珠三角"9+2"之间的连接点，大湄公河次区域合作的主要参与者，以及构建孟中印缅经济走廊的重要起点。 ◇ 建议要抓住"一带一路"建设这个重大发展战略机遇，重点构建"一纵一横"两大通道，要通过"大通道"建设，有效扩大云南的经济发展"半径"。

题名	作者	文献来源	发表时间
构建新南方丝绸之路参与"一带一路"建设	任佳 王清华 杨思灵	云南社会科学	2014年5月20日

主要结论	（1）联手"缅孟印"加快孟中印缅经济走廊建设 ◇ 回应孟中印缅论坛的共识，共推孟中印缅次区域自由贸易区。 ◇ 加快交通、商贸、产业、人文走廊建设。 （2）打造大湄公河次区域经济合作（GMS）升级版，参与"一带一路"建设 ◇ 从多边框架推进GMS升级版的建设。 ◇ 从双边框架推动GMS升级版的实现与发展。 ◇ 继续完善云南与GMS各国之间全面的互联互通体系。 ◇ 积极打造GMS旅游走廊。 ◇ 加强金融开放与合作。 ◇ 继续加强在GMS框架下的项目合作。 ◇ 积极推动建立GMS自由贸易区。 ◇ 全面加强云南与GMS国家之间的人文交流。

题名	作者	文献来源	发表时间
抓住重大机遇 扎实推进"一带一路"建设	李学勇	群众	2014年6月5日

主要结论	◇ 苏北、沿海地区特别是连云港处于丝绸之路经济带和21世纪海上丝绸之路的交汇点上。要充分发挥连云港新亚欧大陆桥东方桥头堡作用,提升徐州淮海经济区中心城市辐射带动能力,增强南通、盐城沿海节点城市综合实力,加快打造沿东陇海线、沿海"一横一纵"产业带和城镇轴,使之成为丝绸之路经济带和21世纪海上丝绸之路的重要组成部分。 ◇ 引进能够体现东部地区技术优势与中西部地区资源优势更好结合的优质项目。 大力实施创新驱动战略,突出企业创新主体地位,引导创新资源和创新要素向企业集聚,强化企业、高校、科研院所的深度合作和产业链上下游的资源整合,着力提升科技创新能力。

题名	作者	文献来源	发表时间
"一带一路"建设:连云港迎来重大发展机遇	吴以桥	大陆桥视野	2014年7月15日

主要结论	◇ 作为新亚欧大陆桥东方桥头堡,连云港向东与日韩隔海相望,向西通过新亚欧大陆桥,连通我国中西部地区、中西亚直至欧洲,是陇海兰新沿线地区乃至中西亚国家最便捷的出海口岸。

题名	作者	文献来源	发表时间
夯实内功 加强合作 统筹发展——广西参与"一带一路"战略的启示建议	黄洲 叶乐阳 张光丽 黄红 曹丽	广西经济	2014年7月31日

	主要结论	◇ 发挥广西海陆兼备的优势，广西应在港口、航运、物流、海洋经济等方面加大发展力度，在陆路通道方面，广西与东南亚的陆路通道优势需要进一步充分挖掘，陆路以布局产业、园区、陆路物流等为主。 ◇ 可借鉴相关经验，将广西已有及规划发展的重要平台打造好，建设中国—东盟商品交易中心、北部湾区域性国际航运中心。 ◇ 充分调动市场主体作用，充分发挥国有、民营、外资等各类经济主体的作用。 ◇ 加强与兄弟省份的合作，搭建服务平台。 ◇ 充分利用智库资源。

题名	作者	文献来源	发表时间
福建参与"一带一路"建设的地位作用及相关建议	黄端	福建理论学习	2014年8月20日

	主要结论	◇ 把"一带一路"建设和实现福建科学发展跨越发展有机结合。 ◇ 发挥福建的特色和优势，建设"一带一路"民心相通的重要纽带、贸易畅通和货币流通的前沿平台、政策沟通的试验田。 ◇ 积极谋划福建自由经济示范区，为"一带一路"建设提供载体。 ◇ 探索妈祖信仰与慈善的结合，扩大妈祖文化在凝聚人心和构建和谐社会中的影响力。

题名	作者	文献来源	发表时间
沿海地区借助"一带一路"战略推动海洋经济发展的路径分析——以天津为例	王双 张雪梅	理论界	2014年11月10日

	主要结论
主要结论	◇ 利用"一带一路"产业梯度转移契机，推动海洋产业结构升级转型。 ◇ 打造"一带一路"双向开放通道，建设海陆空全方位立体交通网络，力争形成国际物流大通道。 ◇ 推进面向东亚、辐射亚太的海洋合作平台建设，深化海洋经济的开发开放。 ◇ 借助"一带一路"贸易枢纽建设，推动天津投资与服务贸易便利化综合改革。

题名	作者	文献来源	发表时间
我国西南地区在"一带一路"开放战略中的优势及定位	张军	经济纵横	2014年11月10日

	主要结论
主要结论	（1）问题 ◇ 我国经济增长的区域分布不均衡，西南地区与东部地区经济发展差距较大。 ◇ 各省实施开放带动战略的力度不够，以开放带动经济发展的效果不明显。 ◇ 西南五省经济开放度相对滞后。 （2）建议 ◇ 根据国家"一带一路"倡议的总体规划，结合西南五省的具体条件，西南五省在"一带一路"倡议中的定位应是：充当陆路和海路连接纽带；积极探索西部地区开放型经济建设；进一步推进与东盟国家的合作。

题名	作者	文献来源	发表时间
广西在全国新一轮开放中的SWOT分析及战略选择——兼论广西推动"一带一路"建设的总体思路	黄志勇 颜洁	改革与战略	2014年11月20日
主要结论	总体战略思路的核心 ◇ 东靠西联（以西江黄金水道和东向出海通道为纽带，向东积极向华南先进地区靠拢）。 ◇ 北拓南下（以北向通道为纽带，向北加强与中南地区的开放合作）。 ◇ 向南开放（加快北部湾经济区全面开放开发和泛北部湾经济合作）。 ◇ 双向开放（"引进来"和"走出去"相结合，国际区域合作与国内区域合作相结合）。 ◇ 双核驱动（以北部湾经济区和珠江—西江经济带为战略核心）。 ◇ 三南联动，四沿互动，五区协同，六方共荣。		

题名	作者	文献来源	发表时间
"一带一路"建设与浙江发展新机遇	林长青 瞿涛 杨祖增	浙江经济	2014年11月25日
主要结论	◇ 要进一步深化义乌国家级国际贸易综合改革试点、积极推进"中国（杭州）网上自由贸易试验区"设立工作，加快推进跨境电子商务综合实验区、全球小商品贸易中心等国际贸易平台建设，努力打造开放合作的重要载体。 ◇ 鼓励有条件的浙江企业大胆"走出去"，在"一带一路"主要节点和港口共建产业园区，设立营销中心、物流中心，扩大与沿线国家的产业合作领域和规模，形成国际区域分工协作的产业布局。 ◇ 整合活动平台资源，把浙洽会、消博会、义博会、西博会等建成"一带一路"的重要桥梁和纽带，并争取国家和国际级"一带一路"文化交流平台落户浙江。 ◇ 加强国家级开发区、高新区和海关特殊监管区等特殊功能区建设，提升各类园区的开放功能和创新能力，更好地发挥先导带动效应。		

题名	作者	文献来源	发表时间
"一带一路"战略下的浙江机遇	沈商	今日浙江	2014年12月10日

主要结论	◇ 浙江作为开放大省，要利用这个机会推动产业转型升级，打造推动"一带一路"倡议的经贸合作先行区、"网上丝绸之路"试验区、贸易物流枢纽区，构筑陆海统筹、东西互济、南北贯通的开放新格局。 ◇ 建议浙江加快主动参与"一带一路"倡议步伐，可以依托现有经贸合作基础，采取规划指引、政府推动、市场运作、企业为主、项目推进的方式。

题名	作者	文献来源	发表时间
"一带一路"战略与苏北发展	张建民	淮海文汇	2014年12月15日

主要结论	◇ 把握好国家推进"一带一路"倡议的时间节点，有序跟进。苏北各市应在省"苏北"的指挥下，建立苏北各市应对"一带一路"的协商机制，谋划苏北各市应对"一带一路"的重大事项，有重点、有步骤的做好苏北的各项工作。 ◇ 苏北要积极争取新亚欧大陆桥经济走廊的东桥头堡城市群地位。 ◇ 苏北五市在对外开放上要联合抢抓几大开放平台上的机遇。 ◇ 融入国家"一带一路"倡议，苏北要争取加紧复制上海自由贸易区经验，争取其溢出效应。 ◇ 苏北要将"一带一路"倡议建设作为自身转型升级的重要契机。 ◇ 苏北要加强与"一带一路"沿线国家及地区的人文交流。

续表

题名	作者	文献来源	发表时间
辽宁省也应高度重视,积极参与"一带一路"发展战略——思考与建议	辽宁省人民政府发展研究中心课题组	辽宁经济	2014年12月15日

主要结论	（1）问题 ◇ 从中亚国家看,由于我国与这些国家在政治文化上存在不少差异,如果前期的政策沟通不充分,很难与这些国家形成利益共识。 （2）建议 ◇ 辽宁省可以通过加强与中西部地区对外经贸体系的对接工作,提供一些技术与产业发展方面的帮助,同时寻找辽宁企业贸易与投资的新通道。 ◇ 加强与东部沿海地区的对接,对接广东、福建等外贸大省既有的海外营商渠道,可以在一定程度上减少开拓国际市场的时间和成本。

题名	作者	文献来源	发表时间
"一带一路"海陆联运枢纽发展研究——以宁波为例	戴东生	城市观察	2014年12月20日

主要结论	◇ 积极推进港口联盟建设争取设立"一带一路"海铁联运综合试验区。 ◇ 加快谋划甬新欧大陆桥建设逐步完善宁波至全球航线网络。 ◇ 推进打造跨境供应链物流服务中心。 ◇ 努力提升空港辐射能级。

题名	作者	文献来源	发表时间
山东暨日照推进"一带一路"建设研究	王继国	山东经济战略研究	2014年12月25日

	主要结论
主要结论	（1）问题 ◇ 鲁南经济带经济实力较弱，对"一带一路"沿线合作存在不平衡，区域政策的差异制约着日照桥头堡的发育，尚未形成统一的协调机制。 （2）建议 ◇ 建立组织协调机制形成推进合力。 ◇ 统筹推进"一带一路"建设，拓展新的合作空间。 ◇ 以儒家文化为纽带，扩大对外文化的交流与融合。 ◇ 借鉴江苏的做法，加大对鲁南经济带的政策支持力度。 ◇ 深化改革创新，提高贸易便利化水平。 ◇ 支持日照打造"五通"示范区。

题名	作者	文献来源	发表时间
"一带一路"在我国经济新格局中的战略地位	匡贤明	金融经济	2015年1月2日

	主要结论
主要结论	◇ "一带一路"注重基础设施的互联互通，更应注重市场一体化，从而实质性地改善区域发展状况和当地居民生活水平。 ◇ 我国的战略布局应是中长期，事关全局的重大项目，我方可以适当让步，加大援助，确保尽快启动项目和加快建设进程。 ◇ 我国要加快自身改革过程，调整一系列体制机制（对外投资、金融）以保障"一带一路"。 ◇ 不同省份比较优势不同（地理桥头堡，资源，交通枢纽），作用不同。

题名	作者	文献来源	发表时间
"十三五"上海参与"一带一路"建设的定位与机制设计	姜睿	上海经济研究	2015年1月15日
主要结论	（1）上海参与"一带一路"建设的突破方向 ◇ 成为相关国际和区域合作机制的平台和联结点、成为新时期资源、投资、贸易和金融等方面区域与国际经济合作机制的开创者、成为政府经济管理模式改革的探索者。 （2）上海参与"一带一路"机制建设的要点 ◇ 对内对外开放的互动；陆地经济和海洋经济的互动。 ◇ 国际国内政府间协调机制的互动。 ◇ 政府主导和激发市场主体活动的互动。 ◇ 中国不同区域经济差异仍然明显，在支撑其他地区产业升级的过程中实现上海的产业再升级。 ◇ 当前兴起的对外投资则过于零散、缺乏关联并且风险度高，中国的对外贸易的伙伴过于集中，上海引领的长江经济带与"一带一路"覆盖的欧亚地区有机结合。 ◇ 地缘经济和地缘政治的互动。		

续表

题名	作者	文献来源	发表时间
宁波—舟山港对接"一带一路"的探析	王凤山 丛海彬 冀春贤	经济论坛	2015年1月15日

主要结论	（1）问题 ◇ 受行政区划所属的制约，一体化进展缓慢，与实现"统一规划、优势互补、合理分工、共同发展"的目标要求差距较大。 ◇ 目前宁波—舟山港的港口集疏运方式呈现结构性失衡。 ◇ 跨境贸易的服务质量就得不到提升。 ◇ 总体上在省外的无水港布点少、链条短。 （2）建议 ◇ 加强一体化建设，优化集疏运体系，加强港口信息化与跨国电子商务建设，布局丝绸之路经济带无水港，充分发挥海内外浙商的桥梁作用，由内而外，组建国际港口联盟。

题名	作者	文献来源	发表时间
"一带一路"下新疆对外贸易发展潜力研究	马天平	现代经济信息	2015年1月23日

主要结论	◇ 新疆具有较为齐全的产业结构体系，尤其在电子、轻工、纺织服装、日用品工业、建材、机电业、家电、信息产业、高新技术产业等领域具有很强的优势，而这些正是中亚五国和其辐射地区最薄弱的产业，双方具有很强的互补性。 ◇ 随着贸易的不断深入，旅游作为第三产业以非常强势的姿态推动着各旅游城市的经济快速发展，优势在不断的显现出来。可以同中亚国家进行合作，对我国西边丝绸之路旅游资源进行开发，这样可以达到整合与连接完整的中亚旅游资源链条，实现新疆的旅游产业的发展目标，有利于与周边国家搞好交往关系，还可以促进了贸易的多元化。

题名	作者	文献来源	发表时间
关于天津参与国家"一带一路"战略并发挥重要作用的建议	李文增 冯攀 李拉	城市	2015年1月25日

主要结论	（1）问题 ◇ 国家"一带一路"倡议规划未将天津作为重点，天津的国际港口功能和作用有待进一步提升，在天津市重大发展规划中缺乏应对"一带一路"倡议的规划研究。 （2）建议 ◇ 以"一带一路"倡议规划为契机，积极争取天津市纳入国家相关发展规划。 ◇ 以京津冀协同发展为契机，争取将"一带一路"倡议的相关功能向天津疏解。 以天津自贸区建设为契机，在"一带一路"倡议中提升扩展天津的国际港口经济功能。

题名	作者	文献来源	发表时间
"一带一路"基点之东北亚桥头堡群构建的战略研究	刘国斌	东北亚论坛	2015年1月28日

主要结论	（1）问题 ◇ 口岸布局不合理，无序竞争和各自为战的现象比较突出，无法发挥一体化发展的优势。 ◇ 城镇和产业发展定位不够准确，造成模式和功能趋于雷同。 ◇ 综合保税区、跨境合作区和互市贸易区等边贸区域发展缓慢，园区内产业集聚度较低，承载能力不足，总体发展水平较低。 （2）建议 ◇ 产业提升是构建桥头堡群的核心环节，优化与发达地区和国家的产业分工合作加快发展木材加工业、有色金属加工等进口资源加工业，不断完善机电、建材出口加工业推动外向型农牧业发展，大力发展跨境文化旅游、金融、国际会展等特色服务业，把桥头堡区建设成重要加工制造业基地、跨境旅游基地和区域性国际物流中心。

题名	作者	文献来源	发表时间
"一带一路"战略提振福建企业国际竞争力的思考	朱鹏颐 施婉妮	福建论坛（人文社会科学版）	2015年2月5日

主要结论	◇ 善用华人华侨资源，引导本土企业"走出去"。 ◇ 打造"海丝"文化品牌，发掘"海丝"旅游资源。 ◇ 加快海洋经济发展，培养海洋型专业人才。 ◇ 提高出口产品质量，推进出口品牌战略。

题名	作者	文献来源	发表时间
广东参与"一带一路"建设的战略选择	李飞星 罗国强 郭丽珍	开放导报	2015年2月8日

主要结论	◇ 广东在担当"丝绸之路"经济带和"海上丝绸之路"的建设重任中，"区域合作机制健全"和"交通运输发达"要先行。区域合作机制健全的首要任务是要设立部长级"一带一路"建设的专门机构。专门机构负责协调并推动省内、省际、跨国沿海、沿线城市的经济带建设，促进"一带一路"沿线的资源、要素、资本、财物高效流动和高效配置。 ◇ 潮汕地区的海外华侨，可以通过人际和网络互动，推动商品生产和贸易互动，来推动"一带一路"的建设。

题名	作者	文献来源	发表时间
"一带一路"视野下的海南旅游新机遇——访中国旅游研究院副院长张栋	曹秋秀	今日海南	2015年2月15日

主要结论	◇ 要将海南已经有的政策，如海南国际旅游岛政策、海南经济特区政策等，叠加到"一带一路"倡议构想中，要有和这个战略相配合的时间表和路线图。 ◇ 在国际比较中，要注意比较相同的发展阶段，进而确定好自己所处发展阶段的主要任务。

题名	作者	文献来源	发表时间
天津参与实施"一带一路"战略的建议	李文增 冯攀 李拉	港口经济	2015年2月17日

主要结论	◇ 以天津自贸区建设为契机，在实施"一带一路"倡议中提升扩展天津的国际港口经济功能。比如，发展高端临港产业，提高航运商品附加值，实现"价值创造和增值"。 ◇ 增强港口核心竞争力，降低流通成本，吸引更多"一带一路"国家和地区经由天津自贸区发展加工和转口贸易。 ◇ 充分利用自贸区金融环境优势。 ◇ 完善港口集疏运体系，建成综合交通服务网络，提升作为国际港口城市的现代物流水平。

题名	作者	文献来源	发表时间
"一带一路"战略背景下广西物流业发展的机遇与挑战分析	黄庶冰	企业技术开发	2015年3月1日

主要结论	（1）问题 ◇ 市场有效需求不足，物流规模偏小，物流基础设施建设不足，物流运行成本较高。 （2）建议 ◇ 要抢抓机遇，出台物流业发展的实施意见。 ◇ 加大物流业的基础设施投资。 ◇ 依托与东盟陆海相连的有利条件，打通国际物流通道，实现贸易畅通，促进物流便利化。

题名	作者	文献来源	发表时间
"一带一路"战略中广西的SWOT分析及发展途径研究	曹冬英	学术论坛	2015年3月10日

主要结论	（1）"一带一路"倡议中广西的威胁分析 ◇ 与东盟部分国家之间的冲突引致的风险。 ◇ 国际层面资本方面的竞争日益激烈，国内层面沿海省份竞争十分激烈，云南试图创造同时参与"一带"和"一路"的条件。 （2）广西在"一带一路"中的发展途径 ◇ 国内层面，完善立法和监督制度，促进产业升级，提升"一带一路"倡议的学术研究水平，强化各类人员的责任意识并提高其能力和参与水平。 ◇ 国际层面，加强海陆空三方面的沟通与合作，有必要借助中国—东盟自由贸易区等平台实现贸易畅通，强化民族优势，实现民心相通。

题名	作者	文献来源	发表时间
陕西、甘肃、新疆在"一带一路"战略中的比较优势与建议	赵磊	西部大开发	2015年3月15日

主要结论	◇ 建立"丝绸之路经济带"的全国教育研究与培训中心。 ◇ 吸引中亚国家企业和工商会驻华代表处落户西北省会。 ◇ 明确合作对象和引进重点。 ◇ 除不断扩大农业和工业合作外，西北省份与中亚国家可逐步开拓战略性新兴产业合作。 ◇ 以金融业和服务业为突破口。 ◇ 推动西北五省区人才储备库建设。 ◇ 联合打造中国"丝绸之路–国家形象"宣传片。

题名	作者	文献来源	发表时间
抓住"一带一路"战略机遇 加快推动天津发展的几点建议	姜坤 赵娜	天津经济	2015年3月20日

主要结论	◇ 构建综合交通体系：不断完善物流网络体系，进一步完善天津港铁路集疏运体系建设，深挖航空市场潜力，积极发展多式联运。 ◇ 提高对外开放水平和层次，深化与"一带一路"沿线国家的贸易和投资合作：优化对外贸易结构，积极开展贸易投资促进活动，提升双向投资水平。 ◇ 创新丰富区域合作形式，加强与"一带一路"国内省区市的交流合作：加强与腹地的产业、金融、口岸合作。 ◇ 积极开展重点面向东北亚地区的海上交流合作：加快建设海洋经济、推进海上合作和共同开发。

题名	作者	文献来源	发表时间
"一带一路",走活广西发展这盘棋	李世泽	当代广西	2015年4月1日

主要结论	◇ 广西应当发挥在中国与东盟合作中的战略优势,参与泛北部湾经济合作、南宁—新加坡经济走廊建设和大湄公河次区域合作,扩大对东盟国家开放合作。 ◇ 深化与西南中南地区合作,为西南中南地区与东盟合作提供服务平台,进而推动广西与丝绸之路经济带沿线国家和地区的合作。 ◇ 加强与粤港澳合作,加快推进两广一体化,为参与"一带一路"建设集聚更多资金、技术和人才。

题名	作者	文献来源	发表时间
"一带一路"对我国区域经济发展的影响及格局重塑	安树伟	经济问题	2015年4月15日

主要结论	◇ 东部地区应在上海自贸区建设的基础上,推动沿线地区发展港口经济和自由贸易园(港)区,形成面向全球的高标准自由贸易区。 ◇ 中部地区面临的主要问题有交通基础设施不完善,工业化和城镇化转型发展任务重,产业结构和经济开放度不足等。 ◇ 西部地区经济发展差异比较大,要打造若干城市群作为向西开放和中国—东盟合作的重要载体,使这些城市群成为带动整个地区经济发展的增长极。 ◇ 东北地区展内生动力不足,经济发展方式尚未根本转变,产业结构不尽合理全面。

题名	作者	文献来源	发表时间
"一带一路"战略对西南经济未来发展的影响	管理要	商场现代化	2015年4月20日

主要结论	◇ 西南地区在对于自身的经济建设方面，加强自身毗邻东南亚国家的区位优势，加快自身对外开放的步伐。 ◇ 将西南地区相关的经营活动转化为实际的经济效益，利用西南与南部沿海的最便捷通道，结合资源与区位优势，进一步带动相关产业发展。 ◇ 西南地区可以逐步拓宽自身的发展战略思想，利用国家的各项金融扶持政策，全面推进各项基础设施建设，加快与周边国家与相关地区的经济往来与合作。

题名	作者	文献来源	发表时间
提升港口口岸功能 扩大东西双向开放 全力服务"一带一路"交汇点建设	吴以桥	大陆桥视野	2015年5月15日

主要结论	◇ 突出港口建设，进一步提升综合服务能力。 ◇ 突出物流发展，进一步畅通东西双向通道。 ◇ 突出改革创新，进一步推动港产城融合发展。 ◇ 突出口岸便利化，进一步提高港口口岸通关效率。 ◇ 突出生态建设，进一步推动港口可持续发展。 ◇ 突出行业管理，进一步提升港口口岸服务效能。 ◇ 突出作风建设，进一步优化港口口岸软环境。

题名	作者	文献来源	发表时间
上海积极主动融入"一带一路"国家战略研究	上海市人民政府发展研究中心课题组	科学发展	2015年5月20日

主要结论	◇ 将"一带一路"建设与区域开发结合起来，建设产业转移示范区；加强参与亚欧大陆桥、陆海口岸支点建设；推进长江经济带建设，有序开工黄金水道治理，沿江码头口岸等重大项目，加快综合交通枢纽和网络等建设，构筑综合立体大通道。 ◇ 促进"一带一路"国家战略与上海四个中心、科创中心和自贸试验区建设联动。发挥上海的经济中心优势、航运枢纽优势、金融集聚优势、贸易融汇优势和科创引导优势，促进上海与沿线国家和地区物流、资金流、人流、信息流畅通高效，构建亚太合作示范区，形成对外开放的新格局。 ◇ 通过对接"一带一路"国家战略，构建上海先导开放、创新发展的新载体、打造好服务长三角、服务长江流域、服务全国的新平台，形成在"一带一路"国家战略中对外开放的新枢纽。

题名	作者	文献来源	发表时间
"一带一路"战略下北线节点吉林省在东北亚区域合作中的机遇与挑战	张辛雨	长春金融高等专科学校学报	2015年5月25日

主要结论	◇ 吉林省应积极调整产业结构，整合产业集聚，融合区际、国际产业关联。 ◇ 加强基础设施建设，强化区域关联，落实区域通关一体化。 ◇ 充分利用双边、多边国与国之间良好的合作关系，在经济合作的同时加强人文交流。 ◇ 保护环境，统筹兼顾，协调发展。

续表

题名	作者	文献来源	发表时间
"一带一路"战略视阈下我国区域经济的协调发展	黄剑辉 李洪侠	税务研究	2015年6月1日

主要结论	◇ 推进"一带一路"倡议促进区域协调发展，关键是遵循产业梯度转移规律，基于增长极理论、点轴开发理论和中心-外理论，扩大向西开放，以产业带动经济，以重点城市带动经济走廊。 ◇ 建议制定执行完备规划，引领战略实施，不同区域不同定位，区域内规划重点城市，区域战略之间呼应联动；改革财税制度；金融改革和创新相结合；完善贸易和投资政策。

题名	作者	文献来源	发表时间
"一带一路"战略下天津港口物流发展分析	刘敬严 赵莉琴	物流技术	2015年7月15日

主要结论	（1）问题 ◇ 外争方面："一带一路"相关港口蓄势待发，竞争一激烈。 ◇ 内联方面：京津冀地区港口存在严重的重复建设、结构性产能过剩、资源浪费现象。 ◇ 内强方面：未完全向现代物流转型，软实力需提升。天津港在服务腹地延伸、口岸便利化、港口资本经营、信息化综合交通运输网络建设等方面尚存在短板。 （2）建议 ◇ 天津港物流发展需要将"一带一路"倡议与天津当前正在实施的几大战略有机结合，加大过境物流基础设施建设，培育过境物流运输服务市场，推进港口海上战略合作力度，加快内陆无水港建设步伐，运用互联网思维大数据应用打造智慧港口。

题名	作者	文献来源	发表时间
"一带一路"战略与区域经济融合发展路径研究	郑志来	现代经济探讨	2015年7月15日

	主要结论
主要结论	◇ "一带一路"倡议与既有区域性国家战略融合。 ◇ "一带一路"倡议与区域间协调机制融合。 ◇ "一带一路"倡议与区域通道经济双向融合。 ◇ "一带一路"倡议与区域产业链融合。 ◇ "一带一路"倡议与区域经济平台融合。

题名	作者	文献来源	发表时间
江苏省"一带一路"战略融合发展路径与对策	郑志来	科技进步与对策	2015年8月20日

	主要结论
主要结论	◇ "一带一路"倡议要在互联互通基础上实现通商。 ◇ 各省作好"一带一路"节点城市向节点区域融合。 ◇ 加强省际间"一带一路"倡议协同。 ◇ 成立两个联系会议机制,"一带一路"省际间联席会议机制和不同战略省份内部联席会议机制。

题名	作者	文献来源	发表时间
连云港:加快建设"一带一路"交汇点的成功实践	吴以桥	大陆桥视野	2015年12月8日

	主要结论
主要结论	◇ 连云港是新亚欧大陆桥经济走廊的首要节点城市,是中哈物流中转基地和上合组织出海基地,也是江苏省明确推进"一带一路"交汇点建设的核心区和战略先导区。 ◇ 面对历史重托和当代责任,连云港拓展国际视野,把握战略机遇,强化责任担当,加快"一带一路"交汇点的建设步伐,探索走向成功的实践路径。 ◇ 建议抢抓机遇、主动作为;奋发有为、务求实效;强化自身功能建设,提升辐射带动能力。

续表

题名	作者	文献来源	发表时间
"一带一路"与中国战略能力的新拓展	雷建锋	国际援助	2015年3月30日

主 要 结 论	◇ 美国的亚太再平衡战略和日美联盟对"一带一路"的消极影响，当前和今后一定时期内，亚太地区形成于20世纪50年代的雁阵模型依然会在亚太经济结构中发挥作用。 ◇ 中国依然处于产业结构的低端，产品与周边很多国家趋同，双方商品会争夺各自国内和国际市场。 ◇ 中国经济杠杆对实现周边安全战略目标的作用有限。 ◇ "一带一路"只能根据国家实力的发展稳步推进，而不能高调冒进。 ◇ "一带一路"的核心是将上合组织与中国-东盟贸易区联系起来，通过经济联系来加强关系。 ◇ 亚投行、上合组织、金砖国家和丝路基金可以整合来促进区域经济发展。 ◇ "一带一路"能保障国家能源安全，拓展周边市场，减少对西方国家市场的依赖。

题名	作者	文献来源	发表时间
坚持市场导向，构建"一带一路"政策支持体系	罗雨泽	北方经济	2015年6月10日
主要结论	◇ 中央"一带一路"工作领导小组围绕重大项目库建设、项目评估遴选、资金筹备、执行主体、投资机制、国际协调等问题进行研讨，制定总体方案，明确分工。 ◇ 各部门各主体根据各自分工制订实施计划和推进时间表。 ◇ 发挥智库的第三方评估作用，作好科学论证和效果评估。 ◇ 建立完善的奖惩激励问责机制，调动各部门积极性，使其主动作为，并依法执政。		

6.10 其他产业

题名	作者	文献来源	发表时间
"网上丝绸之路"对"一带一路"战略的意义	杜群阳 黄卫勇 方建春 王莉 黄金亮 李凯	浙江经济	2014年12月25日

主要结论	◇ 引导帮助"一带一路"国家完善国内电子商务环境，并通过开展与中国的跨境电子商务实现互惠互利，有助于降低"一带一路"倡议的阻力。 ◇ "中国经验"有助于"一带一路"国家实现电子商务发展的后发优势。 ◇ 将"一带一路"倡议由传统的海上和陆地两个维度，延伸到了海陆空、网络、基础设施、配送网络、清关以及国际支付等维度，极大地拓展了跨境电子商务合作的新空间。 ◇ "网上丝绸之路"具有全球性和无中心化特征，使得所有有兴趣参与的主体，无论是西部的待开发地区，东部的转型地区，还是国外的利益主体，都可以参与到"一带一路"倡议中来，从而实现互利共赢。

题名	作者	文献来源	发表时间
"一带一路"战略产业结构模式（下篇）——城镇文化庄园经济集聚带	王嘉琦	中国房地产	2015年3月15日

主要结论	（1）问题 未来房地产行业面临"四大变局" ◇ 80%以上的城市住房供应已经严重过剩。 ◇ 宽松货币政策时期居民恐慌性购房的街景将不复存在。 ◇ 资金正在逃离房地产。 ◇ 过去的炒房者未来都将变成卖房者，供求关系将发生巨大变化。 （2）建议 ◇ "一带一路"倡议实施中，通过区域经济顶层设计和资本"走出去"，帮助发展中国家建设大规模产业集群、发展产业集聚带，经济是核心工作，其中，沿线城镇文化庄园经济和庄园经济集聚带建设为重中之重。

题名	作者	文献来源	发表时间
"一带一路"战略下我国制造业海外转移问题研究	苏杭	国际贸易	2015年3月29日

主要结论	◇ 完善制造业海外转移政策支持体系。除了金融支持外，还需要进一步完善海外转移风险预警机制、加强双边投资谈判和投资保险、建立针对海外转移企业的后续培养和服务机制等。 ◇ 加强境外经贸合作区建设。 ◇ 拓展展会对接等合作形式。 ◇ 重视境外中国企业海外形象建设。

题名	作者	文献来源	发表时间
"一带一路"战略区电子商务新常态模式探索	王娟娟 秦炜	中国流通经济	2015年5月23日
主要结论	（1）问题 ◇ 当前，"一带一路"地区电子商务发展很不平衡，未能充分体现区域特色，可持续发展乏力，金融引导电子商务发展的能力较弱。 （2）建议 ◇ 必须积极创造条件，在明确电子商务与实体经济关系的基础上，立足"一带一路"地区，"市场主导、政府参与"，打造由跨境电子商务平台、专业化云物流系统、互联网金融等构件组成的电子商务新常态模式。		

题名	作者	文献来源	发表时间
"一带一路"战略架构下基于国际竞争力的物流发展模式创新	谢泗薪 侯蒙	中国流通经济	2015年8月23日
主要结论	◇ 从整体上看，我国物流业国际竞争力的空间架构可划分为三个层面，即核心竞争力（核心层面）、竞争优势（关键层面）、比较优势（基础层面），它们之间相互转化，相互影响，共同构成了一个专注于物流企业比较优势、竞争优势与核心竞争力的有机系统。 ◇ 当前我国物流业构建国际竞争力，一要充当"一带一路"倡议的先锋官，展开物流全球布局；二要提高科技创新能力，加强技术转化；三要积极与沿线国家物流企业竞合，构建全球物流网络。		

7

"一带一路"相关领域宏观环境分析

7.1 宏观经济

题名	作者	文献来源	发表时间
建设"一带一路",打造繁荣的"命运共同体"	石焰	老年教育（长者家园版）	2014年9月1日

主要结论	◇ 要加强道路联通，为各国经济发展和人员往来提供便利。上海合作组织正在协商交通便利化协定，一经落实，就可以打通完善跨境交通基础设施，逐步形成连接东亚、西亚、南亚的交通运输网络。 ◇ 要加强贸易畅通，实现互利共赢。有关各方就贸易和投资便利化加强沟通采取措施，消除贸易壁垒，降低贸易和投资成本，提高区域经济循环速度和质量。 ◇ 要加强货币流通，增强抵御金融风险能力。各国在经常项下和资本项下实现本币兑换和结算，降低流通成本，增强抵御金融风险能力，提高本地区的经济国际竞争力。

续表

题名	作者	文献来源	发表时间
"一带一路"与理念和实践创新	石泽	中国投资	2014年10月5日
主要结论			

主要结论

（1）问题

◇ 当前世界范围的区域合作现状看，基本都是网状的、块状的，而"一带一路"的合作是带状的，是条形的合作，这是一种世界历史中少有先例的合作愿景。创新合作方式就显得更加迫切和重要。

◇ 在现行体制下，部门分割，职能边际清晰，内外脱节，缺乏统筹和协调，如何在体制上更加适应"一带一路"的发展，消除体制的障碍因素，更需要探索和创新。

（2）建议合作内容

◇ 应当着力推动现有的能源、交通、电力、通讯等基础设施和网络化的建设，通过形成区域中心城市和发展高地，以此来带动地区经济社会的发展。这是发展的基础。

◇ 加强政策沟通，实现沿线国家发展战略的对接，但不谋求一体化的目标。

◇ 鼓励各国的创新发展，重视利用当今世界的科技成果，结合本地区的发展水平，大力拓展非资源领域的合作，提升和形成新水平的区域经济合作。

◇ 不苛求、不刻意追求经济合作的多边属性，而通过高质量的双边合作项目，示范和带动其他国家的参与，发挥诸如城市联盟和行业联盟的作用，最终形成多边和网络化的合作体系。

题名	作者	文献来源	发表时间
"一带一路"大战略：世界物流互联网计划	李海辉	金融经济	2015年1月2日

主要结论	◇ 需要处理好参与各国的项目立项、衔接、协调等工作，也需要处理相互信任问题。 ◇ 即使立项衔接协调成功，"一带一路"倡议仍面临新兴市场国家的市场机制风险和主权政治风险。 ◇ 基础设施投资收益率偏低，如何统筹管理投融资金，平衡成本收益。 ◇ 新兴金融机构如何处理与原有国际金融机构的关系，人民币国际化和国际金融秩序的冲突。 ◇ 对中国这样的大国，其发展主动力仍将主要源于自身。如何平衡国内改革和推进基建出口，是不容回避的另一大挑战。

题名	作者	文献来源	发表时间
大战略下的"一带一路"建设	张蕴岭	中国国情国力	2015年3月7日

主要结论	（1）"一带一路"建设面临的挑战 ◇ "一带一路"是一个新生事物，它的提出会面对许多怀疑，有观望，有疑虑，也有不支持。 ◇ 建设21世纪海上丝绸之路，首先遇到的问题是需要妥善解决南海争端，创建搁置争议、合作建设的环境和气氛，以合作代替争斗。 ◇ 对海外国家的投资具有风险性。 （2）建议 ◇ "一带一路"的建设要体现新的发展理念和新的发展方式。 ◇ "一带一路"倡议的核心理念是合作共赢，因此要强调共同建设、共同参与、共同发展、共享利益，发挥各方面的积极性。

续表

题名	作者	文献来源	发表时间
"一带一路"对全球经济治理的价值与贡献	毛艳华	人民论坛	2015年3月20日

主要结论	◇ 从全球经济治理的价值来看，"一带一路"倡议顺应了广大发展中国家改革全球经济治理机制的诉求。 ◇ 从全球经济治理的规制来看，"一带一路"倡议是对现有全球经济治理规则的补充与完善。 ◇ 从全球经济治理的主体来看，"一带一路"不是一个实体和机制，而是合作发展的理念和倡议。 ◇ 从全球经济治理的效果来看，"一带一路"鼓励向西开放，带动西部开发以及中亚国家、蒙古等内陆国家的开发，向国际社会推行全球化的包容性发展理念。

题名	作者	文献来源	发表时间
"一带一路"重构全球治理结构	卢锋	上海国资	2015年4月18日

主要结论	◇ 把互利共赢与互联互通结合起来，寓和平发展理念于"一带一路"倡议中。 ◇ 把顶层设计与基层实践结合起来，使得规划实施具有广泛切实经验基础。 ◇ 把国内发展与经济外交相结合，成功调动其国内外各方面参与积极性。 ◇ 把设计创新与高效执行相结合，展现中国决策层设计、布局、执行力。 ◇ 把合作建设与机制创新结合起来，为改善全球经济治理结构务实探索。

题名	作者	文献来源	发表时间
"一带一路":挑战与建议	罗雨泽	新经济导刊	2015年5月5日

<table>
<tr><td rowspan="1">主
要
结
论</td><td>

（1）挑战

◇ 存在较高的政治风险。

◇ 政策和制度缺乏协调性。

◇ 各国发展重点可能不同。比如，我国货物运输量大、运输距离远，进行铁路运输符合技术经济要求，而中亚国家地广人稀，制造业基础薄弱，运输量比较分散，公路和民航运输更符合其目前发展的经济性要求。

◇ 多数国家建设资金缺乏。

◇ 沿线地区投融资平台及机制建设滞后。

（2）建议

◇ 充分利用现有合作对话平台，就加快自由贸易区建设、联合反恐、建设跨境运输通道、签署和落实运输便利化协定等地区重大合作问题展开磋商，增强沿线各国经济发展规划和政策的协调性，提高贸易自由化和投资便利化水平，根据发展与合作需要，持续完善全方位、多层级的沟通机制。

◇ "一带一路"沿线国家储蓄投资水平存在差异，而且分布不一致。通过共建投融资平台，扩大不同货币互换规模，提高结算效率，不但可以缓解重点建设项目的资金瓶颈，而且可以促进资金在该区域的有效配置，实现较高回报。

◇ 发挥智库优势，有力促进相互沟通。

</td></tr>
</table>

续表

题名	作者	文献来源	发表时间
"一带一路"国家主要特点及发展前景展望	马岩	国际经济合作	2015年5月20日

主要结论	"一带一路"地区国家众多，国情各异，在同一时间达成谈判一致是不现实的。所以可以采取三个步骤 ◇ 第一，在原有上海合作组织的基础上先和这些国家达成针对"一带一路"经济区域范围内更加优惠的经贸协定，为其他国家做出率先的示范效应。 ◇ 第二，先与该地区的大国达成双边协定，尤其是伊朗、沙特、土耳其和波兰等四个大国先取得一致，进而带动这些国家周边较小的经济体及早加入。 ◇ 第三，不局限于大国，如果其他国家条件成熟，也可以优先加入，从而对这些地区大国起到倒逼机制的作用。

题名	作者	文献来源	发表时间
为什么是中国？——"一带一路"的经济逻辑	卢锋 李昕 李双双 姜志霄 张杰平 杨业伟	国际经济评论	2015年5月27日

主要结论	◇ 新世纪初年中国经济快速追赶与全球增长格局演变客观要求中国提出"一带一路"。 ◇ 中国政府与周边国家以及国际组织在相关领域长期合作努力，为提出共建"一带一路"倡议做了必要准备与铺垫。 ◇ 针对美国后危机时期实施重返亚洲与亚太再平衡战略"西进""南下"等战略思路并展开讨论，对提出"一带一路"构想提供了研究借鉴。

续表

题名	作者	文献来源	发表时间
中国梦视阈下的"一带一路"战略	卢丽刚 魏美玉	华东交通大学学报	2015年6月15日

主要结论	◇ 我国经济正处于"三期叠加"阶段，即增长速度换挡期、结构调整阵痛期和前期刺激政策消化期。 ◇ "一带一路"倡议具有和谐性、超越性、包容性、现实性四大特征。这些特征无不体现中国梦追求和谐、共建、共享的价值理念。 ◇ 建议在推进"一带一路"倡议中，必须发挥现有国际组织的积极作用，尊重照顾参与国的国家利益，切实加强交通及基础设施的互联互通，加强与沿线国家之间的政策协调和沟通，并通过人文桥梁促进与沿线国家的民间交流。

题名	作者	文献来源	发表时间
"一带一路"战略对中国经济发展的影响	李月好 杨震	合作经济与科技	2015年7月1日

主要结论	◇ "一带一路"对我国经济的影响为拉动内需、扩大出口、改变经济结构。 ◇ 建议加大对贸易输出企业的支持力度，提供政策和信息方面的便利。 ◇ 加强交通运输行业的发展，如：兴建国际化的航运枢纽站，建设游轮航线基地，开发高端游艇服务，推进自由港口的兴建。

题名	作者	文献来源	发表时间
"一带一路"战略应关注的问题及实施路径	张莉	中国经贸导刊	2014年9月25日

<table>
<tr><td rowspan="2">主
要
结
论</td><td>

（1）问题

◇ 当前，我国的对内改革和对外开放都面临着新的突破，而欧美等国却加强了对中国崛起的限制，美国推动的TPP和TTIP谈判，以高端开放为契机，企图掌控和影响下一轮国际贸易规则主导权，已对我国构成新的挑战和威胁。

（2）建议

◇ 加快启动"一带一路"建设的具体工作。要本着先易后难，由近及远，因势利导，顺势而为的原则，在现有的发展基础上，能干的先干起来。

◇ 推动跨国产业链建设。

◇ 着手做好法律制度的安排，建立经济合作机制是我国发展与"一带一路"国家经贸关系的基础和保障，也是推动"一带一路"建设国家层面需要重点做的工作之一。

◇ 务实推动先行先试举措。

◇ 要突出新亚欧大陆桥的作用。

</td></tr>
</table>

题名	作者	文献来源	发表时间
推进"一带一路"宜处理好若干关系	孔根红	中国投资	2014年10月5日

主要结论	◇ "一带一路"需处理好传统继承与时代创新的关系，处理好中国发展战略与相关国家发展战略的关系，统筹好"一带一路"框架下合作与地区现有合作机制的关系，处理好当前合作与长远目标的关系，处理好经济合作与人文合作的关系，处理好政府主导与市场和民间力量的关系，处理好基础研究与顶层设计的关系，处理好引导国内舆论与国际舆论的关系。 ◇ 在推进过程中，要确定好重点战略，分清主次和轻重缓急，重点路线上也要确定重点项目，不能平均用力，不能齐头并进；要注意从人文领域做起，争取社会民意支持；要积极引导国际舆论，讲清中国的意图，先要注意引导好国内舆论。

续表

题名	作者	文献来源	发表时间
建设"一带一路"之我见	贾庆国	群言	2014年10月15日

	主要结论
主 要 结 论	（1）问题 ◇ 向西开放的经济效益低。 ◇ 鉴于中亚国家与俄罗斯关系密切及俄罗斯在中亚地区的影响，俄罗斯若不支持，中国沿这条线建设经济带就非常困难。 ◇ 向东发展"海上丝绸之路"经济带受到南海和东海海洋权益争端、有关国家内部政局变化、南海地区"公海航行自由"问题的限制。 （2）建议 ◇ 对外输出资金、技术和管理经验，推动周边国家的发展和繁荣，带动中国自身经济的升级和区域发展再平衡，推动以中国经济为中心的地区经济一体化。 ◇ 考虑经济效益、道路安全、地缘政治等因素，确定"一带一路"发展的具体线路。 ◇ 合理区分向东和向西、向南开放的重点，向东开放的重点在于推动国内经济升级，向西、向南开放的重点在于发展国家西、南两个区域的经济，促进国家经济的平衡发展。 ◇ 加强东盟"10+3"自由贸易区的谈判，促进区域贸易自由化。

题名	作者	文献来源	发表时间
"一带一路"建设的若干建议	蒋希蘅 程国强	西部大开发	2014年10月15日

	主要结论
主 要 结 论	◇ 通过人文桥梁，促进丝绸之路国家间合作的复兴。 ◇ 立足产业分工大布局，促进基础设施互联互通、贸易畅通、货币流通。 ◇ 减少疑虑，不宜把丝绸之路的话语"战略化"。 ◇ 创新合作模式，实现与发展中国家的互利共赢。 ◇ 形成国内合力，突出企业主体作用。

续表

题名	作者	文献来源	发表时间
"一带一路"思路下对经济转型模式的思考	管理要	企业改革与管理	2014年12月9日

主要结论		（1）我国经济转型的障碍 ◇ 唯GDP论观念陈旧。 ◇ 体制障碍，垄断行业占领经济资源，市场调节难以发挥作用，税收模式不合理。 ◇ 经济增长对政府性投资的依赖性比较强，居民消费在经济增长中所占比例不大。 ◇ 缺少创新。 （2）建议 ◇ 经济转型的切入点：转变经济体制，着力发展国内经济，扩大内需，提高国内消费。 ◇ 积极研发科技含量高的产品，拥有自己的核心产权，加快产业转型升级。 ◇ 突出投资驱动，着力加强服务业等新型产业的投资，加强企业的自主创新。 ◇ 引导各级政府用正确的观念对待经济的发展，改变各级政府的经济发展方式与方法。

题名	作者	文献来源	发表时间
以"欧亚经济联盟"为标志的独联体经济一体化发展及对"一带一路"建设的启示	黄孟芳 卢山冰 余淑秀	人文杂志	2015年1月15日

主要结论	◇ "一带一路"资金以支持能源、基础设施项目为主，同时寻求多元化经贸合作。 ◇ "一带一路"是国内产能过剩企业"走出去"与中亚国家"引进来"实现对接的纽带。 ◇ 强调和突出"一带一路"经济功能，但开展投资和建设规划时要充分考虑中国与中亚国家关系的"俄罗斯因素"。

题名	作者	文献来源	发表时间
"一带一路"战略的核心内涵与推进思路	陈耀	中国发展观察	2015年1月20日

主要结论	◇ 强调依托现有基础，目的是要充分利用现有设施资源，避免大量新建和新增投资，明确国家、地方、城市不同层次的分工，确定不同类型地区的重点任务。 ◇ 国内区域层面陆上应以西北省区为重点，国内区域海上丝路建设重点应在福建、广东、广西等沿海省份。 ◇ 重视该战略惠及沿线国家民众的国际推介。 ◇ 加强对各地区开辟国际货运班列和跨境物流的管理。 ◇ 对外援助投资要严格论证，把控风险。

题名	作者	文献来源	发表时间
携手创造具有时代内涵的全球公共产品——"共建'一带一路'：历史启示与时代机遇"国际研讨会综述	车海刚 张玉雷	中国发展观察	2015年1月20日

主要结论	◇ 把经济繁荣作为现代丝绸之路建设的坚实基础，强化金融的支撑作用，扩大本币互换和结算，发挥金融对贸易的重要支持作用，研究建立较高水平的贸易投资机制，营造公平公正、稳定透明的通商合作环境，提升经贸合作层次。 ◇ 把文化包容作为现代丝绸之路建设的必要前提，把可持续发展作为现代丝绸之路建设的根本保障。 ◇ 把设施联通作为现代丝绸之路建设的物质技术条件和突破口。 ◇ 关注地区安全，消除不稳定因素的影响。 ◇ 拓展已有的双边和多边合作机制。 ◇ 通过更紧密的、"双赢"的模式实现"一带一路"这条经济纽带的可持续发展。 ◇ 推进智库之间、智库与政府部门、智库与企业等合作的机制化建设，共建"一带一路"智库国际合作网络。

题名	作者	文献来源	发表时间
构建"一带一路"需要优先处理的关系	李向阳	国际经济评论	2015年1月27日

主要结论	（1）问题 ◇ 作为市场经济的主体，企业（尤其是外资和外国企业）没有动力为了实现国家战略目标而牺牲自身利益。 ◇ 地方政府在外交决策权上的博弈，对"一带一路"导向（促改革，对外开放）的误解，不考虑自身的比较优势。 （2）建议 ◇ 为构建"一带一路"，中国需要处理一系列全新的问题，包括政府与企业的关系，中央政府与地方政府的关系，历史与现实的关系一，利用现有比较优势与开发新优势的关系，经济合作与非经济合作的关系，以及机制化合作与非机制化合作的关系等。

题名	作者	文献来源	发表时间
"一带一路"战略实现机制	陈耀 汪彬 陈梓	中国国情国力	2015年3月7日

主 要 结 论	（1）"一带一路"倡议实施的基本思路 ◇ 先易后难、先重后轻。 ◇ 分层分类、循序渐进。 （2）需建立健全的四个机制 ◇ 有效的协调合作机制，以多边的利益需求为出发点，从以商品、能源交易为主体的经济合作形式，转变为以经贸合作为核心、以社会文化交流为辅助的全方位合作交流。 ◇ 多边金融保障机制，广泛利用多边金融机构，在亚投行和丝路基金的基础上，通过发行丝路债券、金融租赁等手段，吸引国际金融机构、项目东道国金融机构参与建设，形成多边协作的资金筹集机制，运用公共私营合作制（简称PPP）创新模式。 ◇ 全面的内外资源整合机制。 ◇ 和谐的人文科技交流机制。 （3）应注意把握的问题 ◇ 长远期目标结合。 ◇ 把我国的愿景与沿线国家的诉求结合起来。 ◇ 把政府的作用与市场机制结合起来，遵循市场规律，发挥企业的主体功能。 ◇ 把中央与地方两个积极性结合起来，明确各地的定位与空间布局。 ◇ 把对外发展援助与风险控制结合起来，审慎论证对外项目。

题名	作者	文献来源	发表时间
大胆设想需要认真落实 "一带一路"亟待弄清和 论证的几大问题	贾庆国	人民论坛	2015年3月20日

主要结论

（1）问题

◇ 向西、向南建设丝绸之路经济带经济效益的论证有待深入，沿途地缘政治安全状况要引起重视。

◇ 合理区分向东、向南、向西开放的重点，向东开放的重点在于推动国内经济的转型和升级，而向西、向南开放的重点在于发展国家西、南两个区域的经济，实现国家经济发展的再平衡。

（2）建议

◇ 通过走出去，对外输出资金、技术和管理经验，推动周边国家的发展和繁荣，从而带动中国自己的经济转型升级和区域发展再平衡，推动以中国经济为中心的地区经济一体化。

◇ 确定"一带一路"发展的具体线路时要充分考虑重要的相关因素，如经济效益、道路安全、地缘政治等。

◇ 鼓励民营资本参与，从制度上保证这一轮对外开放有序进行，积极争取相关国家的合作和投入。

续表

题名	作者	文献来源	发表时间
"一带一路"对外传播需要把握的十对关系	寇立研 周冠宇	对外传播	2015年3月22日

主要结论	（1）"一带一路"对外传播需把握的十对关系 ◇ 民心相通与其他"四通"的关系、内宣与外宣的关系、沿线与非沿线的关系、"一带"与"一路"的关系、点与线的关系、对外传播与务实合作的关系、对外传播与对外交往的关系、交锋与交流的关系、分工与协作的关系、当前与长远的关系。 （2）建议 ◇ "一带一路"的解读与宣传在国内可以遵循区域发展规划的某些既有方式方法，而在国际社会只能以合作共赢理念去阐释。 ◇ 对外传播还必须考虑到"一带一路"虽不直接与非沿线国合作，但它种种"外溢效应"涉及非沿线国，推进过程会很大程度上改变相关地区的能源、资源、货物、货币流向，会通过丝路基金、基础设施投资银行等影响国际和地区机制，对外传播工作绝不能只限于沿线，而要有更大视野和统筹。 ◇ 要在"一带一路"沿线有所侧重地培育传播支点国家和地区。

题名	作者	文献来源	发表时间
中国"一带一路"战略定位的三个问题	储殷 高远	国际经济评论	2015年3月27日

主要结论	◇ "一带一路"在定位上仍然存在着三个有待进一步厘清的问题，包括："一带一路"是全球性的还是区域性的？"一带一路"应以多重双边伙伴关系为基础还是应以跨区域整合为基础？"一带一路"倡议应以西北方向为优先还是应以东南方向为优先？ ◇ 这一倡议在本质上还是区域性的，其推进必须以多重双边伙伴关系为基础。 ◇ 就目前的具体政治形势与经济形势来看，"一带一路"倡议开拓西北面临更大的不确定性。

题名	作者	文献来源	发表时间
理性推进"一带一路"建设	周密	中国国情国力	2015年4月7日

主要结论	（1）"一带一路"发展面临的内外形势 ◇ 全球需求复苏仍待时日。 ◇ 地缘政治引发冲突频现。 ◇ 恐怖主义负面影响加强。 ◇ 域外因素相互影响形成的复杂局面。 ◇ 区域经贸合作需要整合。 （2）建议 ◇ 协同各方，找出区域合作最大公约数。 ◇ 行胜于言，尽早启动实现合作实效。 ◇ 聚沙成塔，通过价值链重构优化资源配置。 ◇ 逐步融合，促进现有区域合作规则相融合。 ◇ 综合配套，引导各方协作促进发展。

题名	作者	文献来源	发表时间
开放包容 共商共建 扎实推进"一带一路"经贸合作	高虎城	时事报告（党委中心组学习）	2015年4月15日

主要结论	◇ "一带一路"倡议的时代背景和重大意义："一带一路"倡议顺应国内外发展大势和沿线国家共同期盼，将促进我国与沿线国家共同繁荣与和平发展。 ◇ "一带一路"倡议的内涵：主要围绕"五通"来开展；坚持开放包容、共商共建、循序渐进。 ◇ 全力落实"一带一路"经贸合作的主要任务：促进贸易稳定增长和结构升级；拓展与沿线国家双向投资；促进基础设施互联互通；深化金融领域合作；提高区域经济一体化水平。

题名	作者	文献来源	发表时间
"一带一路"有利于全球经济增长	高虎城	中国科技产业	2015年4月15日

主要结论	◇ 对于中国而言，"一带一路"有利于形成陆海统筹、东西互济的全方位的对外开放新格局。 ◇ 中国的商业银行机构、保险机构和沿线各国的商业金融机构以及有关基金，都将为"一带一路"的建设提供金融方面的支持。 ◇ "一带一路"的建设不仅有利于中国的发展，也有利于沿线各国和全球经济的增长。

题名	作者	文献来源	发表时间
"一带一路"建设的国际视野、操作重点与影响展望	张可云	中国发展观察	2015年4月20日

主要结论	◇ 谁管问题：在《愿景与行动》出台之前，中央已经成立了以张高丽副总理为组长的"一带一路"建设工作领导小组。但这只是国内的协调机构，未来可尝试建立国际综合协调机构。 ◇ 管谁问题："一带一路"建设是中国对外开放的具体举措，是一个举国战略，因此不存在将哪些省份排除在外的问题。但是，"一带一路"连通哪些国家，目前还不可能确定，而且所涉及的国家范围不会是固定不变的，随着建设进程的推进会发生变化，这正是国内公布《愿景与行动》而非"一带一路"规划的原因。 ◇ 咋管问题：《愿景与行动》提出，合作"以政策沟通、设施联通、贸易畅通、资金融通、民心相通为主要内容"，并提出了合作机制与中国各地方的对外开放方向，但具体的政策工具尚未完全明确。 ◇ 管效问题：目前，只能对"一带一路"建设进行事前评价，中期与事后评价工作尚不到时候。对如此重大的行动，建立评价机制是必需的，但《愿景与行动》并未提及评价机制问题。建立"一带一路"科学评估机制，是未来的工作重点之一。

题名	作者	文献来源	发表时间
"一带一路"与欧亚经济联盟合作空间巨大	周密	中国经济周刊	2015年5月11日
主要结论	（1）问题 ◇ 俄白哈三个国家之中，俄罗斯地域最为辽阔，能源产业和重工业相对实力较强；哈萨克斯坦的采矿业和加工工业比较集中；白俄罗斯则在机械制造业、化学和石化工业等领域力量较强。 ◇ 相比而言，俄白哈三国的其他产业相对较弱，对通过国际贸易实现要素互补的需求，需要更多层面、更广阔范围的互联互通。 ◇ "一带一路"倡议的实施即伴随着国际分工的调整和要素的优化配置。 （2）建议 ◇ 加强制度性安排，推进务实合作：制度性经贸协定的安排会以更为明确的方式，为解决企业投资过程中遭遇的壁垒和其他障碍提供解决问题的渠道，通过明确的争端解决机制维护相关方利益，促进市场竞争的良性有序。			

7.3 教育

题名	作者	文献来源	发表时间
"一带一路"与云南高等教育发展的战略选择	段从宇 李兴华	云南行政学院学报	2014年9月15日
主要结论	"一带一路"倡议下云南高等教育发展的战略设计 ◇ 采用集中发展战略，集中云南省高等教育的优势资源，以快于过去的增长速度、增长幅度集中支持某类高等教育的发展。 ◇ 采用同心化战略，以省内211高校和省部共建高校为核心，辅之以省属重点大学的重点扶持，集中发展一批具有较高水准的高等学校。 ◇ 采用复合多样化战略，紧抓教育部滇西扶贫计划契机，集中培育一批与当前高等教育发展有鲜明特色的教育类型。走开放型高等教育发展道路，深化云南—东盟高等教育国际合作。 ◇ 推动国际人才培养模式创新，构建多主体政府、高校、社会（行业企业）协同的人才培养新机制。 ◇ 加快区域性高水平大学建设，增强云南高等教育的区域竞争实力。 ◇ 实施国门大学（分布在与国外直接接壤地区的大学）振兴行动计划，提升云南沿边高校国际化发展水平。 ◇ 推动应用技术大学转型，增强地方高校服务区域发展能力。

题名	作者	文献来源	发表时间
"一带一路"背景下试行多元外语教育政策的思考——以新疆地区为例	蔡志全 赵红霞	兵团教育学院学报	2015年2月15日

<table>
<tr><td rowspan="1">主要结论</td><td>

（1）新疆高校外语教育教学存在如下主要问题

◇ 开设外语语种过少，除俄语和日语外，未开设其他传统的主要二外语种。

◇ 除俄语和日语，疆内高校未开设与新疆有密切经贸文化往来的周边国家的实用小语种教学。

◇ 新疆的外语专业研究生硕士点太少，研究方向相对单一，缺少外语专业博士点。

（2）对新疆外语教育的思考和建议

◇ 在新疆成立省级专门机构，负责新疆区域的外语教育政策调研、考察、制定、调整和监督等工作，使新疆的外语教学在遵循国家教育政策的前提下，更贴近新疆对外语人才培养和需求的实际。

◇ 扩大高校外语教学语种数量，除了增加如法语、德语、西班牙语等传统小语种之外，在有条件的高校开设与新疆经济文化往来密切的小语种。

◇ 在高校实行灵活多元的外语教育模式，加大对小语种人才培养的经费与政策支持，或制定小语种学习鼓励政策。

◇ 尝试推广外语人才尤其是小语种人才培养的复合模式。

◇ 加大对新疆高校外语学科和学位点的建设力度。

</td></tr>
</table>

续表

题名	作者	文献来源	发表时间
"一带一路"战略的人才支点	刘秋萍	人才资源开发	2015年3月23日

主 要 结 论	◇ 要积极选才、努力做好人才储备，逐步建立发挥地方教育资源和外部教育资源优势的立体化人才培养机制，建立人才梯队，打造区域"人才供应链"。 ◇ 要寻求乡土人才开发的新突破，逐步将培养目标和地方需求接轨，注重引才和育才的衔接。 ◇ 树立人才终身教育的观念，通过多种方式，对战略所需各类人才进行再教育，不断充电、更新知识，保持人才的"新鲜度"，尽快把人口资源和人力资源优势转化成经济和科技优势。

题名	作者	文献来源	发表时间
"一带一路"人文交流：重大意义、实践路径和建构机制	孙存良 李宁	国际援助	2015年3月30日

主 要 结 论	◇ 实现"一带一路"人文交流的方式具有多样性，主要有文化、教育、智库、华人华侨、特色旅游、民间外交、青年交流与合作等。 ◇ 加强制度机制建设，是提升"一带一路"人文交流的必然要求。 ◇ 要进一步建立文化教育部门相关领导定期会晤机制、"一带一路"高级别人文交流对话机制、中外思想库交流合作长效机制，加强人文交流高层磋商机制的建设，建立多层次、多渠道、全方位的旅游合作交流机制。

题名	作者	文献来源	发表时间
建"一带一路"国际智库网络	程国强	环球市场信息导报	2015年4月15日

主要结论	◇ 建立开放型智库网络，统筹利用国内国外智库资源。 ◇ 转变和创新智库国际交流合作方式。 ◇ 建立常态化智库对话、人员交流与合作研究机制。 ◇ 举办"一带一路"国际发展高层论坛。

题名	作者	文献来源	发表时间
"一带一路"建设的语言需求及服务对策	赵世举	云南师范大学学报（哲学社会科学版）	2015年7月15日

主要结论	◇ 建议提升语言服务能力，制定专门的语言规划，加快培养语言人才，创新语言资源开发，构建相应的语言服务体系。

题名	作者	文献来源	发表时间
"一带一路"战略的人才支撑与教育路径	周谷平 阚阅	教育研究	2015年10月15日

主要结论	"一带一路"倡议的教育路径 ◇ 内生路径：强化国际意识与能力；深化课程教学改革；鼓励出国留学和海外实践；加强高校与产业界合作；加强高等教育质量保证。 ◇ 外延路径：加强来华留学教育；开展多层次海外办学。

7.7 文化

题名	作者	文献来源	发表时间
"一带一路"战略产业结构模式（中篇）——丝路影视基地产业集聚带模式	王嘉琦	中国房地产	2015年2月15日

主要结论	◇ 文化金融合作将成为我国文化产业发展的显著特点和重要成果。 ◇ 世界经济复苏乏力，很多国家的经济面临困境时，急需新的经济引擎来拉动世界经济。建议建立"丝路文化金融合作PPP模式""丝路文化金融合作试验区""丝路文化金融合作平台"。

题名	作者	文献来源	发表时间
全球化背景下"一带一路"建设的对外传播	周凯	对外传播	2015年3月22日

主要结论	（1）问题 ◇ 单向度的"灌输式"宣传，缺乏双向互动。 ◇ 美国、俄罗斯和沿线有关国家对"一带一路"建设还存有疑虑。 ◇ "一带一路"沿线国家和地区人民的认同感缺失。 ◇ "一带一路"沿线地域辽阔，地形复杂，人口众多。 ◇ 注重经济，忽略文化传播力。 （2）建议 ◇ 双向沟通，增强"一带一路"建设的吸引力。 ◇ 注重人文关怀，促进合作共赢。 ◇ 开放特色文化，提高国家文化传播力。

题名	作者	文献来源	发表时间
"一带一路"的"三五效应"	王义桅	中国经济报告	2015年5月1日

主要结论	（1）从人类文明史和全球化格局看，"一带一路"伟大倡议肩负三大担当，具有"三五效应" ◇ 五千年未有之变局：推动传统中华文明的转型。 ◇ 五百年未有之变局：推动近代人类文明的创新。 ◇ 五十年未有之变局：推动中国梦的实现问题。 （2）建议 ◇ 中国从融入到塑造全球化，从向世界开放到世界向中国开放的态势转变。 ◇ 中国塑造欧亚一体化，巩固大周边依托。 ◇ 重塑中国全球化战略的比较优势，全面提升中国竞争力。

题名	作者	文献来源	发表时间
"一带一路"需要"有文化"的中国企业	赵磊	当代电力文化	2015年6月15日

主要结论	◇ 中国企业目前可能不缺产品、不缺技术，但文化软实力是中国企业的最大"软肋"。 ◇ 需要国家对参与的中国企业进行分类、分级管理，建立观察名单和黑名单制度。 ◇ 支持有能力的企业做大做强海外业务。 ◇ 鼓励有意愿"走出去"的企业逐步提升能力、树立品牌，并在综合考评的基础上代表中国去落实"一带一路"倡议。

续表

题名	作者	文献来源	发表时间
"一带一路"：基于中华传统文化的国际经济理念创新	王国刚	国际金融研究	2015年7月12日

	主要结论	
主要结论	◇ 充分尊重"一带一路"沿线各国和地区的主权，以平等、合作、互利和共赢为基础，以经济社会发展为导向，以提高这些国家和地区的社会福祉为目标，切实有效地解决它们最为关心的利益问题。 ◇ 以亚投行、丝路基金为先导，充分调动相关国家和地区的各类投资资金，建立相关金融运作机制，在尊重各方权益的基础上，充分发挥市场机制的决定性作用。 ◇ 以交通（高铁、高速公路和海路等）运输设施改善和基础设施建设为抓手，推进相关国家和地区的工业、服务业的有效发展，提高就业水平和就业者的技能，促进它们的经济结构调整优化。 ◇ 以自由贸易区建设为契机，推进相关国家和地区的贸易发展，加快区域经济一体化进程。 ◇ 以关注民生为基础，推进教育、卫生、文化、养老、健康和体育等产业的发展，促进沿线国家和地区的经济社会和谐发展。

题名	作者	文献来源	发表时间
"一带一路"建设与跨文化传播	陈力丹	对外传播	2015年10月22日

主要结论	跨文化传播中需注意 ◇ 对外传播方式有待进一步创新。 ◇ 需多研究外国人看待中国的视角和传播心理。

题名	作者	文献来源	发表时间
"一带一路"战略与新时期我国的对外开放	刘华芹	服务外包	2015年12月5日
主要结论	◇ 在人文交流方面我国有所欠缺，这不仅影响了经贸合作的推进，也造成了一定不利影响，未来我们推进国际经济合作需要补足短板，提升我们的软实力。 ◇ 人文交流主要涉及两个层面：一个是政府层面，另一个是民间层面。在政府层面要实现政策沟通，以求同存异原则推动区域合作，在政策和法律上开绿灯。在民间层面要实现民心相通，增进民间的相互了解与友谊，奠定合作的民意基础。		

题名	作者	文献来源	发表时间
美国对中国"一带一路"倡议的认知与反应	马建英	世界经济与政治	2015年10月14日

主要结论	美国官方则对"一带一路"倡议采取了选择性回应 ◇ 一方面，从整体上对该倡议进行"冷处理"，官员较少公开提及甚至有意淡化其积极意义。 ◇ 另一方面，在需要借助于中国的特定领域，则表达了谨慎的欢迎与合作态度。

题名	作者	文献来源	发表时间
有关"一带一路"的几个关键性问题	赵磊	理论研究	2015年10月25日

主要结论	（1）问题 ◇ 政治安全不稳定。欧亚大陆的腹地是全世界最不稳定的地区之一，政治上能否实现安全稳定是影响"一带一路"建成的关键因素。 ◇ 经济差异极大。丝路各国在经济发展中的差异极大，如何防止各国共同合作变成中国单纯的输血，"如何在中国出钱时，各国能够出力"将是丝绸之路能否取得成功的关键因素。 （2）建议 ◇ 中国的外交话语体系应该更为清晰。 ◇ 在"一带一路"建设中，中国应该尝试自信地展示中国的利益诉求和困惑。

7.9 安全

题名	作者	文献来源	发表时间
"一带一路"战略的安全挑战与中国的选择	刘海泉	太平洋学报	2015年2月15日

主要结论	（1）问题 ◇ 以大国政治博弈、领土和岛屿争端以及区域内个别国家政局动荡为主的传统安全挑战。 ◇ 以恐怖主义、海盗以及跨国有组织犯罪为主的非传统安全威胁。 （2）建议 ◇ 为应对安全风险，中国除了发展自身力量外，还需要贯彻"三个重视"，即重视合作中提供安全公共产品、重视美国与俄罗斯的利益关切和重视巴基斯坦的"支点"作用。

题名	作者	文献来源	发表时间
中国"一带一路"战略安全环境中"疆独"问题影响评估	马丽蓉	国际观察	2015年5月15日

主要结论	◇ 通过恐怖活动来破坏新疆地区安定以分裂新疆是"东突"组织的政治图谋，而将"疆独"问题国际化一直是其获取外部支持的重要手段。 ◇ "东突"采取"一文一武、两线作战"的方式，一方面在美国等西方大国塑造非暴力的"受害者"嘴脸，以博取西方某些大国的支持。另一方面又与基地、IS等在叙利亚、伊拉克等"圣战战场"并肩作战。 ◇ 伊斯兰教主张和平、中正，但自伊斯兰教诞生以来就存在极端主义思想、行为及其派别，尤其是"9·11"后在美国全球反恐威压下，伊斯兰极端主义又沉渣泛起。 ◇ "疆独"的根源主要包括"美国因素""中东因素"和"日本因素"。

续表

题名	作者	文献来源	发表时间
"一带一路"面临的非传统安全挑战	王义桅 郑栋	开放导报	2015年8月8日

主要结论	（1）问题 ◇ 经济安全 从短期来看，需警惕全球货币政策分化的风险。 ◇ 环境安全 "一带一路"许多沿线国家生态环境脆弱，一旦发生环境破坏，影响范围很广。 ◇ 颜色革命 "一带一路"建设面临着当地复杂多变的政治局势。 （2）建议 ◇ 评估信息安全。结合沿线国家特点，对信息交换进行分析认证，寻找出信息易被泄露的薄弱环节，有选择性地加强监管。 ◇ 建构信息体制。应该集合内外情况进行合理的成本分析，力求能够建立时效性强、覆盖面广、参与程度高的信息安全监管体制，并及时予以周期性检测更新。 ◇ 加强沟通交流。同相关国家政府进行坦诚沟通，增强彼此之间的政治互信，以求在上层机制设计方面获得支持。企业之间的沟通，社会和民众的沟通也都应纳入沟通范畴。

续表

题目	刊登媒体名称	日期	主题
"一带一路"，APEC涌动新机遇	人民日报	2014年11月8日	APEC会议中的诸方观点

主要观点	◇ "一带一路"战略受到广泛赞誉。 ◇ 中国方案改善周边国家的经济状况。 ◇ 中国方案着眼于未来。

题目	刊登媒体名称	日期	主题
青岛打造"一带一路"门户城市	人民日报（海外版）	2014年11月15日	青岛的战略定位和行动

主要观点	◇ 要抓住青岛优势，打造"一带一路"双向开放的桥头堡。 ◇ 建设东亚海洋合作平台，构筑"一带一路"经贸合作枢纽。 ◇ 贯通"青新欧"跨国货运铁路直达通道，推动"丝绸之路经济带"向东部延伸。 ◇ 将青岛建成北方门户，与丝路周边国家合作。

题目	刊登媒体名称	日期	主题
西安主动融入"一带一路"大格局	人民日报（海外版）	2014年11月28日	西安关于"一带一路"的措施

主要观点	◇ 打造"一高地六中心"。 ◇ 搭建多方位合作平台。 ◇ 加快建设丝路自贸区。 ◇ 构建西安大旅游格局。 ◇ 国际交往打出"西安牌"。

续表

题目	刊登媒体名称	日期	主题
先行先试打造丝路新起点	人民日报（海外版）	2014年12月5日	专访陕西省委书记赵正永

主要观点	◇ 搭建交流合作平台。 ◇ 深化金融投资合作。 ◇ 西安（咸阳）国际机场口岸已实现"72 小时过境免签"。 ◇ 举办了欧亚经济论坛金融合作会议和西安（浐灞）金融高峰论坛。 ◇ 开展文化艺术交流。 ◇ 积极倡导丝绸之路经济带沿线 9 个国家共同发布《共建丝绸之路经济带西安宣言》。 ◇ 坚持以交通促交流，着力构建联通中亚的铁路、公路、航空交通网络。 ◇ 正建设以"汉风古韵"为主题的丝绸之路历史文化旅游区，编排大型歌剧《张骞》，并与文化部共同打造首届（西安）丝绸之路国际电影节。

题目	刊登媒体名称	日期	主题
中国"一带一路"外交全面推进	人民日报（海外版）	2014年12月15日	评价李克强的欧亚之行

主要观点	◇ 李克强总理出席上合组织成员国政府首脑理事会，主要是将丝绸之路经济带与上海合作组织实现对接。 ◇ 从水路而言，大湄公河次区域经济合作，是连接陆上丝绸之路与海上丝绸之路的桥梁。 ◇ 欧洲是"一带一路"的终点站，中东欧是联系亚欧的纽带，也是"一带一路"从亚洲延伸到西欧的桥头堡。

题目	刊登媒体名称	日期	主题
边境合作助力"一带一路"建设	人民日报	2014年12月29日	边境安全的重要性

	主要观点
主要观点	◇ 边境和平稳定、经济合作、互联互通是"一带一路"的重要推动因素。 ◇ 加大跨境基础设施建设，也要致力软件建设。

题目	刊登媒体名称	日期	主题
丽江 把"窗口"开得更大	人民日报（海外版）	2015年1月13日	推进丽江融入"一带一路"

主要观点	◇ 要培育发展大生物产业。 ◇ 要培育发展大旅游产业。 ◇ 要培育发展大能源产业。 ◇ 要培育发展大服务产业。

题目	刊登媒体名称	日期	主题
加速融入"一带一路"战略 争当现代农业国际合作"排头兵"	人民日报	2015年1月19日	杨凌在"一带一路"中的定位

主要观点	◇ 杨凌示范区正在全力打造丝绸之路经济带现代农业国际合作中心。 ◇ 打造国际农业合作平台。 ◇ 推进农业重点领域合作。 ◇ 建设农业科技创新中心。 ◇ 推动现代农业产业化合作。

题目	刊登媒体名称	日期	主题
"一带一路"互联互通先要"心通"	人民日报	2015年1月26日	对互联互通的思考

主要观点	◇ 互联互通是设施硬件、制度软件和情感紧固件三位一体的综合工程。 ◇ 互联互通也要把握好尺度，否则过犹不及。

题目	刊登媒体名称	日期	主题
云南八千里边境 全力保障"一带一路"	人民日报（海外版）	2015年2月3日	云南融入"一带一路"

主要观点	◇ 加快通关速度，提高通关服务。 ◇ 加快瑞丽边检站的口岸建设。 ◇ 实现通关"零等待"。

题目	刊登媒体名称	日期	主题
谁持彩练当空舞	人民日报	2015年2月4日	"一带一路"的进展情况

主要观点	◇ 蒙古南段铁路与中国同轨。 ◇ 中国、印度、新加坡决定筹办亚投行。 ◇ 喀什综合保税区建成。 ◇ 商议建成中泰铁路。 ◇ 与沿线国家签署"一带一路"合作协议。

题目	刊登媒体名称	日期	主题
当好云南建设"一带一路"战略支点的先行者	人民日报	2015年2月12日	云南在"一带一路"中的建设

主要观点	◇ 把昆明建设成为全国重要的区域性国际交通枢纽和区域性国际物流中心。 ◇ 大力发展战略性新兴产业、先进制造业、现代服务业、现代农业，尽快形成结构优化、功能完善、附加值高、竞争力强的现代产业体系。 ◇ 积极参与孟中印缅经济走廊、大湄公河次区域合作、滇印合作以及云南与越北、老北、缅北合作等机制。 ◇ 办好南博会、昆交会、旅交会等国际会展和对外合作交流平台，加快昆明综合保税区、保税物流中心申报建设。 ◇ 滇中城市经济圈作为全国"两横三纵"城市化战略格局的重要组成部分。

题目	刊登媒体名称	日期	主题
经贸往来频繁，谋建"一带一路"门户城市	人民日报（海外版）	2015年2月12日	青岛在"一带一路"中的行动

主要观点	◇ 青岛与"一带一路"沿线国家贸易互补。 ◇ 青岛与东南亚、中东、非洲、新加坡开展合作。 ◇ 青岛欲打造"一带一路"综合枢纽城市，主要功能是要"面向韩日、辐射东南亚、路连中亚欧"，力争到2020年基本建成，规划打造双向开放桥头堡、海上合作战略支点、经贸合作枢纽、深远海综合保障服务基地四大功能载体。

续表

题目	刊登媒体名称	日期	主题
"一带一路"当注重虚实结合	人民日报	2015年2月13日	对"一带一路"的思考

主要观点	◇ 实现五通要虚实结合，既要加强与周边国家的沟通，又要推动亚投行、丝路基金等项目。

题目	刊登媒体名称	日期	主题
"一带一路"助孔子学院高飞	人民日报（海外版）	2015年2月17日	孔子学院与"一带一路"的关系

主要观点	◇ 孔子学院不是为"一带一路"而生，但客观上为沿线国家的民心相通作了铺垫。 ◇ "一带一路"建设将为孔子学院再次腾飞插上一双翅膀。

题目	刊登媒体名称	日期	主题
让云南走向开放更前沿	人民日报（海外版）	2015年3月10日	云南响应"一带一路"的建设

主要观点	◇ 基础建设先行，修建高铁。 ◇ 加快"五网"（路网、航空网、能源网、水网、互联网）建设。 ◇ 升级南博会。 ◇ 利用边境优势。 ◇ 提高通关效率。 ◇ 创新跨境金融服务。

续表

题目	刊登媒体名称	日期	主题
全面推进"一带一路"正当其时	人民日报（海外版）	2015年3月11日	"一带一路"的必要性

主要观点	◇ "一带一路"倡议已得到沿线50多个国家的积极响应和参与。 ◇ 推进"一带一路"已上升到中国国家发展战略的高度，构成中国新一轮改革开放的重要组成部分。 ◇ 中国倡导的合作共赢新理念为全面推进"一带一路"奠定了理论基础。

题目	刊登媒体名称	日期	主题
"一带一路"合作共赢	人民日报	2015年3月11日	如何加强互联互通

主要观点	◇ 以经济走廊为依托。 ◇ 以基础设施为突破。 ◇ 以人文交流为纽带。

题目	刊登媒体名称	日期	主题
"一带一路"根本不同于马歇尔计划	人民日报	2015年3月18日	"一带一路"与马歇尔计划的不同

主要观点	◇ 设计构想不同。 ◇ 根本目的不同。 ◇ 参与方式及参与国所处地位不同。

题目	刊登媒体名称	日期	主题
发挥企业"一带一路"建设主体作用	人民日报	2015年3月24日	企业融入"一带一路"

主要观点	◇ 企业是对外经济合作的市场载体,更是"一带一路"建设的实施主体。 ◇ 鼓励支持民间商会协会等社会组织为企业做好配套服务工作。 ◇ 各级政府部门和金融机构应给予企业更多的政策和资金上的支持。

题目	刊登媒体名称	日期	主题
舆论热议"一带一路" 香港找到更大的"用武之地"	人民日报（海外版）	2015年3月24日	香港融入"一带一路"

主要观点	◇ 香港可以利用"一带一路",发挥自身贸易优势,金融中心优势,为其发展助添动力。

题目	刊登媒体名称	日期	主题
"一带一路"的三重使命	人民日报（海外版）	2015年3月28日	"一带一路"的使命

主要观点	◇ 使命一,探寻后危机时代全球经济增长之道。 ◇ 使命二,实现全球化再平衡。 ◇ 使命三,开创21世纪地区合作新模式。

题目	刊登媒体名称	日期	主题
发挥金融服务实体经济功能，全力支持服务国家战略大局	人民日报	2015年3月30日	金融发展的要求

主要观点	按照"一带一路"建设的实际需求切实提供金融支持路径 ◇ 金融融资杠杆的需求。 ◇ 跨国金融服务的需求。 ◇ 国际金融合作的需求。

题目	刊登媒体名称	日期	主题
"一带一路"最大特点是包容	人民日报（海外版）	2015年3月30日	"一带一路"的包容性

主要观点	包容性是"一带一路"战略的最大特点 ◇ 倡议目的突出包容性。 ◇ 总体思路彰显包容性。 ◇ 实施方案强调包容性。 ◇ 参与主体体现包容性。

题目	刊登媒体名称	日期	主题
《愿景与行动》的20条"干货"都是啥？	人民日报（海外版）	2015年3月30日	《愿景与行动》的解读

主要观点	（1）为何提出"一带一路" ◇ 区域合作。 ◇ 发展战略对接。 ◇ 中国深度融入世界。 （2）"一带一路"是什么 ◇ "一带一路"的本质。 ◇ "一带一路"合作方向。 ◇ 共建国际大通道和经济走廊。 （3）"一带一路"怎么建设 ◇ 政策沟通。 ◇ 设施联通。 ◇ 贸易畅通。 ◇ 资金融通。 ◇ 民心相通。 （4）如何落实 ◇ 制定时间表路线图。 ◇ 促进理解和认同。 ◇ 推进示范项目建设等。

题目	刊登媒体名称	日期	主题
共建"一带一路"共创美好未来	人民日报	2015年3月31日	"一带一路"建设的意义

主要观点	◇ 推进"一带一路"建设将推动中国构建全方位开放新格局。 ◇ 共建"一带一路"建设将为中国经济和世界经济提供新动力。 ◇ 共建"一带一路"将为促进亚欧非区域发展和人类和平发展作出重要贡献。 ◇ 共建"一带一路"有利于优化和创新国际合作与全球治理机制。

续表

题目	刊登媒体名称	日期	主题
用心奏响"一带一路"共赢曲	人民日报	2015年4月1日	"一带一路"的建设重要性

主要观点	◇　"一带一路"有利于将区域国家凝聚起来，充分挖掘各自的潜力，实现优势互补。 ◇　"一带一路"有利于深化不同国家之间的人文交流，深化友谊。 ◇　"一带一路"有利于加强区域国家之间的经贸合作。

题目	刊登媒体名称	日期	主题
"一带一路"的朋友圈	人民日报（海外版）	2015年4月9日	"一带一路"的成长之路

主要观点	◇　"一带一路"受到沿线国家和世界各国的欢迎。 ◇　"一带一路"的潜力巨大。 ◇　加强基础设施建设及产业投资是"一带一路"的战略需求。

题目	刊登媒体名称	日期	主题
"一带一路"为旅游业添把火	人民日报（海外版）	2015年4月10日	"一带一路"沿线的旅游

主要观点	◇　丝路之美可说是举世公认。丝绸之路汇聚了世界上最精华的旅游资源，沿线分布着80%的世界文化遗产；涉及60多个国家、44亿人口，因而也被视为世界上最具活力和潜力的黄金旅游之路。"一带一路"将为推动沿线各国旅游合作发展提供新构想和新路径。

题目	刊登媒体名称	日期	主题
"一带一路",参与意味着责任	人民日报	2015年4月16日	"国家行动"的解释

主要观点	◇ 一项区域发展规划一旦上升为国家行动,就被赋予了国家使命和国家责任。

题目	刊登媒体名称	日期	主题
共绘互利共赢蓝图	人民日报	2015年4月17日	"一带一路"专题吹风会

主要观点	◇ "一带一路"受到各国使节的赞同,并表示政府和企业有参加意愿,期待与中国的合作。

题目	刊登媒体名称	日期	主题
"一带一路"建设向所有国家开放	人民日报(海外版)	2015年4月17日	"一带一路"专题吹风会

主要观点	◇ "一带一路"对所有国家开放。一方面希望发达国家和地区的企业能在中国发展更好;另一方面也希望将对外开放扩大到发展中国家和新兴经济体。

续表

题目	刊登媒体名称	日期	主题
四大战略助力陕西融入"一带一路"	人民日报（海外版）	2015年4月17日	"一带一路"下西安的计划

主要观点	◇ 尽快组建大西安。 ◇ 发展大关中城市群。 ◇ 着力打造六大中心。 ◇ 面向丝路经济带调结构。

题目	刊登媒体名称	日期	主题
"一带一路"激发城市活力	人民日报（海外版）	2015年4月20日	"一带一路"节点城市的计划

主要观点	◇ 三亚：加快国际精品旅游城市建设。 ◇ 西安：撑起内陆型开放新高地。 ◇ 广州：建设国际航运中心。 ◇ 郑州：大枢纽"东联西进"。 ◇ 乌鲁木齐：发展面向中亚交通枢纽。 ◇ 泉州：碧海丝路起云帆。 ◇ 哈尔滨：打造对俄中心城市。

题目	刊登媒体名称	日期	主题
"一带一路"让亚非合作进入2.0时代	人民日报（海外版）	2015年4月22日	"一带一路"推动中非合作

主要观点	◇ "一带一路"将有效整合现有资源。 ◇ "一带一路"将构建立体合作框架。 ◇ "一带一路"将为南南合作注入新鲜血液。

题目	刊登媒体名称	日期	主题
"一带一路"助力蓉城出海	人民日报（海外版）	2015年4月23日	成都在"一带一路"中的规划

主要观点	◇ 作为中巴合作的重要城市和样板。 ◇ 利用区位优势，建成西部的国际化大都市。 ◇ 成为创业人才聚集的平台。

题目	刊登媒体名称	日期	主题
中国装备沿"一带一路"加速前行	人民日报（海外版）	2015年4月29日	"一带一路"中的中国装备

主要观点	◇ 国际市场看好中国装备。 ◇ 成本优势颇具竞争力。 ◇ 政策发力推进合作共赢，建立多边合作机制。

题目	刊登媒体名称	日期	主题
陕西强化"一带一路"战略实施	人民日报（海外版）	2015年5月1日	陕西与"一带一路"的策略

主要观点	◇ 在自贸区的建设上要形成南北呼应、东西联动的格局。目前自贸区都在东部，建议设立丝绸之路经济带陕西自由贸易区，把西部补齐。 ◇ 加强丝绸之路经济带文化、金融合作发展，建议设立丝绸之路经济带文化金融合作试验区，以此体现习总书记提出的"五通"中的"文化先行"，通过文化的交流实现民心相通。 ◇ 设立丝绸之路经济带文化产业发展基金，可以设在丝路基金的框架下，也可独立设置，以此来为沿线国家文化金融公共服务的设施建设以及重大的文化产业区域合作项目提供支持。

题目	刊登媒体名称	日期	主题
扬帆"一带一路",金融奋楫者先	人民日报	2015年5月7日	"一带一路"中的金融

	主要观点
主 要 观 点	◇ "引进来"和"走出去"相结合,既要积极推动中国金融机构走出去,也要大力吸引沿线国家企业走进中国金融市场。 ◇ "先予"和"后取"相结合,短期内给予金融助力,长期内取得沿线国家对中国"更认同、更亲近、更支持"的良好效果。 ◇ 发展与安全相结合,在谋发展、求共赢的同时,完善安全应对措施,加强安全保障工作。 ◇ 利益共享和金融合作相结合,促进沿线国家实体经济与中国资本市场深度融合,在共赢模式下切实提升金融影响力。 ◇ 宏观目标和微观利益相结合,让宏观战略的推进拥有坚实的微观基础。 ◇ 整体推进和机动灵活相结合,全面加强与沿线国家的金融互动,根据多重分化的区域特征区别对待。

题目	刊登媒体名称	日期	主题
"一带一路",激活区域发展潜力	人民日报	2015年5月14日	"一带一路"区域发展的作用

	主要观点
主 要 观 点	◇ 互利共赢是"一带一路"的重要原则。 ◇ 从国际政治的视角来看,500多年来,大国之间的关系不是对抗就是竞争,往往因局部矛盾和摩擦,引发大规模乃至世界范围的战争,给人类带来深重的灾难。 ◇ 对区域发展来说,中国推进"一带一路"建设有利于激活区域发展潜力。

题目	刊登媒体名称	日期	主题
生逢其时的"一带一路"	人民日报（海外版）	2015年5月14日	"一带一路"的进展

主 要 观 点	◇ "一带一路"传承了2000多年的历史。 ◇ "一带一路"由中国倡议，得到世界各国的支持关注。 ◇ 中国与沿线国家加强务实合作，中白（白俄罗斯）工业园是构建丝绸之路经济带的标志性工程。 ◇ 中巴（巴基斯坦）经济走廊是"一带一路"旗舰项目。 ◇ 中方高度重视联通中国和孟加拉国、缅甸、老挝、柬埔寨、蒙古国、塔吉克斯坦等邻国的铁路、公路项目，将在推进"一带一路"建设中优先部署。

题目	刊登媒体名称	日期	主题
四川"四箭齐发"积极融入"一带一路"	人民日报	2015年5月15日	四川融入"一带一路"的规划
主要观点	（1）提升四川融入"一带一路"的粘合力 ◇ 向西，建设成兰铁路和兰渝铁路。 ◇ 向北，西成客专快速推进。 ◇ 向南，成贵铁路和成昆线扩能改造工程全面动工。 ◇ 空中，成都至莫斯科航线开通后，成都双流国际机场国际航线增为82条。 （2）提升四川融入"一带一路"的承载力 ◇ 建设四川天府新区、绵阳科技园区，提升四川融入"一带一路"的互动力。 ◇ 海外布局轨道交通生产基地。 ◇ 建设临空临港产业。 ◇ 发展文化旅游。 （3）走出去+引进来：提升四川融入"一带一路"的互动力 ◇ 在"一带一路"沿线中，筛选20个具有较大产业和贸易比较优势的国家，实施重点开拓、深度开拓。 ◇ 在20个重点国家中，优选50个"双向"投资重大项目，实施重点跟踪、强力促进。 ◇ 在全省现有近1万家外经贸企业中，精选100家与"一带一路"沿线有较好贸易投资基础的重点企业，实话重点引导、形成示范。 （4）提升四川融入"一带一路"的竞争力 ◇ 学习自贸区发展模式。 ◇ 支持科技型中小微企业。 ◇ 改革工商注册制。

题目	刊登媒体名称	日期	主题
三门峡：奋力打造"一带一路"名副其实的节点城市	人民日报	2015年5月17日	三门峡融入"一带一路"建设

主要观点	
◇	"大通关"铺就了对外开放"高速路"。
◇	"大交通"为转型发展提供硬件支撑，将三门峡建成全省重要交通枢纽。
◇	"大商贸""大旅游"提升了三产层次和水平。

题目	刊登媒体名称	日期	主题
青岛为"一带一路"寻亲探路	人民日报（海外版）	2015年5月21日	"一带一路"中青岛的战略要求

主要观点	
◇	青岛与毛里求斯的渔业发展合作密切。
◇	青岛与塞舌尔维多利亚市建立友好城市。
◇	在基础设施和交通方面，青岛与各个国家合作需求广泛。
◇	青岛企业也积极拓展海外业务，完善战略协议。

题目	刊登媒体名称	日期	主题
互联网+：让"一带一路"飞起来	人民日报	2015年5月22日	互联网与"一带一路"关系

主要观点	
◇	"一带一路"也是互联网上的"一带一路"。
◇	布局"一带一路"，中国跨境电商企业正在积极行动。
◇	"互联网+"助推"一带一路"加速前进。

题目	刊登媒体名称	日期	主题
"一带一路"开启海关国际合作新时代	人民日报（海外版）	2015年5月29日	中国海关总署在西安举办"一带一路"海关高层论坛

主要观点	中国海关与沿线海关的努力方向 ◇ 用标准融合衔接互联互通。 ◇ 用贸易便利提升互联互通。 ◇ 用安全高效维护互联互通。 ◇ 用科技创新支撑互联互通。 ◇ 用能力建设保障互联互通。 ◇ 用开放合作促进互联互通。

题目	刊登媒体名称	日期	主题
开放包容的"一带一路"	人民日报（海外版）	2015年6月1日	"一带一路"的理念

主要观点	◇ 经济合作，要推动不要主导。 ◇ 文明交流，要开放不要偏见。 ◇ 诚意共赢，要合唱不要独唱。

题目	刊登媒体名称	日期	主题
服务"一带一路"加快开放创新	人民日报	2015年6月1日	"一带一路"与期货产品

主要观点	◇ "一带一路"沿线国家，金融合作潜力巨大。 ◇ 开发有色金属板块，大宗商品期货，符合"一带一路"沿线特点。 ◇ 期货产品，一是可参与，二是可交割，三是可覆盖，四是可拓展，五是可合作。

题目	刊登媒体名称	日期	主题
"一带一路",电视节目怎么做	人民日报	2015年6月4日	采访新疆电视台台长杨洪新

主要观点	◇ 播出汉语、维吾尔语、哈萨克语三种语言的节目。 ◇ 策划一批具有新疆风土人情的特色节目,来源生活,感染观众。

题目	刊登媒体名称	日期	主题
打造"一带一路"样板工程	人民日报	2015年6月4日	"中巴经济走廊"国际学术研讨会

主要观点	◇ 中巴经济走廊不仅是连接丝绸之路经济带和21世纪海上丝绸之路的重要桥梁,它也将中国同阿拉伯海和波斯湾连接起来。 ◇ 安全合作和经济合作相辅相成,相互促进。 ◇ 通过"先予"实现"富巴","富巴"方能促进"安邻",最终实现互利共赢。 ◇ "先予",为中国企业与巴基斯坦共同开发奠定了坚实的基础,而后中国应加快实施"走出去"战略,鼓励和引导中国企业"走出去",扩大对巴基斯坦的投资并开展跨国经营。

题目	刊登媒体名称	日期	主题
青岛沿"一带一路"拓展商路	人民日报(海外版)	2015年6月4日	青岛企业走出去

主要观点	◇ 青岛与柬埔寨合作建设西哈努克港口,与斯里兰卡、捷克等国都有合作。 ◇ 沿着"一带一路",青岛企业加快对外投资,在能源矿产等领域寻求合作。

续表

题目	刊登媒体名称	日期	主题
"一带一路"建设带给韩国机遇	人民日报	2015年6月4日	韩国与"一带一路"的建设

主要观点	◇ "一带一路"建设不仅聚焦中国的发展，也是以推动中亚地区、东南亚地区基础设施建设为目标的共同发展。 ◇ 中韩双方已形成紧密的产业链和经贸合作。 ◇ 韩国多了一种通往欧洲的方式，也希望参与亚洲国家基础设施的合作。

题目	刊登媒体名称	日期	主题
陕西对接"一带一路"项目实打实	人民日报（海外版）	2015年6月5日	陕西各市在"一带一路"中的定位

主要观点	◇ 西安市将打造丝绸之路经济带新起点。 ◇ 汉中市打造丝绸之路经济带的重要源头。 ◇ 安康市拥有与海上丝绸之路联通的优势。 ◇ 商洛、咸阳、渭南、宝鸡四市抱团打造关天经济区，沿着陇海铁路直接向东西方向发展。 ◇ 延安和榆林两市拥有雄厚的煤炭、油气等资源以及较强的生产能力，具有将来参与到西部开发的能源优势。 ◇ 西安正在积极申报自贸区，汉中市想要打造丝绸之路经济带的重要源头，煤炭重镇榆林则希望通过"一带一路"建设，释放产能，升级产业。

题目	刊登媒体名称	日期	主题
分步推进的"一带一路"	人民日报（海外版）	2015年6月8日	"一带一路"分层次的推进路径

	◇ "一带一路"的推进是分阶段、分步骤的，先搭框架，继而形成共识，然后是具体项目跟进。 ◇ 第一阶段搭框架：互联互通最活跃；产业合作落地多。

题目	刊登媒体名称	日期	主题
农业走出去借力"一带一路"	人民日报（海外版）	2015年6月8日	"一带一路"中的农业合作

主要观点	◇ 与"一带一路"沿线国家开展农业合作，确保粮食安全。 ◇ "一带一路"正是中国推进农业对外投资、重塑国际农业规则、维护全球市场稳定的有利契机。

题目	刊登媒体名称	日期	主题
加快转型升级，融入"一带一路"	人民日报	2015年6月10日	林毅夫对"一带一路"的观点

主要观点	◇ 在2015年到整个"十三五"期间保持7%左右甚至以上的经济增长是完全有可能的。 ◇ 地方参与"一带一路"战略，最终落脚点应该在产业升级上。 ◇ 失去比较优势的产业应该尽快转型或者走出去。 ◇ 坚持市场导向、政府支持、企业自愿的原则，尊重经济规律，不能搞一拥而上、一哄而散。

题目	刊登媒体名称	日期	主题
"一带一路"：实现百年梦想的重大部署	人民日报	2015年6月11日	"一带一路"的战略意义

主要观点	◇ "一带一路"战略的实施将有效盘活国内生产要素、优化经济空间格局、拓展国际市场，从而为我国经济中高速增长提供持续动力。 ◇ 实施"一带一路"战略，对我国各个地区、沿线国家乃至全球经济发展都大有裨益，极大扩张海外市场。

续表

题目	刊登媒体名称	日期	主题
"一带一路"传递生态理念	人民日报	2015年6月12日	"一带一路"与生态问题

主要观点	◇ 在环保问题上,中国积累了大量的教训和经验。 ◇ 中国在区域内实现了绿色发展。 ◇ 中外民间环保进入到新的阶段。

题目	刊登媒体名称	日期	主题
"一带一路"深化波中合作	人民日报	2015年6月17日	访波兰外长格热戈日·谢蒂纳

主要观点	◇ 波兰政府支持本国企业参与"一带一路"建设。 ◇ 波兰与中国交通联系密切。 ◇ 波兰视中国为影响力不断扩大的全球性大国。

题目	刊登媒体名称	日期	主题
青岛:做"一带一路"上的实干派	人民日报（海外版）	2015年6月18日	青岛建设"一带一路"的规划

主要观点	◇ "一带一路"沿线国家领导密集访问青岛,青岛在基础建设和园区方面与外国合作密切。 ◇ 青岛将会建成贸易枢纽城市,实现海陆空联通联运。 ◇ 青岛与沿线城市开展合作,青岛企业积极拓展海外业务。

题目	刊登媒体名称	日期	主题
看好青岛"一带一路"枢纽位置	人民日报（海外版）	2015年6月18日	青岛与澳大利亚南澳洲的合作

主要观点	◇ 青岛与南澳州交流合作广泛而密切，在农业综合领域与旅游业中积极开展合作。

题目	刊登媒体名称	日期	主题
"一带一路"引领共同繁荣的雁阵	人民日报	2015年6月24日	"一带一路"促使中国成为领头雁

主要观点	◇ 中国曾经成功的经验可以在"一带一路"中发挥重大作用。 ◇ 中国倡导设立亚洲基础设施投资银行，得到众多国家与地区的支持和参与。 ◇ 改革开放的中国成为领头的大雁，众多国家正同中国共享发展机遇。

题目	刊登媒体名称	日期	主题
波兰，搭上"一带一路"建设快车	人民日报	2015年6月24日	中国与波兰的合作

主要观点	◇ "蓉欧快铁"促进中波贸易。 ◇ 中波贸易往来密集，罗兹市实行优惠政策，吸引外资。

题目	刊登媒体名称	日期	主题
"一带一路"助力亚洲互联互通	人民日报（海外版）	2015年6月29日	"一带一路"的意义

	主要观点
	◇ 基础设施成为吸收投资的重点。 ◇ "一带一路"作为单边倡议，对于全球的发展有益，涵盖沿线60多个国家与地区。

题目	刊登媒体名称	日期	主题
支持"一带一路"谱写时代新篇	人民日报	2015年7月1日	中泰合作的措施

	主要观点
	◇ 泰方支持中国提出共建"丝绸之路经济带"和"21世纪海上丝绸之路"的倡议。 ◇ 泰方支持中国通过基础设施建设合作推进地区互联互通，包括筹建亚洲基础设施投资银行。 ◇ 泰方欢迎中方参与泰经济特区建设，双方可在农业、旅游、创新经济等方面加强合作。

题目	刊登媒体名称	日期	主题
"走出去"掘金"一带一路"	人民日报海外版	2015年7月3日	宝鸡市在"一带一路"中的行动

	主要观点
	◇ 宝鸡市积极研究制定支持企业向西开展经贸合作的政策措施，支持企业设立境外销售公司，扩大对中亚地区有色金属、棉花等产品的进口，并先后在中亚、西亚建立了口岸产品销售中心，与西安港务区合作开行了"长安一号""长安二号"国际货运班列。 ◇ 在积极"走出去"拓展海外市场的同时，宝鸡市还积极优化投融资结构，探索政府与社会资本合作PPP模式。

续表

题目	刊登媒体名称	日期	主题
"一带一路"催热欧亚经贸往来	人民日报（海外版）	2015年7月11日	"一带一路"的价值

主要观点	◇ 双边贸易日渐升温，"一带一路"所涵盖的国家在我国经贸中已经占有一定地位。 ◇ 共同利益成为驱动，一方面，基础设施落后、能源紧缺、交通不连不通阻碍要素流动等现象日益束缚着许多亚洲国家谋求发展的手脚；另一方面，中国在基础设施建设、高端装备制造又有着较大的优势，同时拥有庞大的内需市场。 ◇ 潜力逐步"变现"，"一带一路"沿线国家与我国的贸易量占到我国同期对外贸易总额的1/4，这不仅表明了"一带一路"实施以来所取得的巨大进展，也象征着未来各方面发展还有很大潜力。

题目	刊登媒体名称	日期	主题
外国专家眼中的"一带一路"愿景	人民日报	2015年7月14日	外国专家对"一带一路"所持观点

主要观点	"一带一路"倡议能够加强各国间的互联互通 ◇ 该倡议能够实现基础设施的互联互通。 ◇ 欧洲和中国之间需要更完善的贸易投资框架。 ◇ 欧洲和亚洲之间在行业、生产制造以及创新方面的合作急需更新。 ◇ 包括文化交流在内的人与人之间的联系需要加强。

题目	刊登媒体名称	日期	主题
泰国发展战略对接"一带一路"	人民日报	2015年7月20日	中泰在"一带一路"中的价值

主要观点	◇ 中国提出的共建"一带一路"倡议为泰国经济发展提供了良机。 ◇ 基础设施投资是宋卡经济特区最欢迎的投资之一。 ◇ 中泰经贸合作加快，贸易额大幅度上升。

题目	刊登媒体名称	日期	主题
"一带一路"提振陕西旅游	人民日报（海外版）	2015年7月24日	借助"一带一路"，陕西旅游实现重要突破

主要观点	◇ 陕西省旅游局以"一带一路"为契机，聚集品牌效应，集中推出"丝绸之路起点旅游"品牌、"红色旅游"品牌、"秦岭国家中央公园"品牌、"帝陵文化旅游"品牌、"中国西安丝绸之路国际旅游博览会"品牌和"秦岭与黄河对话"等6大品牌。 ◇ 陕西省旅游局举办的"一带一路"2015陕西乡村旅游合作与发展论坛，发布了"陕西乡村旅游快速发展大荔宣言"。

题目	刊登媒体名称	日期	主题
"一带一路"惠及欧亚	人民日报	2015年7月29日	"一带一路"对中亚、俄罗斯的意义

主要观点	◇ 基础设施建设互联互通将是建设"一带一路"的重要推力。 ◇ 中俄之间的物流行业有很大的发展空间。 ◇ "一带一路"建设还为中亚国家提供了更为广阔的发展机遇。

题目	刊登媒体名称	日期	主题
"一带一路"促陕西乡村美丽升级	人民日报（海外版）	2015年7月31日	陕西三农问题的改善

主要观点	◇ 借助"一带一路"的战略，打造"乡情、乡愁、生态、民俗"的特色出游概念，加快三农建设，提高农民收入，改善农村条件。

续表

题目	刊登媒体名称	日期	主题
印度人心中的"一带一路"	人民日报	2015年8月3日	中印在"一带一路"中的合作建议

主要观点	◇ "一带一路"作为一种地缘经济概念,推进地区各国的共同发展。 ◇ "一带一路"因地制宜,实施各国人民所需要的具体经济合作项目。 ◇ 将文化、文明项目和教育合作纳入其中。 ◇ 将"一带一路"建设融入世界生态文明的一部分。

题目	刊登媒体名称	日期	主题
我国与"一带一路"沿线国家经贸合作扎实推进	人民日报	2015年8月5日	四个维度中的中外经贸合作现状

主要观点	◇ 对外直接投资方面,我国企业共对"一带一路"沿线的48个国家进行了直接投资,投资额合计70.5亿美元,同比增长22%。 ◇ 吸收外资方面,"一带一路"沿线国家对华投资设立企业948家,同比增10.62%。 ◇ 对外承包工程方面,我国企业在"一带一路"沿线的60个国家承揽对外承包工程项目1401个,新签合同额375.5亿美元,占同期我国对外承包工程新签合同额的43.3%。 ◇ 服务外包方面,我国企业与"一带一路"沿线国家签订服务外包合同金额70.6亿美元,执行金额48.3亿美元,同比分别增长17%和4.1%。

题目	刊登媒体名称	日期	主题
农业合作"一带一路"是桥梁	人民日报（海外版）	2015年8月8日	"一带一路"农业合作的建议

主要观点	◇ 苦练"内功"端稳饭碗,提高农业生产效率。 ◇ 力促盘活沿线资源,带动农业装备、生产资料等优势产能对外合作。 ◇ 互惠共赢才是根本。

续表

题目	刊登媒体名称	日期	主题
对接"一带一路"共商港口合作	人民日报（海外版）	2015年8月13日	青岛走出去，融入"一带一路"

| | 主要观点 | ◇ 青岛在中国政府的战略规划中被定位为"21世纪海上丝绸之路"的海上合作战略支点城市。
◇ 正在建设中的董家口港区面积多达150平方公里，是标准的第四代世界物流大港，为国家"海上丝绸之路"战略提供了新的合作支点。
◇ 海陆双头并进，青岛港作为"一带一路"沿线地区最佳出海口和亚欧大陆桥东桥头堡的地位作用日益增强。
◇ 区域通关一体化政策以青岛海关为龙头，丝绸之路经济带检验检疫"9+1"区域一体化。
◇ 青岛先后在斯里兰卡、毛里求斯、塞舌尔、以色列、巴基斯坦、柬埔寨、新加坡等举办了9场以"通商青岛新丝路、经济合作新伙伴"为主题的"丝路对话"经贸专题系列活动。 |

题目	刊登媒体名称	日期	主题
推进"一带一路"贸易便利化的可行之举	人民日报	2015年8月31日	"一带一路"下拉动贸易的方法

| 主要观点 | ◇ 搭建贸易政策信息服务平台，提高贸易政策透明度。
◇ 成立专业化云物流，完善货物运输系统。
◇ 建设电子商务平台，促进特色经济发展。 |

题目	刊登媒体名称	日期	主题
翻译出版在"一带一路"战略中发力	人民日报（海外版）	2015年9月1日	翻译界响应"一带一路"建设

主要观点	<ul><li>"一带一路"沿线各国各民族为我们出版工作提供丰富的选题资源和市场空间。</li><li>翻译问题一直是中外文学和文化交流的瓶颈。</li><li>中国政府专门设立经典中国国际出版工程，连续举办 8 届中华图书特殊贡献奖。</li><li>中国出版集团和阿拉伯出版商协会签署了战略合作协议。阿拉伯出版商协会会员涵盖了22 个阿拉伯国家近900家出版机构。</li></ul>

题目	刊登媒体名称	日期	主题
支持"一带一路"倡议	人民日报	2015年9月6日	访苏丹总统巴希尔

主要观点	<ul><li>中国企业拥有良好的技术，承建的项目质量好、性价比高，并且非常重视和当地居民的关系，在苏丹民众中享有声誉。</li><li>中苏合作是互利互惠，合作共赢。</li></ul>

题目	刊登媒体名称	日期	主题
融入"一带一路"建设"开放宁夏"	人民日报	2015年9月8日	宁夏"一带一路"策略

主要观点	<ul><li>打通宁夏通道：全面建设陆上丝绸之路；搭建空中丝绸之路。</li><li>打造网上丝绸之路，打造开放环境：营造依法规范的政务环境；营造公平有序的市场环境；营造天蓝地绿的生态环境。</li></ul>

续表

题目	刊登媒体名称	日期	主题
赣州—厦门"五定班列"对接"一带一路"	人民日报（海外版）	2015年9月14日	赣州利用铁海联运，融入"一带一路"

主要观点	◇ 上饶（鹰潭）至宁波和赣州（吉安）至厦门在内的两条铁海联运"五定班列"已成为江西省对接"一带一路"的一个重要通道。 ◇ 集装箱海铁联运业务的开展，区域大通关模式便捷了进出口业务的办理。 ◇ 力争明年开通赣州至深圳铁海联运"五定班列"。

题目	刊登媒体名称	日期	主题
"一带一路"助推发展中国家现代化	人民日报	2015年9月18日	林毅夫关于"一带一路"的观点

主要观点	◇ "一带一路"建设以发展中国家最需要的基础设施建设为抓手。 ◇ "一带一路"建设以推动发展中国家共同发展为目的。 ◇ "一带一路"倡议之所以能得到这么多国家的响应，最主要的原因在于它不仅符合中国的利益，也会给其他发展中国家带来千载难逢的发展机遇，助推其实现工业化、现代化的梦想。

题目	刊登媒体名称	日期	主题
为"一带一路"建设提供司法保障	人民日报	2015年9月18日	国际法与"一带一路"建设

主要观点	◇ 在管辖权方面，"一带一路"建设中发生的争议很大一部分属于跨国商事纠纷。 ◇ 在司法协助方面，我国法院应根据我国缔结的国际条约和互惠原则，尊重对方国家的法律。 ◇ 在法律适用方面，"一带一路"建设中涉及的争议大多比较复杂，立法空白可能更多暴露。 ◇ 在与商事仲裁衔接方面，"一带一路"建设中发生的争议必然会衍生出国际商事仲裁需求，但商事仲裁有赖于司法机关配合。 ◇ 在对外开放和区域合作方面，我国与"一带一路"沿线国家之间的互动会更加频繁。

题目	刊登媒体名称	日期	主题
"一带一路"推动我国国际话语体系建设	人民日报	2015年9月18日	"一带一路"对国际话语体系的作用

主要观点	◇ "一带一路"的历史积淀夯实了我国国际话语体系的文化底座。 ◇ "一带一路"形成的利益共同体将增进我国国际话语体系的价值认同。 ◇ "一带一路"促成的互联互通将拓展我国国际话语体系建设的现实渠道。

续表

题目	刊登媒体名称	日期	主题
陕西接轨"一带一路"大战略	人民日报（海外版）	2015年9月18日	陕西关于"一带一路"的做法

主要观点	◇ 目前陕西正在整合资源，积极申报丝绸之路经济带自由贸易试验区，打造具有更好辐射带动效应的对外开放新高地。 ◇ 陕西与三星合作建设园区，与"一带一路"沿线国家区域间的互补联动，着力打造产业合作中心。 ◇ 陕西以系统化的思维做铁路、公路、航空综合立体交通的规划，在硬件设施建设、软件设施建设和政策汇聚后就会自然形成物流枢纽搭建文化交流平台。 ◇ 加快创建国家自主创新示范区和国家全面创新改革试验区，努力与丝路沿线国家和地区开展更加广泛的科技合作。

题目	刊登媒体名称	日期	主题
让往来"一带一路"更通畅	人民日报（海外版）	2015年9月19日	外交部有助"一带一路"的举措

主要观点	◇ 中国已与 100 多个国家或地区签署互免签证或简化签证手续协定，持普通护照中国公民享受免签或落地签待遇的国家和地区增至60多个。 ◇ 外交部领事司全力打造海外民生工程，打造中国领事服务网、"领事直通车"微信、领保短信等服务品牌。

题目	刊登媒体名称	日期	主题
广西提速，衔接"一带一路"	人民日报	2015年9月19日	广西加速融入"一带一路"的规划

	主要观点
主要观点	◇ 广西与东盟国家海陆相连，处在"一带一路"交汇对接的重要节点和关键区域。 ◇ 广西正积极推进"五网"同建——与东盟国家共建高速公路网、铁路网、海运网、航空网、通信网，着力将广西打造成为立体多维的海陆联通枢纽。 ◇ 依托中马"两国双园"、文莱—广西经济走廊等境内境外园区，广西将承接我国经济发达地区和跨国公司产业转移，服务中国优势产能和装备制造业走出去。 ◇ 政策机制优势为沿边金融改革释放红利。

题目	刊登媒体名称	日期	主题
"一带一路"需要语言铺路	人民日报	2015年9月22日	"一带一路"与语言

主要观点	◇ 研究"一带一路"语言状况。 ◇ 注重培养语言人才。 ◇ 了解相关国家的语言政策及语言使用习惯。 ◇ 充分利用语言技术。 ◇ 做好社会语言服务工作。

题目	刊登媒体名称	日期	主题
"一带一路"的三个共同体建设	人民日报	2015年9月22日	"一带一路"的三个共同体定义

主要观点	◇ 打造政治互信、经济融合、文化包容的利益共同体、责任共同体和命运共同体，是"一带一路"建设的重要目标。 ◇ 打造利益共同体是基调，构建责任共同体是担当，建设命运共同体是升华。

续表

题目	刊登媒体名称	日期	主题
为"一带一路"注入正能量	人民日报	2015年9月22日	人民日报社社长杨振武对媒体的要求

主要观点	◇ 凝心聚力，讲好丝路故事。 ◇ 开放包容，传扬丝路精神。 ◇ 深化交流，推进丝路合作。

题目	刊登媒体名称	日期	主题
刘云山会见"一带一路"媒体合作论坛外方代表	人民日报	2015年9月23日	刘云山会见"一带一路"媒体合作论坛外方代表并讲话

主要观点	◇ 习近平主席倡议的"一带一路"建设，与和平发展的时代主题相契合，与中国改革开放的进步大势相一致，与构建人类命运共同体的现实需要相适应。 ◇ 媒体是沟通民心的桥梁。

题目	刊登媒体名称	日期	主题
以鼎盛人文联通"一带一路"	人民日报	2015年9月24日	"一带一路"的人文交流

主要观点	◇ "一带一路"中，民心相通是重要支点。 ◇ "一带一路"中人文交流是有一定的历史的根基，更有着现实的土壤。 ◇ 丝绸之路不仅是一个文化的概念，也是一个经济的概念，还是一个开放的概念。

题目	刊登媒体名称	日期	主题
推动欧亚经济论坛务实发展，服务国家"一带一路"战略	人民日报	2015年9月24日	欧亚经济论坛的意义及发展

主要观点	◇ 欧亚经济论坛是上海合作组织框架下的重要经济合作机制。 ◇ 服务国家战略，奏响"一带一路"建设大合唱。 ◇ 传承丝路精神，打造欧亚区域合作升级版。 ◇ 彰显西安特色，建设国家级全面创新改革试验区。 ◇ 完善论坛机制，形成地方追赶超越发展加速器。 ◇ 提升务实效果，拓宽西安国际化大都市建设新通道。

题目	刊登媒体名称	日期	主题
云南释放"一带一路"魅力	人民日报	2015年10月10日	云南在"一带一路"中的行动

主要观点	◇ 公路、航空、能源、水、互联网等基础设施互联互通建设都在加紧建设。 ◇ 云南推进"一带一路"建设中发挥文化相近、语言相通的独特优势，与周边国家文化交流也显著增加。

题目	刊登媒体名称	日期	主题
西港特区，"一带一路"上的示范园区	人民日报	2015年10月11日	"一带一路"下西港特区的合作模式

主要观点	◇ 西港特区由中国江苏太湖柬埔寨国际经济合作区投资有限公司与柬埔寨国际投资开发集团有限公司共同开发。 ◇ 西港特区是柬埔寨首家借鉴"一站式"服务等中国管理经验的经济特区。 ◇ 中柬"一带一路"框架下的合作正在走向深入，不管是公路、铁路，还是航空。

题目	刊登媒体名称	日期	主题
解析"一带一路"包容内涵和平台发展	人民日报	2015年10月16日	解析区域合作平台建设

主要观点	◇ 区域经济合作并不意味着最终一定要走向区域经济一体化。 ◇ 区域合作不断推进的同时,"一带一路"建设也面临着很多挑战和风险。

题目	刊登媒体名称	日期	主题
奏响"一带一路"合作新乐章	人民日报	2015年10月16日	亚洲政党丝绸之路专题会议

主要观点	◇ "一带一路"倡议为沿线国家提供了合作的全新平台,也指明了合作的全新方向。 ◇ "一带一路"建设秉持共商、共建、共享原则,弘扬开放包容、互学互鉴的精神,坚持互利共赢、共同发展的目标,奉行以人为本、造福于民的宗旨。 ◇ 在共建"一带一路"的恢弘进程中,党际交流有着无可替代的关键作用。

题目	刊登媒体名称	日期	主题
"一带一路"助力大宗商品跨境交易新模式	人民日报（海外版）	2015年10月16日	互联网思维和"一带一路"

主要观点	◇ 在互联网思维下,争取更多的议价优势。 ◇ "互联网+外贸"的模式使中国跨境电子商务蓬勃兴起。 ◇ "一带一路"以地缘谈经济,以地缘推贸易,提供和谐、共生、共赢的经济贸易环境。

题目	刊登媒体名称	日期	主题
"一带一路"：一个新的开始	人民日报（海外版）	2015年10月17日	国际视野看"一带一路"的可行性

主要观点	◇ 从全球分工体系看，"中国制造"开始转变为"中国建造"。 ◇ 从外交布局看，"以空间换取时间"开始转变为"时空并举、陆海联动"。 ◇ 从国际体系看，中国崛起开始转变为中华文明复兴，同时推动其他文明复兴。

题目	刊登媒体名称	日期	主题
"一带一路"助云南交通飞跃	人民日报（海外版）	2015年10月20日	云南与"一带一路"

主要观点	◇ 云南省委、省政府启动基础设施"五网"建设五年会战。 ◇ 基于持续发展的综合运输体系的规划需要加强，融资难仍然是制约综合交通发展的关键因素等。 ◇ 老百姓是通路、通航最直接的受益者，出行将随着交通的改善而更加安全、更加便捷和更加舒适，出行的方式将有更多选择。

题目	刊登媒体名称	日期	主题
上合组织合作助推"一带一路"建设	人民日报	2015年10月23日	上合组织对"一带一路"的作用

主要观点	◇ 在"一带一路"建设中，上海合作组织的合作将发挥的重要推动作用。 ◇ 为"一带一路"沿线国家深层次合作铺就基石。 ◇ 蕴涵吸引更多国家深度响应"一带一路"倡议的合作理念。 ◇ 为"一带一路"建设提供国际合作平台。

续表

题目	刊登媒体名称	日期	主题
"一带一路":华侨华人要当文化先锋	人民日报(海外版)	2015年10月23日	"华侨与中外关系史"国际学术研讨会

主要观点	◇ 在"一带一路"建设中应避免重蹈覆辙,在项目建设中必须尊重当地民风民俗,主动适应当地文化。 ◇ 华侨华人可通过本身所特有的地方文化融入当地居民的生活方式,从而实现中华文化同当地文化的融合。 ◇ 海上丝绸之路沿途国大部分人民对信仰视如生命,他们可以不吃饭、不拥有财富,但不能动摇他们的信仰。

题目	刊登媒体名称	日期	主题
"一带一路"握手"两廊一圈"	人民日报	2015年11月4日	"一带一路"与"两廊一圈"的合作共赢

主要观点	◇ 电力合作架起互联互通的桥梁。 ◇ 企业携手促进越南氮肥自给自足。 ◇ 为中越两国百姓带来实实在在利益,中越两国合作建设的大项目,为越南经济提供了强力支持。

题目	刊登媒体名称	日期	主题
共同开拓"一带一路"美好前景	人民日报	2015年11月8日	习近平访问越南、新加坡之行

主要观点	◇ 为中越关系向更高层次发展注入强劲动力。 ◇ 互联互通建设为新时期的共同发展注入增长动力。 ◇ 发展战略相互对接成为共同发展的潮流。 ◇ 哈萨克斯坦、巴基斯坦、白俄罗斯等国坚定认同"一带一路"的价值。

题目	刊登媒体名称	日期	主题
"一带一路"始于足下	人民日报（海外版）	2015年11月10日	"一带一路"的交通建设

主要观点	◇ 云南承接"一带一路"建设的重大历史机遇，全面建设面向南亚东南亚辐射中心，一路向南，通边达海。 ◇ 泛亚铁路正在建设，云南正在积极努力畅通"中越、中老、中缅、中缅印"的四大铁路出境通道。

题目	刊登媒体名称	日期	主题
中国进出口银行山东省分行：推进"一带一路"的"基金团"	人民日报（海外版）	2015年11月12日	中国进出口银行股权投资基金推介暨融资对接会

主要观点	◇ 丝路基金、中拉基金、东盟基金、欧亚基金、中加基金、中日基金、中东欧基金等7家中国进出口银行参与的股权投资基金到会，并与山东省的各重点企业作推介和项目融资对接。 ◇ 加快在"一带一路"沿线的东南亚、南亚、西亚非洲、中东南欧、中亚东亚欧亚五大地区进行战略规划布局，着力推进一批双向投资贸易合作重点项目，缔结一批经济合作伙伴城市，打造一批跨境贸易互联互通区域合作载体，建设一批境外经贸合作园区。 ◇ "走出去"的青岛海尔、青岛海信等企业深化了企业合作。

题目	刊登媒体名称	日期	主题
成都高新区携手"欧洽会"抢占"一带一路"制高点	人民日报（海外版）	2015年11月14日	第十届中国—欧盟投资贸易科技合作洽谈会

主要观点	"欧洽会"取得的成果 ◇ 促成多个中欧政府间合作项目。 ◇ 引进50余家欧洲机构和企业。 ◇ 促成一大批中欧企业合作项目。 ◇ 推动成都优质企业"走出去"。 走向全球，喜迎国际化发展新机遇 ◇ 受全球产业转移和产业要素配置全球化程度加深双重因素推动，成都高新区积极搭建国际化合作与交流平台，已与28个欧盟成员国近60个相关机构建立了广泛的合作关系。

题目	刊登媒体名称	日期	主题
香港这些行业可借"一带一路"东风	人民日报（海外版）	2015年11月18日	香港定位于"一带一路"

主要观点	◇ 物流迎来三大变化：一是香港将慢慢变成全球资源的调配者，变成一个综合枢纽，承担起全球供应链的组织整合功能；二是香港物流将变成一种综合高端服务，货运外的附加价值成为主要赢利点；三是从港口航运经济变成海洋经济。 ◇ 金融发挥多元优势。香港金融的优势在于，它拥有非常多元化的融资渠道，能从全球资本市场的层面，把各个领域的客户聚集起来，人民币离岸业务则是香港金融业的另一大优势。 ◇ 旅游空间大幅扩增，香港旅游业也可以扮演中国内地和世界的"超级联系人"角色，推出"香港自由行+"。

续表

题目	刊登媒体名称	日期	主题
共建"一带一路"各地积极行动	人民日报	2015年11月20日	地方"一带一路"措施

主要观点	找定位抓重点协同有序推进整体工作 ◇ 视线望向沿海，目光移至内陆，各地还结合地方特色，将经济、产业、人文等基础资源与推进"一带一路"建设统筹结合，明确重点任务。 多领域共推进，发挥重大项目带动作用 ◇ 基础设施建设方面，重点方向的互联通道初步建成，产业投资方面，产能合作进程加快，跨境电子商务建设积极推进。 ◇ 经贸合作方面，跨境经济合作区稳步发展，"一带一路"自贸区网络建设进程加快。 ◇ 能源资源合作方面，一批重点能源资源合作项目启动建设。 ◇ 金融合作方面，"一带一路"建设投融资服务体系初步建立，人民币跨境使用加快推进。 ◇ 人文合作方面，交流平台进一步完善，交流合作成果不断涌现。 ◇ 生态环境方面，重点区域生态合作进展顺利，绿色丝绸之路共识逐步形成。

题目	刊登媒体名称	日期	主题
"一带一路"的势头有多猛？	人民日报（海外版）	2015年11月20日	"一带一路"的实施规划

主要观点	◇ 在基础设施互联互通、产业投资、资源开发、经贸合作、金融合作、人文交流、生态保护、海上合作等领域，推进了一批条件成熟的重点合作项目。 ◇ 主要经济走廊和一大批多边双边重大项目正在稳步推进，得益于金融系统的支撑。

题目	刊登媒体名称	日期	主题
中欧班列："一带一路"上的新引擎	人民日报（海外版）	2015年11月20日	中欧班列发展

主要观点	◇ "滨新欧—滨州号"联系着山东与欧洲，实际上是整个中欧班列运营现状的缩影，成为中欧贸易，对外开放的重要动力来源。 ◇ 回程班列大幅增加，货物种类日益丰富，参与城市不断增多。 ◇ 倡导成立"中欧班列联盟"贸易运输组织；建立健全全程定价机制。 ◇ 继续向南欧、北欧延伸，并辐射西亚、南亚。

题目	刊登媒体名称	日期	主题
"16+1合作"将成"一带一路"样板房	人民日报（海外版）	2015年11月25日	第四次中国—中东欧国家领导人会晤

主要观点	◇ 第四次"16+1 合作"的主题是"新起点、新领域、新愿景"，还包括新动力（投资贸易）、新平台（中欧合作 2020 战略规划）、新引擎（互联互通、地方合作）。

题目	刊登媒体名称	日期	主题
文化是"一带一路"建设的重要力量	人民日报	2015年11月26日	文化与"一带一路"的作用

主要观点	◇ "一带一路"沿线各国历史文化的现代交集和共识，成为民心相通的重要支点。 ◇ 从历史文化遗产的视角推进现代国家之间的互利合作，这是一种新的历史文化观，也是开创新历史、发展新文化、造就新繁荣的重要立足点。 ◇ "一带一路"建设对边疆地区无疑是一大利好，而且从长远看，西部地区、边疆地区将成为支撑国家发展的"新空间"。

题目	刊登媒体名称	日期	主题
青岛工商中心："一带一路"上的海外驿站	人民日报（海外版）	2015年11月26日	工商中心的价值

主要观点	◇ 新加坡青岛工商中心启动城市发展全域合作。 ◇ 韩国工商中心青韩经贸合作更加顺风顺水。 ◇ 中国文化中心已成为新加坡人民了解、体验和研究中华文化的重要窗口。 ◇ 既是引资，也是引智，青岛在金融、机场和地铁领域通过工商中心合作。

题目	刊登媒体名称	日期	主题
深入实施创新驱动发展战略 争当"一带一路"建设的排头兵和主力军	人民日报	2015年12月2日	张高丽在广东调研"一带一路"建设、自由贸易试验区建设、创新驱动发展等工作

主要观点	◇ 要在"六廊六路多国多港"框架下，瞄准重点方向和重点国家，着力打造"一带一路"建设支点和标志性合作项目。 ◇ 要突出互联互通和产能合作两条主线，全力推进一批重大项目和重要园区建设，加强与沿线国家产业对接合作。 ◇ 要积极拓展"一带一路"沿线国家市场，提升经贸合作水平，促进外贸稳定增长。 ◇ 要强化财税、金融、海关、质检等政策支持，发挥好亚洲基础设施投资银行和丝路基金的重要作用，为"一带一路"建设提供有力支撑。 ◇ 要完善对外交流平台，推动与沿线国家建立更加紧密的联系，共同构建利益共同体、命运共同体和责任共同体。

题目	刊登媒体名称	日期	主题
中老铁路是"一带一路"框架的产物	人民日报	2015年12月3日	专访老挝副总理宋沙瓦·凌沙瓦

主要观点	◇ 中老铁路项目在投资和旅游方面的作用较大。 ◇ 中老双方合作每年都在深化，保持了很好的发展态势。 ◇ 中国不仅仅提出了"一带一路"倡议，而且正把它落到实处。

题目	刊登媒体名称	日期	主题
"一带一路"助推陕西腾飞	人民日报（海外版）	2015年12月4日	2015 "一带一路"战略与陕西发展论坛

主要观点	◇ "一带一路"是国家重大战略，对推进我国新一轮对外开放和沿线国家共同发展意义重大。 ◇ "一带一路"战略，其实是一种命运共同体的理念。

题目	刊登媒体名称	日期	主题
"一带一路"为何如此受欢迎？	人民日报（海外版）	2015年12月8日	"一带一路"有三大特性

主要观点	◇ "一带一路"倡议具有历史必然性、现实合理性、未来延续性。 ◇ 古代的丝绸之路如今成为共同合作的通道。 ◇ "一带一路"由中国和其他国家一起合作提供公共产品，这是中国"一带一路"倡议受欢迎的重要原因。 ◇ 中国的复兴所涉及的不仅是一个国家的复兴，更是文明的复兴。

续表

题目	刊登媒体名称	日期	主题
"一带一路"生发一路向南新思路	人民日报（海外版）	2015年12月8日	"一带一路"与南亚国家的合作

主要观点	◇ 孟加拉人民喜爱中国商品，云南对孟加拉的了解最深。 ◇ 南博会是孟加拉商界的展台，南博会是孟加拉国企业进入中国、走向世界的机会。 ◇ K2K合作论坛对话机制对加强云南与西孟加拉邦合作交流具有重要意义。 ◇ 中国与印度加强"一带一路"贸易交流，中国成为印度在制造业上的合作伙伴。

题目	刊登媒体名称	日期	主题
连云港：打造"一带一路"战略交汇点	人民日报（海外版）	2015年12月10日	连云港的具体举措

主要观点	◇ 上合组织国际物流园被列入江苏重大项目建设目录。 ◇ 构建物流贸易平台，中哈（连云港）物流基地项目一期正式投入运行。 ◇ 积极构建组合大港，"一体两翼"组合大港基本形成。 ◇ 开辟海陆运输新格局。 ◇ 畅通大陆桥运输，开通了至阿拉木图的"连新亚"班列。 ◇ 服务配套日趋完善，打造连博会品牌。 ◇ 积极推动陆桥物流综合体系建设，积极推动出海基地商贸物流一体化发展，加快推进陆桥经合走廊产业合作，着力打造大通关体制机制，加快完善国际合作协调机制。

题目	刊登媒体名称	日期	主题
推进"一带一路"建设	人民日报	2015年12月11日	关于"一带一路"的看法和建设建议

<table>
<tr><td rowspan="1">主要观点</td><td>

深刻认识推进"一带一路"建设的总体要求

◇ 秉持亲诚惠容,坚持共商共建共享原则。

◇ 完善双边和多边合作机制,利用上海合作组织、中国—东盟自由贸易区、亚太经合组织(APEC)等多边机制,依托博鳌亚洲论坛、中国—东盟博览会、中国—阿拉伯国家合作论坛、中国—亚欧博览会等平台,促进多边国际交流合作。

◇ 以企业为主体,实行市场化运作。

准确把握推进"一带一路"的主要任务

◇ 打造陆海内外联动、东西双向开放的全面开放新格局。

◇ 推进基础设施互联互通和国际大通道建设,共同建设国际经济合作走廊。

◇ 加强能源资源合作,提高就地加工转化率。

◇ 共建境外产业集聚区,推动建立当地产业体系。

◇ 广泛开展教育、科技、文化、旅游、卫生、环保等领域合作,造福当地民众。

加快共建服务"一带一路"建设的开放多元共赢金融合作平台

◇ 亚洲基础设施投资银行和丝路基金作为我国发起成立的金融机构,为"一带一路"建设提供了新的引擎。

◇ 中国将继续秉持开放合作态度,支持中外金融机构在"一带一路"建设方面加强合作,积极稳妥推动建立上海合作组织融资机构、金砖国家新开发银行。

</td></tr>
</table>

题目	刊登媒体名称	日期	主题
"一带一路"助临沂展翅腾飞	人民日报	2015年12月20日	临沂与"一带一路"的合作关系

	主要观点
主要观点	◇ "一带一路"推动企业走出去，更加推动"临沂商城国际化"。 ◇ 临沂充分发挥电子商务发展专项资金作用，扎实推进"十百万"骨干电商培育工程，创建"国家电子商务示范基地"，申请开展国家级跨境贸易电子商务服务试点。 ◇ 围绕物流园区发展，临沂市去年规划了现代流通综合示范区，投资60亿元的山东高速临沂物流综合枢纽产业园项目成功签约。 ◇ 完善平台，促进贸易便利化，中国（临沂）跨国采购中心可为外贸企业提供报关报验、出口退税、结汇等"一站式"服务。

题目	刊登媒体名称	日期	主题
"一带一路"，加快中柬合作步伐	人民日报（海外版）	2015年12月29日	访柬埔寨驻昆领事肯沙伦

	主要观点
主要观点	◇ 柬埔寨的主要优势是战略位置以及湄公河区域周边活动，柬埔寨经济的进一步发展离不开基础设施的发展。 ◇ 企业在柬埔寨投资可享受最高9年的免税优惠。 ◇ 柬埔寨的人力成本更为低廉。 ◇ 柬埔寨在文化旅游方面发展迅速。

题目	刊登媒体名称	日期	主题
青岛：在"一带一路"上奔跑	人民日报（海外版）	2015年12月31日	青岛与南亚国家的合作

	主要观点
主要观点	◇ 青岛与巴基斯坦开展合作，融入"一带一路"战略中。 ◇ 青岛企业主动与柬埔寨签订协议，共同合作开发。 ◇ 海尔—鲁巴工业园，是中国在海外建立的第一批工业园区之一。

续表

题目	刊登媒体名称	日期	主题
"一带一路"的"张载命题"	人民日报（海外版）	2016年1月19日	中阿合作的措施与意义

主要观点	◇ 中国提出中阿共建"一带一路"，构建以能源合作为主轴，以基础设施建设和贸易投资便利化为两翼，以核能、航天卫星、新能源三大高新领域为突破口"1+2+3"合作格局，加强产能合作等倡议。 ◇ 在共建"一带一路"框架下，中阿对接双方发展战略，向转型升级要动力，加快中海自贸区谈判进程和重点工业园区建设，做强油气领域和基础设施领域合作。

题目	刊登媒体名称	日期	主题
作家艾克拜尔情系"一带一路"	人民日报（海外版）	2016年1月26日	艾克拜尔与"一带一路"

主要观点	◇ "一带一路"历史上就有文化交流，今天讲"一带一路"也要提倡文化交流、文学交流。

题目	刊登媒体名称	日期	主题
为"一带一路"注入"西安能量"	人民日报	2016年3月5日	访全国人大代表、西安市市长上官吉庆

主要观点	◇ 主动融入"一带一路"大格局，紧紧围绕建设丝绸之路经济带新起点这个目标定位，积极践行"五通"举措。 ◇ 西安市将以打造"内陆型改革开放新高地"和"中国向西开放新窗口"为目标。 ◇ 西安市开展了积极的探索与实践，完成了汉长安城、秦阿房宫等多个遗址保护总体规划编制，并形成了"政府主导、社会参与、市场运作"的遗址保护"西安模式"，相继建成了大唐芙蓉园、大明宫国家遗址公园、曲江池遗址公园等重大项目。

题目	刊登媒体名称	日期	主题
"一带一路"连侨心	人民日报	2016年3月6日	"一带一路"与侨胞

主要观点	◇ 中国推动"一带一路"建设，同样需要海外华侨华人的支持和参与。 ◇ 政府工作报告激发了侨胞们建设"一带一路"的热情。

题目	刊登媒体名称	日期	主题
"一带一路"建设是亚洲国家的共同事业	光明日报	2014年5月28日	"一带一路"与亚洲合作的关系

主要观点	"一带一路"建设是亚洲国家的共同事业 ◇ 增进相互了解与信任，维护亚洲和谐稳定。 ◇ 推进区域经贸合作，实现亚洲的繁荣发展。 ◇ 加强能源环保合作，推动亚洲经济转型升级。 ◇ 推进人文交流，实现亚洲的民心相通。

题目	刊登媒体名称	日期	主题
"一带一路"引起热议	光明日报	2014年6月4日	中国—阿拉伯国家合作共建"一带一路"专题研讨会

主要观点	◇ 阿拉伯国家联盟副秘书长本·阿里：丝绸之路不仅是贸易交往的平台，也是文化交流的桥梁。 ◇ 约旦前首相马贾利则：在"一带一路"倡议发起国中国的主持下将"一带一路"倡议的成员国准入、成员国义务等内容机制化，并将这一机制的总部设在中国，在其他国家设立地区分部。

题目	刊登媒体名称	日期	主题
"一带一路"走向共同繁荣	光明日报	2014年8月14日	访克罗地亚地缘政治学家普雷夫尼克

主要观点	◇ "一带一路"这一构想很可能会先在中亚及东亚取得重要进展，包括土耳其、罗马尼亚和俄罗斯等。 ◇ 中国与塞尔维亚、匈牙利和希腊等国在铁路和港口等领域的合作也取得了重要进展，这将有助于中国乃至亚洲与欧洲国家的连通与合作。

题目	刊登媒体名称	日期	主题
"一带一路"连接中意未来	光明日报	2014年9月17日	访中国驻意大利大使李瑞宇

主要观点	◇ "一带一路"以经济合作为基础和主轴，以人文交流为重要支撑，就会吸引沿线国家都来参与"一带一路"建设。

题目	刊登媒体名称	日期	主题
"一带一路"战略构想给斯带来发展机遇	光明日报	2014年9月20日	采访斯里兰卡外长佩里斯

主要观点	◇ "一带一路"有助于沿线国家优势互补，推动国际贸易发展。 ◇ 来斯旅游的中国游客增多，两国人文交流密集。

题目	刊登媒体名称	日期	主题
"一带一路"构想的战略意义	光明日报	2014年10月20日	"一带一路"的战略意义

主要观点	◇ 从国内段而言,这是一个引领未来中国西部大开发、实施向西开放战略的升级版。 ◇ 从国际段的中国紧邻区域而言,这一构想符合上海合作组织框架下区域经济合作发展的新方向。 ◇ 从整个国际段而言,这一构想展现了中国发展区域共赢合作的新理念、新蓝图、新途径和新模式。

题目	刊登媒体名称	日期	主题
"一带一路"是中国外交的亮点	光明日报	2014年11月9日	访巴勒斯坦前驻华大使穆斯塔法·萨法日尼

主要观点	◇ 建设"一带一路",是中国经济和外交的一大亮点,不仅对中国非常重要,对阿拉伯国家也具有特殊意义。

题目	刊登媒体名称	日期	主题
"一带一路"梦想起航	光明日报	2014年11月24日	中埃苏伊士经贸合作区的基本情况

主要观点	"一带一路"战略构想与埃及国家发展战略高度契合有两方面原因 ◇ 其一,苏伊士运河具有重要的战略地位。 ◇ 其二,埃及作为重要的地区大国,"一带一路"战略构想在埃及的成功实践将对其他阿拉伯国家起到良好的示范作用。

题目	刊登媒体名称	日期	主题
"一带一路"奠定中国对外战略发展基调	光明日报	2014年12月24日	"一带一路"的战略意义

主要观点	◇ "一带一路"建设有助于我国内外重新平衡，可能引导新的产业发展。 ◇ "一带一路"建设获得国际社会响应，金砖国家积极响应，一些国家愿意加入亚投行。

题目	刊登媒体名称	日期	主题
"一带一路"和"双轨思路"受到欢迎和支持	光明日报	2014年12月31日	访外交部边海司司长欧阳玉靖

主要观点	◇ 边境合作促"一带一路"建设，包括加强合作管理边界，推动边境基础设施互联互通，推动边境跨境经济合作。 ◇ 以"双轨思路"处理南海问题获支持。"双轨思路"即有关争议由直接当事国通过友好协商谈判寻求和平解决，而南海的和平与稳定则由中国与东盟国家共同维护。

题目	刊登媒体名称	日期	主题
辽宁主动融入国家"一带一路"开放战略	光明日报	2015年1月29日	辽宁融入"一带一路"

主要观点	◇ 辽宁主动融入国家"一带一路"开放战略，以沈阳、大连、丹东、锦州、营口为节点，积极参与中蒙俄经济走廊建设。

续表

题目	刊登媒体名称	日期	主题
"一带一路":战略构想如何"走进现实"	光明日报	2015年2月4日	北京大学国家发展研究院的专题研讨会

主要观点	◇ 张蕴岭:以创新方式促进和平发展,中国以一套"组合拳"应对:"第一拳"是提出"新型大国关系",遵循"相互尊重""不对抗""合作"等基本原则;"第二拳"是提出"一带一路"战略,坚持走和平发展道路。 ◇ 汤敏:"一带一路"呼唤大国心态,"一带一路"国家互补性强,有的资金过剩,有的资源过剩,有的劳动力资源充足,有的市场潜力大,这些国家开展经贸合作将带来多赢结果。 ◇ 林毅夫:"一带一路"以基础设施建设促进互联互通为主,以经贸合作为辅,将会给发展中国家带来"造血"机制,同时有利于中国自身。

题目	刊登媒体名称	日期	主题
"一带一路":开启出海新浪潮	光明日报	2015年2月5日	企业产能走出去与"一带一路"

主要观点	◇ "一带一路"是中国资本输出计划的战略载体,通过资本输出消化自身的过剩产能,并以拉动新兴市场国家和欠发达国家的基础设施建设带动全球增长,从而为疲弱的世界经济贡献力量。

题目	刊登媒体名称	日期	主题
依托"一带一路"建设转变资源开发方式	光明日报	2015年2月27日	"一带一路"与资源转变方式

主要观点	◇ 开展重点技术的研究和攻关，鼓励资源循环开发利用，以引进、消化、创新为主，集中解决制约国民经济发展的关键技术、重大设备和新工艺流程等方面的难题。 ◇ 转变资源开发利用方式，围绕农业、工业、绿色建筑和交通、再制造及消费流通、矿产资源、可再生和新能源等六大领域。 ◇ 大力发展内陆开放型经济，积极推进宁夏、新疆、甘肃等省、自治区同中亚、中东国家的经贸合作。

题目	刊登媒体名称	日期	主题
"一带一路"：以东方智慧求解发展难题	光明日报	2015年2月28日	"一带一路"相关的观点

主要观点	◇ "一带一路"战略将成为中国全方位主动对外开放战略的新型国际区域经济合作平台。 ◇ "一带一路"与马歇尔计划有本质不同。 ◇ 需要理性看待与传统强国的关系，以竞争促进自身战略完善，以合作求多方共赢。

题目	刊登媒体名称	日期	主题
加强"一带一路"文化遗产保护	光明日报	2015年3月10日	文化遗产保护的做法

<table>
<tr><td rowspan="1">主要观点</td><td colspan="3">建议"一带一路"沿线地方各级政府高度重视"一带一路"沿线文化遗产保护管理工作
◇ 建立"一带一路"沿线文化遗产保护管理长效机制。
◇ 成立文化遗产保护管理领导小组。
◇ 加强发展改革、财政、国土、旅游、建设、文化和文物等部门间的协调。
◇ 完善重大事项沟通、协商制度，切实做好"一带一路"建设中的文化遗产保护管理工作。</td></tr>
</table>

题目	刊登媒体名称	日期	主题
"一带一路"助推对外开放	光明日报	2015年3月12日	"一带一路"建设与"走出去"

<table>
<tr><td>主要观点</td><td colspan="3">◇ 发挥"一带一路"的引导作用，建立有效的政府间协调机制。
◇ 基础设施建设优先。
◇ 推出一批"一带一路"投资项目清单。
◇ 积极推进若干产业园区建设。
◇ 积极构建多元化投融资框架。</td></tr>
</table>

题目	刊登媒体名称	日期	主题
区域经济国际化与"一带一路"	光明日报	2015年3月18日	"一带一路"中的区域经济

<table>
<tr><td>主要观点</td><td colspan="3">◇ 推进"一带一路"建设，重点是要研究区域经济国际化的新模式，即如何将政治关系、地缘毗邻、经济互补等优势转化为务实合作、持续增长的优势，与沿线各国在交通设施、贸易投资、能源、区域一体化、人民币国际化等领域广泛合作，共同寻求经济新支点。
◇ 在"一带一路"进程中推进区域经济国际化，必须创新模式，主动适应国际国内正在发生改变的经济发展趋势，走出一条"引进来"和"走出去"相结合的区域经济国际化道路。</td></tr>
</table>

题目	刊登媒体名称	日期	主题
命运共同体视角下的"一带一路"建设	光明日报	2015年3月19日	命运共同体与"一带一路"

主要观点	◇ "一带一路"是命运共同体建设的重要路径和支撑。 ◇ 命运共同体是"一带一路"建设的发展方向,促进中国与周边国家和地区的经济一体化,促进中国与周边国家的共同安全、合作安全,以人文交流促进相互理解和相互包容,从多边和双边各个层面推进命运共同体建设。

题目	刊登媒体名称	日期	主题
广西:打造"一带一路"有机衔接重要门户	光明日报	2015年3月23日	广西各市的行动

主要观点	◇ 广西以东盟国家为重点,打好"五通"牌。 ◇ 梧州正积极实施珠西规划共同行动计划,积极衔接国家"一带一路"战略和两广高铁经济带规划,打造两广经济一体化先行区。 ◇ 北海开通了广西首条"自由行"国际邮轮航线,将北海至越南下龙湾的旅游合作延伸至马来西亚关丹。 ◇ 钦州已建立中国—东盟港口城市合作网络基地,构建与东盟47个港口城市的互联互通。 ◇ 防城港东兴试验区正在谋划和推进的边海经济带建设,将重点打造港口经济、口岸经济、旅游经济、海洋经济、互联网经济和生态经济等六大经济业态。

题目	刊登媒体名称	日期	主题
"一带一路":开创全球合作发展新局面	光明日报	2015年4月1日	《推动共建丝绸之路经济带和21世纪海上丝绸之路的愿景与行动》发布后的解读

主要观点	◇ "一带一路"的主要障碍有政治风险,制度和政策衔接性差,利益协调存在困难,基础设施建设资金缺口大。 ◇ 坚持策略包括坚持"共建、共享、共赢"准则,构建跨境投融资大平台、大机制,注意调动沿线国家积极性,充分发挥智库作用。

题目	刊登媒体名称	日期	主题
"一带一路"将为中东和平创造条件	光明日报	2015年4月7日	中国中东问题特使宫小生访问巴勒斯坦并与巴方领导人会面

主要观点	◇ 解决中东问题需要全盘考虑,需要人道主义援助、战后重建、经济恢复与发展。

题目	刊登媒体名称	日期	主题
"一带一路"引领新疆遗产保护	光明日报	2015年4月8日	文物与"一带一路"

主要观点	◇ 探索传承新的文物保护模式,"丝绸之路:长安—天山廊道的路网"项目成功列入《世界遗产名录》。 ◇ 服务民生建设,发挥文物资源作用,促进当地旅游业的发展。

题目	刊登媒体名称	日期	主题
乌鲁木齐加快"一带一路"建设步伐	光明日报	2015年4月15日	乌鲁木齐物流中心建设

主要观点	◇ 乌鲁木齐国际物流枢纽基地大力发展物流产业，加快丝绸之路经济核心区"五大中心"建设。

题目	刊登媒体名称	日期	主题
以长效机制推进"一带一路"建设	光明日报	2015年4月15日	"一带一路"的实施措施

主要观点	◇ 新疆、福建分别是建设"一带一路"的核心区。 ◇ 全面部署国家"一带一路"节点和高他。 建立"一带一路"长效机制 ◇ 充分利用现有的多边合作机制，创新多边合作方式。 ◇ 完善双边合作机制，有效地进行重大规划和项目对接。 ◇ 建立"一带一路"沿线国家大通关机制，推进贸易投资自由化便利化。 ◇ 继续深化和利用好现有合作平台机制，推进"一带一路"沿线各国务实合作，强化政府间合作交流机制，带动多方面推进"一带一路"的积极性。

题目	刊登媒体名称	日期	主题
意大利：借力"一带一路"打造新平台	光明日报	2015年4月17日	中意共建"一带一路"

主要观点	◇ 通过共同建设"一带一路"，实现中意之间互补合作，尤其在旅游和节能技术方面。

题目	刊登媒体名称	日期	主题
"一带一路"土耳其板块已见雏形	光明日报	2015年4月19日	中土共建 "一带一路"

主要观点	◇ 共建 "一带一路" 符合土耳其各方需求。 ◇ 共建 "一带一路" 不限于商业合作，还应涵盖文化、人文等方面的交流。

题目	刊登媒体名称	日期	主题
中国境外投资环境报告会："一带一路"提供难得机遇	光明日报	2015年4月20日	中国境外投资环境报告会

主要观点	◇ 丝路基金董事总经理王建业认为，"一带一路" 的愿景就是增加投资、扩大经贸往来，这些不仅是经贸、投资上的概念，更是一种制度改革层面的概念。 ◇ 全国政协委员、中国海外政经研究中心学委会主任张蕴岭认为，中国要进行创造性转移，通过 "一带一路" 帮助别的国家发展，使我们也有扩展自己的机会，实现共赢。

题目	刊登媒体名称	日期	主题
构建 "一带一路" 国际智库网络	光明日报	2015年4月22日	深化智库合作

主要观点	◇ 加强政策沟通是 "一带一路" 建设的重要保障，在共建 "一带一路" 中，应深化智库合作，构建沿线国家智库网络。 ◇ 建立开放型智库网络，统筹利用国内国外智库资源。 ◇ 转变和创新智库国际交流合作方式。 ◇ 建立常态化智库对话、人员交流与合作研究机制。 ◇ 举办 "一带一路" 国际发展高层论坛。

续表

题目	刊登媒体名称	日期	主题
"一带一路"战略中的观念更新与规则构建	光明日报	2015年4月30日	"一带一路"的战略规划机制

主要观点	◇ 从"互惠互利"到"包容惠及",树立"责任意识"。 ◇ 从"以经促政"到"政经兼顾",形成处理政治关系与经济合作的新思路。 ◇ 从强调"对外开放",到塑造"双向开放",为构建开放型经济新体制创造有利国际环境。 ◇ 研究借鉴古丝绸之路的启示,逐渐形成"一带一路"合作的主题思想和指导原则。 ◇ 积极发挥领导作用,引领合作的规则制定与机制建设,为"一带一路"沿线国家提供更多公共产品。

题目	刊登媒体名称	日期	主题
智库"抱团出海"服务"一带一路"	光明日报	2015年5月2日	智库与"一带一路"的筹划

主要观点	◇ 全国已有60多家研究机构对"一带一路"进行研究,中联部很快做出了成立"一带一路"智库合作联盟的决定。 ◇ 除了三年召开一次全体理事大会、不定期召开理事长会议的程序化安排外,联盟已确定了以"搭建平台、解读政策、咨政建言、推动交流"为主的基本职能。 ◇ 复旦大学的"一带一路"研究已取得多方面成绩——打造了"一带一路"多学科政策及学术研究平台,开发了"丝绸之路地理信息系统"。 ◇ 国务院发展研究中心参与了"一带一路"规划起草工作。 ◇ 北京外国语大学丝绸之路研究院也已逐渐步入为"一带一路"建设开展培训与咨询、为企业"走出去"提供智力服务的轨道。

题目	刊登媒体名称	日期	主题
"一带一路"战略实施 中国高等教育使命需及时调整	光明日报	2015年5月12日	高等教育为"五通"做好智力支持

主要观点	◇ 为国家政策的制定与传播提供科学依据,为实现"政策沟通"奠定基础。 ◇ 为工程质量标准的完善提供参考,为实现"道路联通"保驾护航。 ◇ 为亚太区域贸易与金融规则的制定出谋献策,为实现"贸易畅通"和"货币流通"铺平道路。 ◇ 积极参与国家公关与对外宣传领域,从而最终实现"民心相通"。

题目	刊登媒体名称	日期	主题
中央统战部部署统一战线服务"一带一路"战略	光明日报	2015年5月13日	统战部统筹"一带一路"

主要观点	◇ 支持民主党派、工商联和无党派人士深入"一带一路"前沿和一线实地考察调研,形成有分量的调研成果。 ◇ 支持有条件的民营企业到沿线国家和地区进行资源开发、工程承包、构建销售网络等。 ◇ 支持民族地区抓住"一带一路"战略实施重大契机,推进基础设施建设和城镇化进程,全面提升开放型经济水平。 ◇ 鼓励港澳台同胞、海外侨胞和留学人员将自身事业发展与"一带一路"建设紧密结合,共享发展机遇。

续表

题目	刊登媒体名称	日期	主题
如何融入"一带一路"	光明日报	2015年5月19日	电影融入"一带一路"

主要观点	◇ 电影教育融入"一带一路"总体战略布局，也要加强电影教育国际化的顶层设计和战略部署。 ◇ 充分发挥专家学者和智库的作用，定期召开研讨会、分专题开展调研等，为"一带一路"建设中的影视交流与合作提供智力支持。 ◇ 根据"一带一路"沿线各国的发展情况，深化电影教育国际化战略还需要因地制宜，按区域分类别地谋划布局。

题目	刊登媒体名称	日期	主题
山东应在"一带一路"建设中发挥主力军作用	光明日报	2015年5月20日	山东的区位优势

主要观点	◇ 山东地处丝绸之路经济带和21世纪海上丝绸之路的交汇区域。 ◇ 山东交通基础设施完备，港口优势突出，铁路和高速公路发达，各种运输方式衔接良好。 ◇ 山东农业、工业、海洋经济发达，产业体系完备，为开展与"一带一路"沿线国家的合作提供了坚实基础。 ◇ 山东与"一带一路"沿线国家和地区的经贸合作已有较好基础。 ◇ 山东拥有省级以上经济园区171家，居全国第一，其中国家级园区32家，海关特殊监管区域11个，为融入"一带一路"建设提供了重要平台和载体支撑。

题目	刊登媒体名称	日期	主题
"一带一路"地方发展定位与山东对策	光明日报	2015年5月20日	"一带一路"的规划要求

主要观点	◇ 加快推进山东自贸区建设,山东应加快自贸园区方案与规划制定、完善与上报,不断推进贸易投资便利化体制机制平台的建设。 ◇ 加强自主品牌建设与自主创新。 ◇ 不断提升对内开放水平。 ◇ 加强人才的培养与交流。

题目	刊登媒体名称	日期	主题
在国家发展全局中看山东如何融入"一带一路"建设	光明日报	2015年5月20日	解决山东融入"一带一路"问题的方式

主要观点	◇ 围绕国家"一带一路"规划,科学定位,突出服务东北亚,谋划建设成为连接长三角经济带和京津冀经济圈、辐射中原经济区的国家级发展战略支点,发展成为面向东北亚国际航运物流集散中转枢纽中心和新亚欧大陆桥桥头堡。 ◇ 围绕基础设施、产业、园区、科技、文化、人文交流等"一带一路"重点内容,谋划一批重大基础建设项目,扎实推进"一带一路"建设。 ◇ 突出板块优势,打造海洋产业、文化产业等产业特色,谋取协同发展。 ◇ 建立与"一带一路"沿线地区和国家合作机制,加强合作开发,推动产业项目落地开花。 ◇ 借助服务业开放加速山东对外开放步伐。 ◇ 通过兼并重组、工业智能化改造等措施,进一步提升山东企业融入"一带一路"的能力。 ◇ 通过完善城市涉外服务功能,营造领先营商环境,打造"一带一路"沿线外资投资和创业高地。

题目	刊登媒体名称	日期	主题
科学认识"一带一路"建设带给山东的重大战略机遇	光明日报	2015年5月20日	山东面临的机遇

主要观点	◇ 经济地理重组和发展格局调整的机遇。海陆统筹、联动发展是山东发展格局的基本特征。 ◇ 顺势增创山东开放型经济发展新优势的机遇。随着"一带一路"沿线各国经贸合作日益深化,山东的贸易、投资与国际合作快速发展,合作领域不断拓展。 ◇ 推动山东更多企业"走出去"以及建设境外合作区的机遇。"一带一路"沿线大多属于发展中国家和地区,与我国扩展产业合作的领域非常广泛,是我国对外直接投资增长的潜力区域。 ◇ 打造新的开放合作战略支点与开放平台的机遇。山东有效对接"一带一路",必须加强合作的载体建设,特别是要适应"一带一路"建设需求,积极开拓港口、产业园区等合作平台。要发挥沿海港口的作用,以港口带动园区以及腹地发展。 ◇ 建设自由贸易港区加快开放型经济体制机制创新的机遇。一方面,我国将以周边为基础加快实施自由贸易区战略,形成辐射"一带一路"的高标准自贸区网络;另一方面,将加快推进自由贸易园区或港区建设,推进贸易投资便利化、自由化,打造发展高地。

题目	刊登媒体名称	日期	主题
山东融入"一带一路"建设的思路与对策	光明日报	2015年5月20日	山东的发展思路与建议

主要观点	山东融入"一带一路"建设的主要思路 ◇ 加强与沿线国家基础设施互联互通合作。 ◇ 深化与沿线国家的投资贸易合作。 ◇ 加强与沿线国家海洋领域合作。 ◇ 加强与沿线国家的人文交流合作。 ◇ 抓好"一带一路"节点城市、支点城市建设。 ◇ 加强与国内其他省份的合作。 山东融入"一带一路"建设的推进对策 ◇ 完善山东推进"一带一路"建设实施方案。 ◇ 完善与沿线国家之间的合作交流机制。 ◇ 加强经贸合作载体建设。 ◇ 抓好重大项目的筛选与落实。 ◇ 加强对外经贸发展服务体系和风险防范机制建设。

题目	刊登媒体名称	日期	主题
土耳其:期待"一带一路"实现互利共赢	光明日报	2015年5月21日	"一带一路"圆桌会议、"一带一路"青年论坛

主要观点	◇ "一带一路"特别是核心区建设,将给新疆带来新的升级,新疆将由交通末端变为运输中心,打通东连西出的国际大通道。 ◇ 土方与会者对"一带一路"评价积极。

题目	刊登媒体名称	日期	主题
重温"一带一路"上的藏传佛教绘画艺术	光明日报	2015年5月23日	"一带一路"与佛教文化

主要观点	◇ 新疆、青海、甘肃、陕西、宁夏作为"一带一路"核心区域,曾拥有古丝绸之路南段上的重要城邑。 ◇ 唐蕃古道上的遗迹,佛院寺庙彰显文化交流的痕迹。

题目	刊登媒体名称	日期	主题
"一带一路"战略引领高等教育国际化	光明日报	2015年5月26日	高等教育与"一带一路"发展

主要观点	◇ 高等院校设立高层次国际化人才计划。 ◇ 扩大"一带一路"沿线国家来华留学生招生培养规模。 ◇ 设立国别或区域研究机构,使之成为"一带一路"科教合作的学术研究交流平台、产业技术研发平台和信息共享平台。 ◇ 出版"一带一路"专报,为政府决策提供支持。 ◇ 可以建立具有国际影响力的"丝绸之路高等教育合作论坛"。 ◇ 在"一带一路"沿线国家设立孔子学院加强人文交流。 ◇ 组建"丝绸之路学院",担负来华留学生教育、培养国际化人才、"一带一路"国际科技协同创新、丝绸之路国际资源环境论坛、推进丝绸之路大学联盟等职能。

题目	刊登媒体名称	日期	主题
刘晓明大使在英国媒体撰文："一带一路"是机遇不是威胁	光明日报	2015年5月27日	"一带一路"对于全球机遇

主要观点	◇ "一带一路"倡议的提出，有其历史背景和现实需要。 ◇ 中方积极与中东欧国家合作，希望依托希腊比雷埃夫斯港和匈塞铁路，打造亚欧海陆联运新通道。 ◇ 亚洲基础设施投资银行同其他全球和区域多边开发机构的关系是互补而不是替代。

题目	刊登媒体名称	日期	主题
文化多样性与"一带一路"	光明日报	2015年5月28日	"一带一路"如何保持文化多样性

主要观点	◇ "文化特色区"集中体现了中国文化多样性的特点。 ◇ 加强中华民族大团结，长远和根本的是增强文化认同，建设各民族共有精神家园，积极培养中华民族共同体意识。 ◇ 中国解决民族问题的基本政策指向，是尊重差异、缩小差距。

题目	刊登媒体名称	日期	主题
"一带一路"扩展中国外交大舞台	光明日报	2015年6月4日	中国前驻吉尔吉斯斯坦、拉脱维亚、哈萨克斯坦、乌克兰大使姚培生对"一带一路"的观点

主要观点	◇ "一带一路"的现实基础是我国与周边国家加快发展、提升合作水平的需要。 ◇ 国际大局，简而言之就是要与周边邻国和"一带一路"沿线国家扩大合作的体量，提升合作的速度。

续表

题目	刊登媒体名称	日期	主题
"一带一路"是沿线国家的合唱而非中国的独唱	光明日报	2015年6月8日	"一带一路"坚持的三项原则

主要观点	◇ 以共商为原则建立"利益共同体"。参与这一战略的一些发达国家经济发展程度高、速度快,必须切实尊重信任、求同存异,在此基础上形成资源与技术的互补、传统产业与现代企业的衔接。 ◇ 以共建为原则构筑"责任共同体"。在战略总体目标与某个国家某项利益发生冲突的时候,要摒弃零和游戏、你输我赢的旧思维,树立双赢、共赢的新理念,在追求自身利益时兼顾他方利益,在寻求自身发展时促进共同发展。 ◇ 以共享为原则迈向"命运共同体"。不是简单地对某种物质产品或精神产品的享受,而是对整个战略成果的全方位共享。

题目	刊登媒体名称	日期	主题
让欧亚联盟与"一带一路"对接	光明日报	2015年6月9日	"欧亚经济联盟一体化与中国丝绸之路经济带计划"分析报告

主要观点	◇ 欧亚联盟与"丝绸之路经济带"将成为推动欧亚大陆经济发展的重要机制。 ◇ 欧亚联盟与"一带一路"实现战略对接是俄中关系的新起点。 ◇ 俄中双方在实现欧亚联盟与"一带一路"战略对接方面已经取得了部分结果,但未来的合作前景还面临巨大的挑战。

题目	刊登媒体名称	日期	主题
欧亚共建"一带一路"中的法国诺曼底	光明日报	2015年6月14日	中国（海南）改革发展研究院院长迟福林在"中国—诺曼底论坛"上的主旨演讲摘编

主要观点	◇ 欧亚共建"一带一路"将促进形成统一的欧亚大市场，诺曼底是欧洲大陆和中国往来交通的重要连接点。 ◇ "一带一路"能够有效提升中国服务贸易比重；诺曼底可以依托自身在尖端科技、化工电子、农牧业、高等教育等领域的优势，加强与中国上海、福建、天津及广东等自由贸易试验区的经贸往来与合作。 ◇ 中法、中欧可以成立智库联盟，为共建"一带一路"提供智力支撑。

题目	刊登媒体名称	日期	主题
中国在"一带一路"建设中提供的全球公共物品	光明日报	2015年6月22日	"一带一路"下的公共物品

主要观点	"一带一路"将在以下四个方面增加全球公共物品供给 ◇ 产生国际合作新理念和新模式。 ◇ 高效的设施互联互通。 ◇ 提供新的国际货币，使用人民币清算。 ◇ 建立新型国际金融组织，中国倡导建立金砖国家开发银行，筹建亚洲基础设施投资银行，设立丝绸之路基金。

题目	刊登媒体名称	日期	主题
最高法出台意见服务和保障"一带一路"建设	光明日报	2015年7月8日	最高法出台《关于人民法院为"一带一路"建设提供司法服务和保障的若干意见》

主要观点	◇ 要公正高效审理涉"一带一路"建设相关案件，营造公平公正的营商投资环境。 ◇ 要及时总结海事审判管辖制度改革试点经验，推广把与海事密切关联的部分海事行政案件纳入海事法院专门管辖等。

题目	刊登媒体名称	日期	主题
加快建设"一带一路"战略支点城市	光明日报	2015年7月14日	宁波的战略规划

主要观点	◇ 宁波打造港口经济圈，有着深刻的内涵要求。通过5至10年的时间，基本建成长三角港口经济中心、国际贸易物流中心、多式联运国际枢纽港，成为亚太地区重要的国际开放门户和"一带一路"战略支点城市。 ◇ 宁波打造港口经济圈，有着良好的基础条件。在通航方面，宁波港通天下，在通商方面，宁波人与全世界做生意。 ◇ 宁波打造港口经济圈，有着明确的主攻方向。一是着力提升港口辐射力；二是着力提升产业竞争力；三是着力提升开放带动力；四是着力提升平台支撑力。

题目	刊登媒体名称	日期	主题
建设"一带一路"中国网络媒体大有可为	光明日报	2015年7月18日	网络媒体和"一带一路"

主要观点	◇ 中国网络媒体不仅是"一带一路"战略的宣传者、传播者，更应该是实施参与者、活动组织者、服务提供者。

题目	刊登媒体名称	日期	主题
江苏：在"一带一路"战略中主动作为	光明日报	2015年7月19日	江苏在交通物流、港口建设，企业对外三方面开展"一带一路"建设

主要观点	◇ 南京企业的投资区域由香港特区、美国扩大到"一带一路"沿线的印度、孟加拉国、沙特等国家。 ◇ 徐圩港区的开港，意味着徐圩新区港产联动发展格局初步形成，亚欧合作"丝绸之路经济带"东向开放又添一个重要出海通道。 ◇ 南通将探索利用丝路基金，建立与亚洲基础设施投资银行、上海合作组织开发银行的联系，更好把南通企业的技术管理优势发挥到"一带一路"沿线国家基础设施建设中。

题目	刊登媒体名称	日期	主题
对阿拉伯世界讲述"一带一路"需精细化传播	光明日报	2015年7月21日	阿拉伯注重"一带一路"建设

主要观点	◇ 阿拉伯世界是"一带一路"建设的重要环节，而"一带一路"建设，对于阿拉伯世界而言更具有极为重要的意义。 ◇ 中国和广大发展中国家、阿拉伯国家一样，也意识到资本主义主导的全球化和当今世界秩序造成了不少负面后果。

题目	刊登媒体名称	日期	主题
"一带一路"建设,国企如何布局	光明日报	2015年7月21日	国企与"一带一路"建设

主要观点	◇ 中国装备"走出去"步伐加快。国资委监管的110余家央企中已有107家在境外共设立8515家分支机构,分布在全球150多个国家和地区。 ◇ 做好产能合作的新文章。中央企业境外投资额约占我国非金融类对外直接投资总额的70%,对外承包工程营业额约占我国对外承包工程营业总额的60%。 ◇ 本土化生产是大势所趋。推动国际产能和装备制造合作,要契合国外市场的需求,将中国经济融入世界经济链条之中,进而倒逼我国企业实现优进优出、提质增效。

题目	刊登媒体名称	日期	主题
"一带一路"建设是中国东盟关系新亮点	光明日报	2015年7月25日	"一带一路"建设与东盟关系

主要观点	◇ 东盟是"一带一路"建设的重点和优先地区。 ◇ 亚投行筹建工作迈出实质步伐,丝路基金顺利启动,一批基础设施互联互通项目正在稳步推进。

题目	刊登媒体名称	日期	主题
总结优化开发区模式 推动落实"一带一路"构想	光明日报	2015年7月29日	开发区对接"一带一路"

主要观点	◇ 开发区是"一带一路"布局中的重要构成元素。我国在全球共有71个境外园区，主要分为加工制造型、资源利用型、农业加工型以及商贸物流型四类，分布在亚洲、欧洲、美洲、非洲地区。 ◇ 埃及苏伊士经贸合作区是我国在国外建设开发区的典型案例。 ◇ 中国合作开发区模式输出可分为硬输出和软输出，目前主要是硬输出，即投资开发建设，在"一带一路"中要继续推进。软输出具体表现在经验、技术、建园理念、思路、方案、设计、园区招商及建成后运营管理等方面。

题目	刊登媒体名称	日期	主题
"一带一路"为国际教育合作开辟新天地	光明日报	2015年8月9日	第八届中国—东盟教育交流周

主要观点	◇ 教育和人文合作在"一带一路"中受到重大影响。 ◇ 加强职业教育合作，促进双方劳动者技能提升是加强双方合作的最佳切入点。

题目	刊登媒体名称	日期	主题
四大主体联动推进"一带一路"	光明日报	2015年8月12日	"一带一路"百人论坛·首届论坛

<table>
<tr><td rowspan="1">主
要
观
点</td><td>

◇ 中国保监会副主席周延礼提出，在资金融通方面，中国保险投资基金的设立为"一带一路"构想提供了资金的重要来源。

◇ 中华全国供销合作总社国际交流中心主任黄道新认为，供销合作社在参与"一带一路"中有其独特优势。

◇ 零点研究咨询集团高级副总裁冯晞提出，要打造"中企新印象"，中国企业要同步发展硬实力与软实力，适应、尊重、融入海外市场的当地生态，与当地利益相关者建立多方共赢、价值共享的合作平台，实现"走出去、走上去、走进去"的"三步走"战略。

◇ 中联部当代世界研究中心副研究员赵明昊围绕政策传播提出，"一带一路"政策传播有四个突出问题——审美疲劳问题、政出多门问题、自我中心问题、空泛化问题。

</td></tr>
</table>

题目	刊登媒体名称	日期	主题
全面打造"一带一路"空中走廊	光明日报	2015年8月12日	民航规划与"一带一路"

<table>
<tr><td>主
要
观
点</td><td>

◇ 我国将积极推进沿线省份航空基础设施的规划和建设，重点打造以"沪兰大通道"为主干的空中丝绸之路。

◇ 国航、东航、南航和海航等航空公司加大了"一带一路"沿线市场运力投放。

◇ 推动"一带一路"沿线国家在航空产业方面的合作，建议大力发展临港经济。

</td></tr>
</table>

续表

题目	刊登媒体名称	日期	主题
"一带一路"在东南亚的挑战与机遇	光明日报	2015年8月19日	企业等主体在东南亚区域投资的风险和机会

主要观点	◇ 中国和东盟的经济相互依赖程度未来将会加深。中国在未来要发挥经济上的优势，加强与东南亚国家的经济紧密度，通过互利共赢的途径和东盟建立政治互信，进而为解决南海问题创造条件。 ◇ 东盟对中国是重要的，但自由贸易区的利用水平在各国都不高。 ◇ 要做好船舶发展，保障海上丝绸之路的通畅。 ◇ 在东南亚实施"一带一路"，潜在风险可分为三大类：政治安全风险；传统安全风险；非传统安全风险。 ◇ "一带一路"基础设施建设，首先要注意"绿洲策略"。

题目	刊登媒体名称	日期	主题
特色文化产业融入"一带一路"	光明日报	2015年8月20日	云南特色产业与"一带一路"

主要观点	◇ 云南省开展了建水紫陶传家宝设计大赛、华宁陶拉坯邀请赛、云南十大刺绣名村镇评选、云南省特色文化产业知名品牌评选等活动，在意大利米兰、阿联酋迪拜、印度孟买等地举办云南特色文化产品万里行活动。 ◇ 精心策划、成功举办"感知中国·美丽云南"日内瓦系列宣传展示活动、第十三届亚洲艺术节、"感知中国·缅甸行"系列活动，与老挝合作举办中国·老挝大型春节联欢晚会，精心打造具有云南特色、中国气派、国际水准的系列对外文化交流品牌。

题目	刊登媒体名称	日期	主题
中塞经济合作借力"一带一路"	光明日报	2015年8月20日	中国与塞尔维亚之间的合作

主要观点	◇ 中国—中东欧国家合作16+1框架契合了"一带一路"构想,为这17个国家的经济合作创造了良好的沟通和互动渠道。 ◇ 小麦、玉米、大麦、向日葵、大豆和甜菜,以及牛奶和奶制品,都是塞尔维亚的传统优势农副产品,包括食品加工业、家畜饲养、土质测试以及去盐碱化等领域,需要来自中国的投资。

题目	刊登媒体名称	日期	主题
"一带一路"建设离不开信息法治保障	光明日报	2015年8月24日	信息法治建设

主要观点	◇ "一带一路"的良好开局,体现了信息公开的法治原则,体现了信息自由的法治原则,离不开各相关方的平等参与,体现了信息参与的法治原则。 ◇ "一带一路"项目的良好开局,与中国政府充分保障亚洲域内和域外国家的信息自由密不可分。

题目	刊登媒体名称	日期	主题
聚焦"一带一路"战略下的出版合作	光明日报	2015年8月24日	第二届中外出版翻译恳谈会暨"一带一路"出版论坛

主要观点	◇ "一带一路"沿线国家的民族文化多姿多彩,给中外出版业的交流合作创造了历史性机遇,为出版工作提供了丰富的选题资源和市场空间。 ◇ 文化软实力建设既是"一带一路"的重要内容,也是实施这一战略的重要支撑。

题目	刊登媒体名称	日期	主题
"一带一路"专家助力"龙江丝路带"建设	光明日报	2015年8月25日	"龙江丝路带"的建设

主要观点	◇ 黑龙江省正在深入贯彻落实"一带一路"战略，超前规划、着力构建中蒙俄经济走廊"黑龙江陆海丝绸之路经济带"。 ◇ 黑龙江具有人才优势，但缺乏高端人才。 ◇ 高校和企业需要进行合作，共同解决实际问题。

题目	刊登媒体名称	日期	主题
沿边开放合作：为"一带一路"筑就战略支点	光明日报	2015年8月26日	中国地区融入"一带一路"

主要观点	◇ 新疆、内蒙古、黑龙江、广西、云南、西藏等沿边省份将分别打造成面向中亚、南亚、东南亚、西亚、东盟区域等地区的开放窗口与辐射中心。 ◇ 中国沿边开放合作的主要问题：边贸区经济功能单一，层次不高；与总体开放战略结合较弱，缺乏腹地经济支撑；边贸优势弱化，纵深扩展难度加大。 ◇ 充分发挥沿边地区在"一带一路"建设中的作用：加强跨境工业合作区建设；加大基础设施建设投入力度；提升沿边地区开放发展与国际合作能力。

续表

题目	刊登媒体名称	日期	主题
"一带一路"架"金桥""东北"撬动"东北亚"	光明日报	2015年9月8日	第十届中国—东北亚博览会
主要观点	◇ "一带一路"战略让东北的"世界眼光"更明亮，中欧（长春—德国）国际铁路货运班列的开通。 ◇ 为"东北振兴"寻找"新引擎"，创新、转型、升级是东北老工业基地振兴的重中之重。 ◇ 给东北亚的发展寻求一个可靠的"支点"，着力推动区域内双边合作，积极推动区域内多边合作，博览会邀请朝鲜国际贸易促进委员会、日中经济协会、韩国贸易协会、蒙古国工商会、俄罗斯联邦工商会等国家级的商业协会作为东北亚博览会的协办单位。		

题目	刊登媒体名称	日期	主题
"欧盟与中国'一带一路'"国际研讨会举行	光明日报	2015年9月20日	"欧盟与中国'一带一路'"国际研讨会
主要观点	◇ 研讨会主题为响应中国提出的共建"丝绸之路经济带"和"21世纪海上丝绸之路"的重大倡议。 ◇ 中欧双方决定，对接中国"一带一路"合作倡议和欧洲投资计划，同意建立中欧共同投资基金；建立中欧互联互通平台；尽早达成一个全面的中欧投资协定。		

题目	刊登媒体名称	日期	主题
为"一带一路"打造绿色生态屏障	光明日报	2015年10月4日	青藏高原地区打造绿色生态,共建"一带一路"

	主要观点
主要观点	◇ 青藏高原地区以绿色生态优势融入"一带一路"。 ◇ 全面实施"内引外联、东西互动"的开放战略,因地制宜地建设成为"一带一路"上重要的循环经济、清洁能源、商贸物流、生态旅游、加工养殖以及高原有机农畜产品基地,以突出的绿色品牌和形象实现与中亚、西亚以及欧洲国家的合作共赢。 ◇ 青藏高原地区要根据发展定位以及"一带一路"建设大局,努力把绿色生态的比较优势转化为绿色发展的竞争优势。

题目	刊登媒体名称	日期	主题
清真科技产业迎来"一带一路"机遇	光明日报	2015年10月11日	"一带一路"拉动清真产业

	主要观点
主要观点	◇ 以孟加拉为代表的穆斯林国家经济发展迅猛,对高端的清真科技产业有很强烈的需求。 ◇ 丝绸之路经济带的海、陆、航空三条线覆盖了许多伊斯兰国家,对于清真生物产业有巨大的需求。

题目	刊登媒体名称	日期	主题
降低"一带一路"国家间的贸易成本	光明日报	2015年10月21日	降低贸易成本

主要观点	作为制造业重要中间投入的生产性服务业的贸易成本，在很大程度上受两方面的影响 ◇ 一方面，服务业产品的无形性、不可储存性以及合同密集性等特点，决定了服务贸易容易受到不同贸易国间制度、政策和法律法规等差异的影响。 ◇ 另一方面，高级生产性服务业的技术、知识和人力资本密集性的特点，决定了其贸易性和储存性越来越受到信息通信技术的影响。

题目	刊登媒体名称	日期	主题
"一带一路"：携手前进的阳光大道	光明日报	2015年10月26日	"一带一路"与基础建设

主要观点	◇ 政策沟通、设施联通、贸易畅通、资金融通、民心相通的"五通"指向的是"发展"——所有国家和民众的共同期待。 ◇ 道路连通，遥远的路途将变得便捷顺畅。据报道，2800 公里长的孟中印缅经济走廊的主干道已经基本准备就绪。 ◇ 雅万高铁连接印尼首都雅加达和著名城市万隆，将采用中国技术、中国标准和中国装备。

题目	刊登媒体名称	日期	主题
"一带一路"对中国经济转型的意义	光明日报	2015年10月28日	"一带一路"与经济转型

<table>
<tr><td rowspan="1">主要观点</td><td>

◇ "一带一路"为中国经济转型提供更为广阔的回旋空间。

◇ "一带一路"为中国经济转型注入新的动力。深化经济体制改革无疑是实现这一转型的一个动力源泉,除此之外,深化和拓展对外开放也是获得经济转型动力的重要源泉。

◇ "一带一路"为地方经济转型发展带来新机遇。"一带一路"能够提供给黑龙江省的最大机会是,在拓展的丝绸之路经济带建设上,黑龙江省有着地缘和资源方面的优势。

</td></tr>
</table>

题目	刊登媒体名称	日期	主题
贸易畅通与发展:"一带一路"建设的基点	光明日报	2015年10月29日	贸易存在的问题与解决措施

<table>
<tr><td rowspan="1">主要观点</td><td>

我国与"一带一路"沿线国家的贸易形势比较严峻,主要原因

◇ 各国贸易增速放缓引发贸易规模急剧萎缩。

◇ 大宗商品价格持续下跌使双边贸易雪上加霜,大宗商品进口价量齐下,尤其进口价格下跌导致进口额大幅度下滑。

◇ 既有贸易格局亟待突破。

大力推进"一带一路"沿线国家贸易便利化与自由化,促进贸易畅通

◇ 采取差异化的贸易便利化措施,降低贸易成本。

◇ 互联互通制度层面的国际协调至关重要,可以起到"四两拨千斤"的作用。

◇ 推动贸易自由化,培育新的贸易与投资支撑点。

多管齐下,推动我国与"一带一路"沿线国家贸易稳定发展

◇ 深入挖掘贸易潜力,促进贸易发展。

◇ 创新贸易方式,利用"互联网+"搭建更多跨境电商交易平台,扩大贸易规模。

◇ 扩大服务贸易,带动货物贸易发展。

◇ 开展全方位国际投资,拉动贸易增长。

</td></tr>
</table>

题目	刊登媒体名称	日期	主题
匈塞铁路——"一带一路"的旗舰项目	光明日报	2015年11月26日	匈塞铁路的介绍

主要观点	◇ 共建中国的"欧洲走廊"。 ◇ 项目备受民众期待。 ◇ 要建百年匈塞铁路。

题目	刊登媒体名称	日期	主题
"一带一路"和"产能合作"	光明日报	2015年11月29日	"一带一路"与"产能合作"

主要观点	◇ "一带一路"和"产能合作",特别是与高铁走出去的"产能合作"有着密切的联系。 ◇ 要坚持市场运作,遵循市场规律和国际通行规则,充分发挥市场在资源配置中的决定性作用和企业的主体作用。 ◇ 政策沟通是"一带一路"建设的重要保障。

题目	刊登媒体名称	日期	主题
"一带一路"下的四川发展:机遇与挑战	光明日报	2015年11月29日	"一带一路"与四川

主要观点	◇ 预研先行。提前对相关区域进行政治、法律、诚信等方面的研判。 ◇ 培训先行。组织相关人员到境外培训、实地调研、掌握真实信息。 ◇ 民间先行。加强民间沟通,举办研讨会,发挥华侨华人及其社团作用。 ◇ 国内先行。加强沿线省份之间交流合作,进行力量整合。 ◇ 产品先行。调整产业、产品结构,推出优势产品、技术。 ◇ 高铁先行。高铁要在"一带一路"战略中发挥助推器、加速器作用,要勇当先锋。

	题目	刊登媒体名称	日期	主题
	"一带一路"给泉州带来发展机遇	福建日报	2014年7月17日	泉州在"一带一路"中的规划
主要观点	◇ "一带一路"战略将依靠我国与有关国家既有的双多边机制,继续推出基建、交通的互联互通,以及贸易投资的便利化等措施。 ◇ 泉州以东南亚和中东地区作为原材料的进口市场,而把这两个地区作为制成品的出口市场,经济上的前向、后向产业关联性都十分紧密。			

	题目	刊登媒体名称	日期	主题
	打造"一带一路"的"茶香通道"	福建日报	2014年12月1日	安溪茶叶的规划
主要观点	◇ 构建联络联谊新通道,开展安溪茶叶相关的活动。 ◇ 构建文化交流新通道,创建文化相关的产品。 ◇ 构建经贸合作新通道。 ◇ 构建产业升级新通道。			

	题目	刊登媒体名称	日期	主题
	融入"一带一路",厦门正发力	福建日报	2014年12月11日	厦门在"一带一路"中的规划
主要观点	◇ 海铁联运,厦门优势明显。 ◇ 提升厦门港口的辐射能力。 ◇ 积极开辟通往东盟的新线路。			

题目	刊登媒体名称	日期	主题
充分发挥福建在"一带一路"建设中的排头兵和主力军作用	福建日报	2015年11月26日	福建在"一带一路"中的规划

主要观点	◇ 积极探索实施国际通行的高标准的投资贸易新规则,打造政策沟通的先行区域。 ◇ 加强基础设施互联互通建设,打造设施联通的重要枢纽。 ◇ 坚持"引进来"与"走出去"相结合,打造贸易畅通的前沿平台。 ◇ 加大金融开放和创新力度,打造资金融通的试验田。 ◇ 积极推进"海外福建"建设,打造民心相通的重要纽带。

题目	刊登媒体名称	日期	主题
融入"一带一路"建设,厦门打造海洋千亿产业链	福建日报	2015年12月10日	厦门海洋经济的发展

主要观点	◇ 海洋经济得到迅速发展,邮轮旅游、游艇产业蓬勃发展。 ◇ 海洋生态文明得到极大发展,深化国际间交流合作。

题目	刊登媒体名称	日期	主题
找准"一带一路"中的发展坐标	甘肃日报	2015年4月2日	甘肃省"一带一路"的发展定位

主要观点	◇ 通过东西"陆海两头"开放,最终实现打造"带动腹地发展的战略支点"。 ◇ 在合作重点领域加强合作,包括促进经济要素有序自由流动、资源高效配置和市场深度融合、交通基础设施重点工程建设、口岸基础设施建设等。

题目	刊登媒体名称	日期	主题
深化拓展对外交流合作 抢占"一带一路"建设先机	甘肃日报	2015年4月30日	甘肃省委领导对"一带一路"的规划理解
主要观点	◇ 立足甘肃省"向西开放的重要门户和区域合作战略基地"定位。 ◇ 将甘肃省打造成面向中亚西亚国家的战略通道、商贸物流枢纽、重要产业和人文交流基地。		
题目	刊登媒体名称	日期	主题
文化旅游业:甘肃融入"一带一路"的排头兵	甘肃日报	2015年7月13日	"一带一路"中甘肃旅游的措施
主要观点	◇ 甘肃完美地融入了"一带一路"旅游的特征,不断开发资源市场和文化市场,将旅游市场扩大到世界各地。 ◇ 发挥甘肃的旅游特色,避免趋同。		
题目	刊登媒体名称	日期	主题
酒泉牵手青岛共建"一带一路"	甘肃日报	2015年9月16日	酒泉与青岛之间的合作
主要观点	◇ 发挥资源互补优势。 ◇ 强化商贸口岸物流合作。 ◇ 开展农业合作对接。 ◇ 推进文化旅游融合。 ◇ 加强园区交流合作。 ◇ 扩大科教资源共享。		

题目	刊登媒体名称	日期	主题
以旅游特区落实建设"一带一路"的海南担当	海南日报	2015年3月30日	中国（海南）改革发展研究院院长迟福林对"一带一路"下旅游的建议

主要观点	◇ 思想更解放、视野更开放，如实现旅游的陆海联动，吸引带动周边地区旅游资源，海南还需要争取一些新的突破。 ◇ 拓宽思路、科学规划，加快"多规合一"，逐步推动实现总体规划、土地利用规划、基础设施规划、生态环境保护规划、社会政策规划的"五规合一"。 ◇ 不断加大改革力度，如在商事制度改革、行政审批制度改革等方面有条件创造更多经验，推动形成更加灵活开放的体制机制。 ◇ 政策更加开放，把中央赋予的优惠政策用活用好用充分。 ◇ 提升人才素质、加强科学管理。 ◇ 以旅游为纽带，把周边地区联结起来，形成"一带一路"中富于特色的有机板块。

题目	刊登媒体名称	日期	主题
海南在"一带一路"中要扮演好四大角色	海南日报	2015年3月30日	海南的四种角色

主要观点	◇ 海南可以协调中国与东南亚国家在文化上的交往。 ◇ 海南物产丰富，可以在加工业上有所作为。 ◇ 海外有很多琼籍的华人华侨，海南可以重新延续这个传统，勇敢地走出去。 ◇ 海南需加强自身的基础设施建设。

题目	刊登媒体名称	日期	主题
海口加速融入"一带一路"建设	海南日报	2015年4月8日	海口市政府的行动

主要观点	◇ 市政府启动"重点项目服务月",为重点项目破瓶颈、除障碍、解难题,大力推进海上丝路重要支点城市建设。

题目	刊登媒体名称	日期	主题
"一带一路"有海南·海陆空互联互通	海南日报	2015年4月15日	"一带一路"中海南的规划

主要观点	◇ 海陆空实现互联互通,不断增强自己的"轴点"属性,建成诸多连线的"汇集点"。 ◇ 通过吸引环北部湾各港口——湛江、北海、钦州、防城港的集装箱运输量,构筑海口的环北部湾集装箱枢纽港,从而以此为依托,进一步构建面向整个东南亚乃至新海上丝路整个区域的集装箱物流重要节点。 ◇ 未来美兰、凤凰两机场将结合国家"一带一路"战略,通过建设以机场为中心的综合交通枢纽,持续加密国内一线城市航线,并发展与西部省区城市的通航便利,提高与国内二三线城市的航线网络覆盖率,形成空运、陆运、铁运等多种交通方式互为促进的联动发展格局。

题目	刊登媒体名称	日期	主题
深入贯彻落实国家"一带一路"战略规划 加快推进黑龙江陆海丝绸之路经济带建设	黑龙江日报	2015年4月14日	"龙江丝路带"的定位与建设

主要观点	"龙江丝路带"作为"一带一路"重要组成部分，是一项系统工程，必须切实加强组织领导 ◇ 加快推进通道和口岸基础设施建设。 ◇ 加快发展以哈俄欧跨境货运班列为重点的商贸物流业。 ◇ 加快推进铁路集装箱中心等物流集散基地建设。 ◇ 加快推进综合保税区建设。 ◇ 加快推进外向型产业发展。 ◇ 加快推进金融服务平台建设。

题目	刊登媒体名称	日期	主题
共同抓住国家"一带一路"战略机遇 深化龙港两地互利合作促进共赢发展	黑龙江日报	2015年9月11日	黑龙江省委书记王宪魁表示龙港合作机会明显

主要观点	◇ 龙港经济互补性强，在共同把握机遇，利用"一带一路"深化合作方面潜力巨大。 ◇ "三桥一岛"等对俄合作大通道，极大促进对外开放。 ◇ "龙江丝路带"通道沿线拥有各类各层次园区，政策优惠、交通便利，可成为龙港产业合作的重要支撑。

题目	刊登媒体名称	日期	主题
共同抓住"一带一路"战略机遇，推动更宽领域务实有效合作	黑龙江日报	2015年10月15日	省委书记调研基础设施、重大项目等

主要观点	◇ 加强基础设施建设是扩大投资稳增长的有效途径，也是发展实体经济的重要支撑。 ◇ 实体经济是经济发展的根基，离开实体经济，调整优化产业结构就是一句空话。 ◇ 抓好城市建设，打造宜居园，既是改善民生的举措，也是优化经济发展环境的需要。

题目	刊登媒体名称	日期	主题
连云港将打造"一带一路"农业国际合作重要平台	连云港日报	2014年11月10日	连云港的农业规划

主要观点	◇ 示范区将主要依托港城现有的现代农业基地和园区，充分发挥连云港作为丝绸之路经济带东桥头堡的独特区位优势，打造"一带一路"农业国际合作的重要平台、农产品加工出口的重要基地、现代农业科技创新的重要载体、农业区域合作体制机制创新的重要中心。

题目	刊登媒体名称	日期	主题
港城应做"一带一路"农业合作"领头雁"	连云港日报	2015年2月5日	连云港农业出口

主要观点	◇ 连云港农业出口需要继续做大做强，利用"铁海联通"，实现农业合作对接走出去。

续表

题目	刊登媒体名称	日期	主题
连云港农业龙头企业发力"一带一路"	连云港日报	2015年2月12日	连云港的农业建设

主要观点	◇ 物流对接开始新征途。 ◇ 打造农产品加工贸易基地。 ◇ 向外建设产业基地，如振兴集团花卉有限公司在新疆建设花卉基地。

题目	刊登媒体名称	日期	主题
港城迎来"一带一路"大物流红利	连云港日报	2015年7月16日	连云港的物流红利

主要观点	◇ 拥有海铁联运这一品牌优势。 ◇ 多式联运物流网络逐步形成。 ◇ 企业通关和运输效率进一步优化。

题目	刊登媒体名称	日期	主题
"一带一路"食品农产品贸易大通道提速	连云港日报	2015年9月15日	东中西各省构建检验检疫一体化

主要观点	◇ 实行区域内食品农产品"通报、通签、通放"制度，逐步推行区域检验检疫一体化，放大连云港海陆交汇点的效应，加快了通关速度。

题目	刊登媒体名称	日期	主题
规划建设"四大功能载体" 打造"一带一路"综合枢纽城市	青岛日报	2014年3月23日	青岛的定位

主要观点	四大功能载体 ◇ 打造"一带一路"双向开放桥头堡。 ◇ 建设东亚海洋合作平台。 ◇ 构建"一带一路"经贸合作枢纽。 ◇ 打造"一带一路"综合保障服务基地。

题目	刊登媒体名称	日期	主题
"一带一路":我们如何融入	青岛日报	2015年2月15日	青岛融入"一带一路"的措施

主要观点	◇ 打通陇海线建枢纽城市。 ◇ 海外多元化经营成为新常态。 ◇ 输出现代海洋文化的好契机。

题目	刊登媒体名称	日期	主题
发挥开发性金融作用 服务青岛市融入"一带一路"战略	青岛日报	2015年6月25日	青岛融入"一带一路"的思考

主要观点	◇ 青岛港的国际化发展是青岛市实现全面互联互通的基础与保障。 ◇ 实施"走出去"战略应以国家规划的"一带一路"经济走廊为依托。 ◇ 统筹落实"一带一路"与海洋强国战略,"一带一路"战略是一项长期战略,要作好近中远期规划、梯度推进。

题目	刊登媒体名称	日期	主题
即墨国际陆港：搭航"一带一路"的节点	青岛日报	2015年7月27日	青岛物流发展与"一带一路"

主要观点	核心项目为"一仓一站一基地" ◇ "一仓"即跨境电商专用监管仓库，它将成为青岛市第一家具有海运跨境电子商务海关监管的仓库。 ◇ "一站"即5万平方米的集装箱监管场站。 ◇ "一基地"即由青岛海关确定的海运跨境电子商务监管基地。

题目	刊登媒体名称	日期	主题
"一带一路"金融联盟在青成立	青岛日报	2015年9月18日	"一带一路"金融联盟成立

主要观点	◇ 由丝绸之路经济带所辖省份的23家金融机构共同携手组成的"一带一路"金融联盟在青成立。 ◇ 降低物流环节费用，加快通关速度。

题目	刊登媒体名称	日期	主题
以"一带一路"战略为契机，建设现代农业国际合作中心	陕西日报	2015年1月10日	陕西农业的发展规划

主要观点	◇ 按照产业结构高端化、互联互通多元化、对外贸易便利化、区域发展协同化的思路，全面加快丝绸之路经济带新起点建设。

题目	刊登媒体名称	日期	主题
"一带一路"为农民增收创造新机遇	陕西日报	2015年5月5日	陕西农业在"一带一路"中的机遇

主要观点	◇ 陕西的农业发展仍具有发展潜力,"一带一路"战略可以为农业增收提供新途径,如扩大产业链和提高产业效率。

题目	刊登媒体名称	日期	主题
"一带一路"+互联网:丝路经济新动力	陕西日报	2015年5月27日	"一带一路"上的互联网机遇

主要观点	◇ 西安国际商务港开始建立"网上丝绸之路",这是互联网时代比"陆上丝路""海上丝路""空中丝路"等更高效的沟通方式。

题目	刊登媒体名称	日期	主题
西安和泉州、桂林共推"一带一路"建设	陕西日报	2015年6月16日	西安等共建"一带一路"

主要观点	◇ 西安和泉州分别是古代丝绸之路上的起点城市,在丝绸之路经济带和21世纪海上丝绸之路建设中承担着重要的历史使命。 ◇ 西安市政府将与桂林市政府建立高层领导定期会晤协商制度、部门对口联系制度、企业对口合作机制、规划合作机制。

题目	刊登媒体名称	日期	主题
陕西物流应借力"一带一路"走天下	陕西日报	2015年7月14日	陕西物流的战略规划

主要观点	◇ 以大型公路为运输枢纽,大型集装箱运输为核心,发展"一带一路"相关项目。

续表

题目	刊登媒体名称	日期	主题
喀什构建"一带一路"旅游集聚区	新疆日报（汉）	2015年6月26日	喀什与"一带一路"

主要观点	◇ 把喀什打造成特色突出、设施完备、环境优美、服务优良、交通便捷的丝绸之路文化和民族风情国际旅游集散中心。 ◇ 喀什地区将旅游业纳入六大产业集群，喀什市将发展旅游列为一号工程。

题目	刊登媒体名称	日期	主题
努力把若羌打造为"一带一路"上的战略亮点	新疆日报（汉）	2015年11月5日	"一带一路"战略实施的价值

主要观点	◇ 发挥区位人文优势，打造"一带一路"战略亮点。 ◇ 强化基层组织建设，为打造"一带一路"战略亮点提供坚强保障。 ◇ 保障和改善民生，为打造"一带一路"战略亮点凝聚力量。 ◇ 创新加强文化建设，为打造"一带一路"战略亮点提供文化支撑。 ◇ 筑牢社会稳定和长治久安基础，为打造"一带一路"战略亮点营造和谐社会环境。

题目	刊登媒体名称	日期	主题
喀什市借力"一带一路"对外贸易蓬勃生长	新疆日报（汉）	2015年11月9日	喀什外贸发展制度

主要观点	◇ 外贸国别增多，向发达国家积极靠拢。 ◇ 外贸格局转变，多元化战略彰显成效。

题目	刊登媒体名称	日期	主题
服务国家"一带一路"战略 推进新疆"丝绸之路经济带核心区"建设	新疆日报（汉）	2015年12月11日	国开行在"一带一路"中的措施

主 要 观 点	◇ 积极贯彻中央战略，发挥对外投融资合作银行作用。 ◇ 不断完善组织机构，发挥伊犁、喀什两个二级分行作用。 ◇ 贯彻国家经济外交战略，支持中资企业走出去。 ◇ 落实中央治疆方略，支持新疆"三基地一通道"建设。 ◇ 发挥中长期投融资优势，促进新疆与中亚基础设施互联互通。 ◇ 促进"资金流通、贸易畅通"，促进新疆与中亚经贸往来。

题目	刊登媒体名称	日期	主题
"一带一路"梳理昆明战略先行牌	云南经济日报	2015年4月11日	昆明的战略优势

主 要 观 点	◇ 昆明浓缩了云南的区位优势。 ◇ 加大交通建设，建成辐射中心。 ◇ 寻找产业发展契合点和共振点。 ◇ 形成融入接轨国际大开放格局。 ◇ 着力加快世界知名旅游城市建设。

续表

题目	刊登媒体名称	日期	主题
云南要做"一带一路"沿线的重要文化集散地	云南经济日报	2015年7月9日	云南在"一带一路"建设中要发挥文化特性

主要观点	◇ 要加大力度推进文化走出去，通过多种方式的人文交流活动，积极主动地向周边国家，尤其是南亚国家宣传云南的多元文化。 ◇ 要积极支持南亚文化走进云南的活动，让南亚的多元文化与云南的多民族文化碰撞出灿烂的火花。 ◇ 与南亚各国合作开展民族体育赛事。 ◇ 大力推进与南亚的旅游合作。

题目	刊登媒体名称	日期	主题
昆明：借助"互联网+"服务融入"一带一路"	云南经济日报	2015年10月17日	云南的互联网计划

主要观点	◇ 借助云南省互联网大会，将"互联网+"的思维融入到昆明市的发展中去。

题目	刊登媒体名称	日期	主题
集智"一带一路"聚焦云南区位	云南政协报	2014年10月13日	2014中国经济社会论坛上专家的观点

主要观点	◇ 全国政协委员、中国快递协会会长高宏峰：云南新疆成南北丝绸之路关键节点。 ◇ 全国政协委员、招商银行原行长马蔚华：打造跨境金融中心云南大有可为。 ◇ 全国政协经济委副主任、全国工商联副主席、香港经纬集团主席陈经纬：发挥华商经济的独特作用。 ◇ 国家发展和改革委员会秘书长李朴民：打造大湄公河次区域经济合作新高地。 ◇ 全国政协委员、韬奋基金会理事长聂震宁：大力实施新闻出版"走出去"扶持计划。 ◇ 全国政协委员、商务部原副部长陈健：建设南亚商品进口平台和投资基点。 ◇ 全国政协委员、财政部财政科学研究所原所长贾康：推行多元筹资模式运用PPP合作机制。

题目	刊登媒体名称	日期	主题
昭通融入"一带一路"关键在于互联互通	云南政协报	2015年9月14日	"一带一路"下昭通的发展

主要观点	◇ 加强交通条件的建设，发挥区位优势，利用互联互通让区位优势变成发展优势。

题目	刊登媒体名称	日期	主题
"一带一路"建设方案呼之欲出 基础设施和服务业将展示"利润诱惑"	证券日报	2014年10月9日	"一带一路"建设对我国经济转型的意义

主要观点	◇ 发展"一带一路"将对我国的文化、旅游、贸易、金融、交通、基建等行业有重要促进作用。 ◇ 当前我国经济正处于转型"深水期",欲使我国经济增长动力从出口、投资转向内需,第三产业是支撑经济转型的关键。而"一带一路"将会利好我国第三产业,这对我国经济转型有重要意义。

题目	刊登媒体名称	日期	主题
"一带一路"形成我国未来十年政策红利	证券日报	2014年11月10日	资本市场与"一带一路"

主要观点	◇ 建设"一带一路"除了有利于我国西部开发,实现产业升级,还将对沿海地区依靠全球的贸易更加便利。 ◇ 经济的高速增长必然促进资本市场的火热,而我国资本市场也将因经济带的发展和建设获得更多积极的影响。

题目	刊登媒体名称	日期	主题
"一带一路"打通东联西出大通道 光伏企业抢先布局	证券日报	2014年11月19日	"一带一路"与光伏产业

主要观点	◇ 中国是世界第一大光伏制造国,为"一带一路"提供以光伏为代表的清洁能源,责无旁贷。 ◇ 新疆就是一个可再生能源大区。其未来很有可能担负起"一带一路"能源"桥头堡"的重任。

题目	刊登媒体名称	日期	主题
"一带一路"推动中国经济走出去 互联互通有效促进经济交流	证券日报	2014年12月18日	"一带一路"与两类市场

主要观点	◇ "一带一路"的发展主要着眼于向西开放以及未来我国建设海洋强国的战略目标。 ◇ "一带一路"的建设以及与其他国家的互联互通使我国能够更加有效地利用国际、国内两个市场找到发展的空间和未来的经济增长点。

题目	刊登媒体名称	日期	主题
"一带一路"为民营资本提供巨大商机	证券日报	2015年3月11日	"聚焦'一带一路'战略 实现四个全面发展"论坛

主要观点	◇ 国家对"走出去"始终持支持态度,"一带一路"尤其是海上丝绸之路,为民营企业打开了一条把产品传统价值链延伸到海上丝绸之路的大机会。

题目	刊登媒体名称	日期	主题
"一带一路"下产业"出海"靠什么?	中国经济时报	2015年4月17日	产业走出国门的要求

主要观点	◇ 积极展开"一带一路"倡议与有关国家规划相结合,开展国际产能合作和产业对接的倡议及愿景。 ◇ 推进国际法治是人心所向,维护国际贸易法,维护和完善国际金融体系。 ◇ 推进法治的合作,是经济合作,特别是加强"一带一路"国际产能合作的一个重要前提与保障。

"一带一路"倡议相关书籍要点汇总

附录2 "一带一路"倡议相关书籍要点汇总

书名	作者	出版社	出版时间
欧亚时代—丝绸之路经济带研究蓝皮书2014—2015	中国人民大学重阳金融研究院 主编	中国经济出版社	2014年10月

提纲	◇ 丝绸之路经济带与欧亚时代 ◇ 丝绸之路经济带的难点与障碍 ◇ 丝绸之路经济带与各国关系 ◇ 丝绸之路经济带与中国未来

摘要	（1）丝绸之路经济带要真正成为一种外交实践，要处理好几个问题 ◇ 要和中国在中亚的总体战略布局相适应。 ◇ 要和中国对欧亚地区的外交政策相适应。 ◇ 要和中国经济长期发展的客观需求相适应。 ◇ 要和地区形势乃至大的国际环境变化相适应。 （2）丝绸之路经济带的难点与障碍 ◇ 中国缺少一个合法的、有影响力的和相应实权的国际结构，来协调整个欧亚大陆的经济增长计划。 ◇ 网球拍现象：丝绸之路经济带的基本情况是，西面是欧洲密度很高的铁路网，东边（西安以东）形成了密度较高的铁路网。而中间（中国西北和中亚）由于人口密度低，产业密度低，经济发展贫弱，导致两者中间很不协调。很难形成符合标准的经济带。

续表

书名	作者	出版社	出版时间
亚太地区发展报告（2015）"一带一路"	李向阳 主编	社会科学文献出版社	2015年1月

提纲	◇ 总报告 ◇ 专题："一带一路" ◇ 区域经济合作 ◇ 地区热点问题 ◇ 中国与地区大国关系
摘要	◇ 2014—2015年亚太形势回顾与展望：亚洲经济仍然是全球经济增长的主要引擎，过去一年中，以"亲诚惠容"为基础的我国周边战略取得了重大进展。 ◇ "21世纪海上丝绸之路"与"丝绸之路经济带"一起构成了中国全方位对外开放新格局和经济外交战略的新框架。 ◇ 地区国际环境的变化给中国区域合作战略带来一个重要挑战，即如何服务于中国的可持续崛起。

书名	作者	出版社	出版时间
中国"一带一路"战略的政治经济学	邹磊 著	上海人民出版社	2015年2月

提纲	◇ 地缘、贸易与信仰：对古代丝绸之路的再思考 ◇ 新旧之间：理解中国与中东的"现代丝绸之路" ◇ 经略海陆：中国"一带一路"倡议的战略谋划 ◇ 点面结合：中国在"一带一路"上的推进举措 ◇ 任重道远：中国在"一带一路"上的风险与因应
摘要	◇ 研究视角：历史与比较。作为新时期中国政府明确提出的重大国家发展战略，对"一带一路"的考察至少存在着两个参照系，一是与古代丝绸之路的纵向比较，二是与中国—中东"现代丝绸之路"的横向比较。 ◇ 战略意义的解读：作为重大国家战略，"一带一路"分别体现或蕴含了中国在近期和远期两个层面的战略谋划。 ◇ 点面结合：着重考察了中国为推动"一带一路"建设所开展的政治安排、金融合作、互联互通和次区域合作。 ◇ "一带一路"涉及的宗教因素：在国家间大规模军事冲突可能性大大降低的背景下，宗教扩张再次成为了中国在丝绸之路经济带建设进程中面临的重要挑战。 ◇ 对"一带一路"的风险评估与前景展望：尽管"一带一路"蕴含着构建活跃的亚欧大市场乃至国际政治经济新秩序的战略潜力，但各种固有与新生、潜在与现实的挑战却仍有可能对其造成严重干扰。 ◇ "一带一路"：中美战略互动新空间，随着中美关系的日益国际化，两国未来势必将围绕"一带一路"开展战略协调。

书名	作者	出版社	出版时间
丝路列国志	李永全 主编	社会科学文献出版社	2015年3月

提纲	◇ 阿尔巴尼亚、阿富汗、阿塞拜疆、爱沙尼亚、巴基斯坦、白俄罗斯、保加利亚、波兰、波斯尼亚和黑塞哥维那、俄罗斯、格鲁吉亚、哈萨克斯坦、吉尔吉斯斯坦、捷克共和国、克罗地亚、拉脱维亚、立陶宛、罗马尼亚、马其顿、孟加拉国、缅甸、摩尔多瓦、黑山、塞尔维亚、斯洛伐克、斯洛文尼亚、塔吉克斯坦、土耳其、土库曼斯坦、乌克兰、乌兹别克斯坦、匈牙利、亚美尼亚、伊朗、印度
摘要	◇ 本书介绍了欧亚大陆"丝绸之路经济带"上35个国家的基本国情，包括政治制度、政党制度、经济发展情况和社会状况，以及国家发展简史及文化特色，分析了各国的投资政策和投资环境等。可以作为咨询手册供读者查询和了解最基本的知识。

续表

书名	作者	出版社	出版时间
流量经济新论——基于中国"一带一路"战略的理论视野	孙希有 著	中国社会科学出版社	2015年3月
提纲	◇ 导言"一带一路"是经济流动性发展、人类共同发展的元叙事 ◇ 上篇 流量经济是经济流动性的新概述 ◇ 第一章 流量经济新概述 ◇ 第二章 流量经济的作用 ◇ 第三章 政策对流量经济的影响 ◇ 下篇 "一带一路"是流动性经济理论的全实践 ◇ 第四章流量经济理论与地域分工理论		
摘要	◇ 在充分研究"一带一路"发展战略构想及综合研究全球若干区域经济增长理论后，提出了流量经济新论、增长决堤律理论、差序增长极律理论等。 ◇ 得出的结论性观点是：从理论内涵上看，全球具有研究流动性经济发展的理论都处于支持"一带一路"的战略思维状态，而"一带一路"的战略思维就是对流动性经济理论的实践验证。		

书名	作者	出版社	出版时间
对外投资新空间——"一带一路"国别投资价值排行榜	钟飞腾 朴珠华 刘潇萌 滕卓攸等著	社会科学文献出版社	2015年3月
提纲	◇ 全球政治经济形势下的中国"走出去" ◇ 投资新形势下的"一带一路"战略 ◇ 中国在"一带一路"沿线国的投资 ◇ "一带一路"投资环境评估的理论构建 ◇ "一带一路"沿线国基础设施指数评估 ◇ "一带一路"沿线国经济指数评估 ◇ "一带一路"沿线国制度指数排名 ◇ "一带一路"沿线国政治指数排名 ◇ "一带一路"投资价值总排行		
摘要	◇ 总结国际上关于投资环境评估的一般标准，着重归纳中国对外投资的决定因素，构建一套评估的指标体系，得出中国企业对"一带一路"投资时的东道国投资环境分析，并在此基础上对国别投资价值进行排序。		

书名	作者	出版社	出版时间
丝绸之路经济带与区域经济发展研究	孙久文 高志刚 主编	经济管理 出版社	2015年3月

提纲	◇ 构建我国区域发展和全面对外开放的新格局 ◇ 国际区域经济合作新形势下我国"一路一带"战略 ◇ 基于"西向开放"的"丝绸之路经济带"建设 ◇ 中国和平崛起战略背景下的"丝绸之路经济带" ◇ "丝绸之路经济带"的产业空间布局 ◇ "丝绸之路经济带"建设中的能源安全与能源合作 ◇ "丝绸之路经济带"与向西开放 ◇ 新疆构建"丝绸之路经济带"核心区战略 ◇ 新疆"丝绸之路经济带"核心区与边境自由贸易区建设 ◇ "丝绸之路经济带"新疆与中亚的经贸及交通合作
摘要	（1）我国能源主要威胁 ◇ 石油进口的来源集中。 ◇ 能源运输通道存在风险。 ◇ 能源战略储备不足。 （2）加强"丝绸之路经济带"沿线国家能源安全与合作的政策建议 ◇ 开展"丝绸之路经济带"沿线国家能源安全体系建设必须上、中、下游多领域并举。 ◇ 能源企业是促进能源安全体系建设的主力军。 ◇ "丝绸之路经济带"建设中的能源安全体系建设必须贯彻"合作共赢、共同发展"的理念。 ◇ 西部省区是"丝绸之路经济带"沿线国家能源安全体系建设的重要联结地段。 ◇ 由政府主导、发挥政府之间项目推进的作用。

书名	作者	出版社	出版时间
"一带一路"：机遇与挑战	王义桅 著	人民出版社	2015年4月
提纲	◇ 前言 "一带一路"的历史超越 ◇ 一、建设"一带一路"，融通中国梦与世界梦 ◇ 二、"一带一路"的机遇 ◇ 三、"一带一路"的挑战 ◇ 四、如何推进"一带一路"建设		
摘要	（1）"一带一路"的挑战 ◇ 政治风险：既包括沿线国家的疑虑，也包括域外国家的阻挠。 ◇ 安全风险：客官地理因素导致的自然风险、对生态环境的破坏、极端势力的威胁、政府组织的威胁、海上安全风险、国内与国际安全。 ◇ 经济风险：短期需警惕全球货币政策分化的风险，中长期需警惕未来全球化经济结构调整的风险，在实践过程中需警惕和防范投融资风险，防范主权债务和地方债务风险。 ◇ 法律风险：大致分为因投资、劳工问题、环境问题、经营不善、沿线国法律不完善、贸易而面临的法律风险。 ◇ 道德风险：主要包括国家层面、企业层面、个人层面。 （2）如何推进"一带一路"建设 ◇ 理念创新：多边共赢的合作理念、空前包容的开放理念、均衡协调的发展理念。 ◇ 理论创新：经济发展理论、区域合作理论、全球化理论。 ◇ 方式崭新：四要原则、五大支柱（政策沟通、设施联通、贸易联通、资金融通、民心相通）和上合组织开展务实合作的五大具体措施（提供贷款、减免关税、培养人才、增加援助、消除债务）。		

书名	作者	出版社	出版时间
"一带一路"建设与东盟地区的自由贸易区安排	王金波 著	社会科学文献出版社	2015年5月
提纲	◇ "一带一路"的历史传承与时代内涵 ◇ "一带一路"打造中国—东盟"钻石十年" ◇ "一带一路"与中国—东盟自贸区的升级 ◇ "一带一路"和RCEP框架下中国与东盟合作的机制化 ◇ "一带一路"与东盟经济共同体的深度链接		
摘要	◇ 中国与东盟贸易联系和经济相互依赖程度日益加深。 ◇ 东亚/亚太区域生产网络的完善和地区统一市场的构建或许更应该成为升级版中国—东盟自贸区和RCEP谈判的首要目标。 ◇ 服务贸易和投资应成为下一部中国—东盟合作的重要增长点。 ◇ 目前在亚太地区，日本、韩国、澳大利亚和新加坡等发达经济体的服务贸易竞争力高于中国、印度和东盟等。 ◇ 通过中国在东盟在新规则关键条款上和美国的覆盖率的差别，升级版的中国—东盟自贸区应关注环保、劳工、竞争政策、知识产权、制度机制、国有企业、政府采购等"第二代"贸易政策，以及电子商务、核安全、采矿业、研发、信息传播、金融服务等领域。 ◇ 日韩与东盟间的投资联系更密切，中国与东盟相互间投资还有很大上升空间。 ◇ RCEP（区域全面经济伙伴关系协议）是一个各方共赢的区域合作安排。 ◇ 不管是TPP还是RCEP，亚太地区任何缺少中国的区域合作机制都无法实现福利效应的最大化。		

书名	作者	出版社	出版时间
"一带一路"全球发展的中国逻辑	冯并 著	中国民主法治出版社	2015年5月
提纲	◇ 继往开来 前所未有的全球经济发展战略 ◇ 走出国门 国内经济模式的全面转变 ◇ 合作共赢 扭转经济"逆向全球化"走势 ◇ 丝路走向 跨大区域经济优势互补 ◇ 初战告捷 "一带一路"战略初见成效		
摘要	◇ "一带一路"发展是当代地缘学说的合理回归与创新,拉近了人们审视过去展望未来的发展视野,并为规避和消解多种"全球风险"开辟了新的途径。 ◇ 经济发展方式的转变需要发展战略的同步转型,"一带一路"是使中国经济走向更大开放的4.0全球市场版。 ◇ 扭转经济"逆向全球化"走势,经济全球化在曲折中推进,需要新的能量与新的战略整合。打破和减轻根深蒂固的地缘政治理论影响,要有全球共同发展的新的语境和不断完善的经济治理结构,在跨大区域经济合作的和平发展与共同发展中推动经济全球化向前发展。		

书名	作者	出版社	出版时间
"一带一路"沿线国家主权信用风险报告	毛振华 阎衍 郭敏 主编	经济日报出版社	2015年5月

提纲	◇ "一带一路"沿线国家主权信用风险报告 ◇ 国别风险报告 ◇ 附表：中诚信国际评级结果
摘要	（1）"一带一路"沿线国家信用表现的特征 ◇ 主权信用极差跨度大。 ◇ 部分国家主权信用评级中次级因素评分差异明显。 ◇ 部分沿线国家存在主权级别下调风险。 ◇ 随着"一带一路"的推进，国家经济金融的深度融合，将有利于提升沿线国家的信用。 （2）风险归类 ◇ 新亚欧大陆桥涵盖欧洲国家，整体风险较低，财政风险相对突出。 ◇ 中亚—西亚经济走廊涵盖中亚五国及伊朗，总体政治风险较高，财政风险相对最小。 ◇ 21世纪海上丝绸之路经济带包括东南亚及非洲等国，经济风险相对最小，政治风险值得关注。 ◇ 孟中缅印、中巴经济走廊主要辐射南亚及东南亚邻国，政治风险是主要的不稳定因素。 （3）建议 ◇ 为更好地支撑"一带一路"建设的金融需求，需从货币稳定体系、投融资体系和信用体系三方面入手。

书名	作者	出版社	出版时间
"一带一路"：定位、内涵及需要优先处理的关系	李向阳 著	社会科学文献出版社	2015年5月

提纲	◇ 中国的和平崛起与"一带一路" ◇ "一带一路"的基本定位 ◇ "一带一路"的内涵与特征 ◇ 建设"一带一路"需要优先处理的关系
摘要	（1）"一带一路"的基本定位 ◇ "一带一路"是新一轮全方位对外开放的重大举措。 ◇ "一带一路"是新时期中国周边战略的重要依托。 ◇ "一带一路"是实施经济外交的新平台。 ◇ "一带一路"将为推动全球贸易投资自由化提供一种新的路径。 （2）"一带一路"的内涵与特征 ◇ "一带一路"继承了古丝绸之路的合作、共赢理念，以运输通道为纽带把众多国家和地区联系起来； ◇ 以基础设施建设为核心的互联互通将成为"一带一路"的基础。 ◇ 在"一带一路"框架内实施多元化的合作机制是其重要特征。 ◇ 打造利益共同体、责任共同体和命运共同体将成为"一带一路"的目标。 （3）建设"一带一路"需要优先处理的关系 ◇ 政府与企业的关系。 ◇ 中央政府与地方政府的关系。 ◇ 历史与现实的关系。 ◇ 经济合作与非经济合作的关系。 ◇ 充分利用现有比较优势与开发新优势的关系。 ◇ 机制化合作与非机制化合作的关系。

书名	作者	出版社	出版时间
中美丝绸之路战略比较研究——兼议美国新丝绸之路战略对中国的特殊意义	赵江林 著	社会科学文献出版社	2015年5月
提纲	◇ 中美丝绸之路倡议的缘起与走向比较 ◇ 中美丝绸之路倡议的战略性质与战略方向比较 ◇ 中美丝绸之路倡议的战略手段比较 ◇ 美国丝绸之路倡议对中国的潜在挑战 ◇ 对中国丝绸之路倡议实施的几点思考		
摘要	◇ 中美丝绸之路倡议的战略性质与战略方向比较：美国的丝绸之路更具有"外生性"，中国的丝绸之路计划则关注的是自身与周边国家共同增长的问题，更具有"内生性"。 ◇ 中美丝绸之路倡议的战略手段比较：中美两国均在利用各自优势形成对地区经济发展与社会稳定的支持，就具体路径而言，美国偏于解决相关地区经济增长中需求方面的问题或市场问题，而中国则偏于直接改善当地的经济增长条件，属于供给方面。		

续表

书名	作者	出版社	出版时间
21世纪海上丝绸之路：目标构想、实施基础与对策研究	赵江林 主编	社会科学文献出版社	2015年5月

提纲	◇ 21世纪海上丝绸之路的战略构想与目标定位 ◇ 21世纪海上丝绸之路推行的宏观经济基础 ◇ 21世纪海上丝绸之路推行的微观基础：企业价值链视角 ◇ 21世纪海上丝绸之路实施的贸易基础：国家价值链视角 ◇ 21世纪海上丝绸之路与区域基础设施互联互通 ◇ 21世纪海上丝绸之路与区域合作新模式 ◇ 印度与21世纪海上丝绸之路建设 ◇ "一带一路"实施的目标共性、路径差异与对策研究
摘要	◇ 投资方面："一带"：在继续保持传统贸易关系的同时，通过投资手段逐步改变现有的贸易结构；"一路"：应侧重定位于水平型产业分工关系的确立。 ◇ 产业园区建设方面："一带"：侧重建立以资源为基础的深加工产业园区；"一路"：针对已经发展起来的国家，侧重建立以技术为基础的、具有水平分工关系的现代产业园区，针对不发达的国家，侧重建立以传统产业转移为主的垂直型产业分工关系园区。 ◇ 金融合作方面："一带"：考虑建立以新疆为中心的西部金融中心，用于满足中国西北地区与中亚五国的产业发展需求；"一路"：考虑建立上海、香港、新加坡三市联动的服务人民币"走出去"的金融体系。 ◇ 基础设施建设方面："一带"：侧重陆路交通基础设施、电力设施的建设；"一路"：侧重港口建设以及港口与国内产销通道的建设以及城市基础设施的升级换代。 ◇ 制度建设方面："一带"：不宜做更多的制度性安排，应将更多的努力放在功能性合作上；"一路"：侧重国内性政策制度的一致性建设。 ◇ "早期收获"方面："一带"：以硬件建设为主；"一路"：既要挑选好的核心或关键基础设施的修建，也要加快制度方面的融合。

书名	作者	出版社	出版时间
"一带一路"与亚洲一体化模式的重构	王玉主 著	社会科学文献出版社	2015年5月
提纲	◇ "一带一路":中国版的亚洲再平衡 ◇ 亚洲经济一体化:呼唤新型合作模式 ◇ 互联互通与区域一体化 ◇ 在"一带一路"建设中构建亚洲新型一体化模式		
摘要	◇ 美国亚洲再平衡的战略目标是维护东亚在政治、经济、安全等方面从属于美国这个权力中心,是维护不平衡秩序的战略,对亚洲没有好处。 ◇ 亚洲区域一体化的抱负不是整合亚洲,而是提升与外部经济的联系能力。 ◇ 中国在区域合作中过分看重东北亚合作的进展,特别是中日合作上的突破。 ◇ 亚洲一体化模式没有形成以整合亚洲为目标的努力。 ◇ 区域一体化不会在市场力量的作用下产生,反而会使亚洲经济受到分化。 ◇ 互联互通的经济的一体化效应主要表现在互联互通的规模经济效应和贸易创造效应。 ◇ 东盟提出的互联互通的建设并没有带来一体化模式的创新。 ◇ 互联互通建设被贴上"中国对亚洲的开发"这样的标签对"一带一路"战略的开展是非常不利的。 ◇ 建议中国和东盟可以通过协商制定"中国东盟互联互通规划"来提升一体化要求的基础设施等方面的建设水平。		

书名	作者	出版社	出版时间
丝绸之路经济带上的经济发展	郭立宏 任保平等著	中国经济 出版社	2015年6月
提纲	◇ 丝绸之路经济带经济发展的状态描述 ◇ 中亚五国经济发展的历史演化 ◇ 丝绸之路经济带上中亚五国的发展模式 ◇ 丝绸之路经济带上中亚五国的发展前景与趋势预测 ◇ 哈萨克斯坦经济发展状态与前景 ◇ 乌兹别克斯坦的经济发展状态与前景 ◇ 吉尔吉斯斯坦经济发展状态与前景 ◇ 土库曼斯坦的经济发展状态与前景 ◇ 塔吉克斯坦的经济发展状态与前景 ◇ 新丝绸之路经济带发展战略的构建 ◇ 中国参与丝绸之路经济带的战略 ◇ 丝绸之路经济带建设背景下的西部大开发战略 ◇ 陕西与西安参与丝绸之路经济带建设的战略		
摘要	◇ 对丝绸之路经济带上的中亚五国发展模式进行了描述与总结。 ◇ 对丝绸之路经济带的战略构想,以及中国参加丝绸之路经济带的战略、西部参加丝绸之路经济带的战略以致陕西和西安参加丝绸之路经济带的战略进行了分析和规划。		

书名	作者	出版社	出版时间
图说"一带一路"大战略	任宣 编	人民日报出版社	2015年6月

提纲	◇ 一张图看懂"一带一路"战略 ◇ 20个关键词 ◇ "一带一路"必知干货 ◇ 走进"一带一路"大战略 ◇ 为什么提："一带一路"的背景 ◇ 是什么："一带一路"的背景 ◇ 去做什么："一带一路"的合作重点 ◇ 怎么做："一带一路"的实现措施 ◇ 各地如何布局："一带一路"的机遇 ◇ 愿景：共创美好未来
摘要	◇ 用图说的方式阐释为什么提出"一带一路"，"一带一路"是什么，各地如何发挥优势参与，已经取得了哪些成果，如何进一步参与落实，等等。 ◇ 有助于广大读者更好地领会国家"一带一路"的精神，更好地认识和理解"一带一路"。

书名	作者	出版社	出版时间
海丝列国志	王灵桂 主编	社会科学文献出版社	2015年6月

提纲	◇ 阿联酋、阿曼、埃及、埃塞俄比亚、澳大利亚、巴林、比利时、德国、东帝汶、法国、菲律宾、荷兰、柬埔寨、卡塔尔、科威特、老挝、黎巴嫩、马达加斯加、马尔代夫、马来西亚、毛里求斯、蒙古国、尼泊尔、瑞士、沙特阿拉伯、斯里兰卡、泰国、文莱、西班牙、新加坡、新西兰、也门、伊拉克、以色列、意大利、印度尼西亚、英国、越南
摘要	◇ 本书介绍了21世纪海上丝绸之路沿线国家的基本国情并分析了投资环境，涵盖亚洲、非洲、欧洲、大洋洲等38个国家，内容包括六个部分，分别是基本信息、政治状况、经济形势、投资状况、双边关系、总体风险评估，可以供读者了解"一带一路"倡议。

书名	作者	出版社	出版时间
启航"一带一路"	本书编委会	上海交通大学出版社	2015年7月

提纲	◇ 启航"一带一路" ◇ 21世纪领导力 ◇ 营销革新 ◇ 绿色发展 ◇ 书摘 ◇ 访谈
摘要	◇ 传承丝路精神，共建"一带一路"、多边金融格局新力量。 ◇ 亚投行的创新与活力、寻找真正可投资的大型基建项目、解码领导力。 ◇ "互联网+"时代的跨界领导力艺术。 ◇ 武建强访谈录、营造创新创业生态系统。 ◇ 杨斌访谈录等。

书名	作者	出版社	出版时间
山东融入"一带一路"建设战略研究	郑贵斌 李广杰 主编	人民出版社	2015年7月
提纲	◇ 我国实施"一带一路"新战略的背景、意义及基本框架 ◇ 我国部分省区市参与"一带一路"建设的做法及启示 ◇ 山东与"丝绸之路"域外各国交流合作的历史渊源 ◇ 山东推进"一带一路"建设的意义与SWOT分析 ◇ 山东参与并推进"一带一路"建设的思路、原则、定位和目标 ◇ 山东参与并推进"一带一路"建设的战略布局 ◇ 山东与"一带一路"沿线国家和地区的贸易合作 ◇ 山东与"一带一路"沿线国家和地区的投资合作 ◇ 山东与"一带一路"沿线国家和地区的产业合作 ◇ 山东与"一带一路"沿线国家和地区的产业园区建设合作 ◇ 山东与21世纪"海上丝绸之路"沿线国家和地区的海上合作 ◇ 山东与"一带一路"沿线国家和地区的科技合作 ◇ 山东与"一带一路"沿线国家和地区的环保合作 ◇ 山东与"一带一路"沿线国家和地区的旅游合作 ◇ 山东与"一带一路"沿线国家和地区的文化交流与合作 ◇ 山东参与并推进"一带一路"建设的支撑体系		
摘要	（1）总体思路 ◇ 以开放合作为主线。 ◇ 以扩大双向投资为重点。 ◇ 以通道建设为突破。 ◇ 以重大项目为载体。 ◇ 以体制机制创新为保障。 ◇ 以园区建设为支撑。 （2）战略定位 ◇ 海路交汇互动的东北亚国际航运枢纽。 ◇ 国家东西双向开放的"桥头堡"。 ◇ "一带一路"区域性国际商贸中心。 ◇ 国家海洋开发合作核心区。 ◇ 全国海陆统筹、东中西联动发展的重要引擎。 （3）发展目标 ◇ 打造新亚欧经济走廊和新经济增长极。 ◇ 构筑全国高端产业集聚区。 ◇ 打造重要的区域经济合作战略平台。 ◇ 优化山东对外开放格局。 ◇ 推动区域经济一体化进程。		

书名	作者	出版社	出版时间
"一带一路"构建全方位开放新格局	国家发展和改革委员会学术委员会办公室 编	中国计划出版社	2015年8月

提纲	◇ 举全国之力推进"一带一路"建设 ◇ 举全国之力推进"一带一路"建设———培育国际合作竞争新优势 ◇ 举全国之力推进"一带一路"建设———健全投融资机制 ◇ 举全国之力推进"一带一路"建设———构建国际物流大通道 ◇ 举全国之力推进"一带一路"建设———构建"一带一路"战略引领下 ◇ 举全国之力推进"一带一路"建设：新疆定位 ◇ 打造丝绸之路经济带（宁夏）试验示范区研究 ◇ 举全国之力推进"一带一路"建设———面向西南开放的支撑要素研究 ◇ 强化重庆中心枢纽作用，增强对"一带一路"的战略支撑研究 ◇ 湖北实施"一带一路"战略的研究 ◇ 江苏推进"一带一路"建设的目标定位及重要举措
摘要	（1）加快推进"一带一路"建设的布局和模式 ◇ 形成全方位开放新格局、构建开放型经济新体制。 ◇ 共同富裕、顾全中西部开放大局、经济生态协调发展。 ◇ 增加公共产品和公共服务，不能全盘依靠政府推动、培育国际合作与竞争新优势。 （2）加快推进"一带一路"的合作体系建设 ◇ 构建东中西合作新体系。 ◇ 构建合作新机制。 ◇ 建设全方位国际合作新格局。 （3）举全国之力推进"一带一路"建设的路径 ◇ 培育国际合作竞争新优势。 ◇ 健全投融资机制。 ◇ 构建国际物流大通道。 ◇ 构建"一带一路"战略引导下的全方位区域开放格局。

书名	作者	出版社	出版时间
"一带一路"基础设施投融资机制研究	罗雨泽 著	中国发展出版社	2015年8月
提纲	◇ 基础设施投融资研究进展 ◇ 跨境基础设施投融资主要模式比较分析 ◇ 主要经济体跨境基础设施投融资经验 ◇ 我国跨境基础设施建设投融资现状 ◇ 我国跨境基础设施投融资机制建设建议 ◇ 亚洲基础设施投资银行筹建及国际合作 ◇ "一带一路"政策支持体系 ◇ 正确认识和积极稳妥推进"一带一路"建设		
摘要	◇ 我国跨境基础设施建设投融资现状：全球基础设施建设资金需求巨大；发展中国家基础设施新建要求尤为迫切，而发达经济体基础设施更新维护需求客观；资金供给相对需求而言存在较大缺口。 ◇ 我国融资能力还与我国基础设施建设能力不相匹配。我国跨境基础设施投融资建设建议：拓宽资金来源渠道、完善投融资平台、创新投融资方式、充分利用现有国际合作机制。 ◇ "一带一路"政策支持体系的问题和挑战：地缘政治风险、基础设施建设资金缺口大、各国规划协调难度大、政策沟通缺乏强有力推进机制。		

书名	作者	出版社	出版时间
国外智库看"一带一路"	王灵桂 主编	社会科学文献出版社	2015年9月
提纲	◇ 印度智库观点摘要 ◇ 美国智库观点摘要 ◇ 俄罗斯智库观点摘要 ◇ 英国智库观点摘要加拿大智库观点摘要 ◇ 巴基斯坦智库观点摘要新加坡智库观点摘要 ◇ 澳大利亚智库观点摘要 ◇ 日内瓦智库观点摘要 ◇ 土耳其智库观点摘要荷兰智库观点摘要 ◇ 瑞典智库观点摘要 ◇ 以色列智库观点摘要哈萨克斯坦智库观点摘要 ◇ 比利时智库观点摘要		
摘要	◇ 从目前的统计看，无论是从关注的领域、议题，还见从角度、力度，美国智库对"一带一路"合作倡议最为关心。总体看，一个时期以来，美国的110多家智库对"一带一路"的初步反映中，负面思考多于正面思考、非理性思维多于理性思维、挑拨离间的成分多于建设性因素。 ◇ 俄罗斯智库对"一带一路"及其沿线国家的观察和态度，则要平和务实得多，没有美国智库那种焦灼的感觉。在俄罗斯智库公布的研究成果中，有一些现实问题和切身关切值得我们重视并采取适当方式予以回应、解疑答惑。 ◇ 总体上看，欧洲国家积极参与"一带一路"的动力较足，传播的正能量也较为集中。从人文上，欧洲各国智库认为"一带一路"正在弥补中欧在认知上的差异。从发展趋势上看，许多智库认为世界中心也许会逐渐从以"美国–大西洋–欧洲"为核心的基督教文明圈，开始转到以"中国–欧亚腹地–西欧"为核心的多元文明圈，并在全球形成"美国–大西洋–欧洲""中国–欧亚腹地–西欧"两个中心。 ◇ 从时间顺序看，印度在对待"一带一路"合作倡议方面，大体经历了抵触、犹疑、初步张开怀抱欢迎等几个阶段。		

书名	作者	出版社	出版时间
"一带一路"环球行动报告（2015）	杨善民 主编	社会科学文献出版社	2015年9月

提纲	◇ 总报告 2014："一带一路"扬帆启航 ◇ 中央篇 中央的顶层设计 ◇ 地方篇 地方政府紧盯"一带一路" ◇ 国际篇 国际组织与外国政府态度多样 ◇ 企业篇 企业闻风而动 ◇ 专题篇 "一带一路"专题报告 ◇ 社会反向篇 多种声音，主流看好
摘要	◇ 中央篇：中央的顶层设计。习近平首倡"一带一路"，中共中央布局谋篇，李克强推动推广，国务院积极筹划，全国人大监督实施，全国政协调研监督，国家有关部委制定政策措施。 ◇ 地方篇：地方政府紧盯"一带一路"。 ◇ 国际篇：俄罗斯和蒙古，中亚5国，中东欧的白俄罗斯、波兰、匈牙利、罗马尼亚、塞尔维亚，西南欧的希腊、英国、德国、西班牙，对"一带一路"倡议及相关合作最为积极。 ◇ 企业篇：企业闻风而动。 ◇ 专题篇：互联互通稳步推进：轨道交通率先行，高铁走出国门，港口建设大步走；投融资机构积极支持。 ◇ 社会反响篇：多种声音，主流看好。

书名	作者	出版社	出版时间
"一带一路"战略：互联互通、共同发展——能源基础设施建设与亚太区域能源市场化	李平 刘强 著	中国社会科学出版社	2015年9月

提纲	◇ "一带一路"战略为世界经济发展提供新的机遇 ◇ 推动区域能源市场一体化 ◇ 重点项目建议 ◇ 保障措施
摘要	◇ 东北亚区域能源市场：俄罗斯和蒙古能源丰富，中国能源需求巨大，中国与俄罗斯和蒙古已经开展了诸多能源合作，未来可在天然气、煤炭、新能源、电力等诸多领域加强合作。 ◇ 东南亚区域能源市场：中国与东南亚在水电和电网建设方面优势互补，具有较好的发展前景。 ◇ 中国西部、中亚、西亚区域能源市场：应加快完善该区域内的基础设施网络。首先是保证能源通道的畅通，包括建设环绕/跨越里海的阿塞拜疆—土库曼斯坦油气管线，实现里海两岸能源基础网络的互联，打通向东和向西两个方向的能源外送通道。其次，中亚地区的电力网络也可以逐步实现互联，通过大电网来提高能源服务能力。 ◇ 实施"一带一路"战略的保障措施：在投融资领域，包括畅通资金来源以及创新融资方式，同时加强合作推动形成区域油气基准价格，推动区域能源市场融合，推进双边和多边合作，缓解"亚洲溢价"以及发展期货市场，推动形成油气基准价格。在安全保障机制方面则应维护海上运输通道安全、维护陆地能源通道安全以及确保网络信息技术安全。

书名	作者	出版社	出版时间
改变世界经济地理的"一带一路"	刘伟 主编 葛剑雄 胡鞍钢 林毅夫等 撰文	上海交通大学出版社	2015年9月
提纲	◇ 丝绸之路——历史地理背景和未来思考 ◇ "一带一路":经济地理革命与共赢主义时代 ◇ "一带一路"和国际发展合作新型模式 ◇ 全球视野下的大战略构想 "一带一路"是新时期对外开放的龙头 ◇ 丝绸之路经济带视角下的向西开放 ◇ "一带一路"扩展中国外交大舞台 ◇ "透明海洋"拓展中国未来 ◇ 航运开道、法律护航 当代海上丝绸之路建设的法治思考 ◇ 东风吹正劲,风正一帆悬——当代海上丝绸之路建设的若干历史思考 ◇ 中国文化多样性与"一带一路"建设 ◇ 云南在国家向西开放战略中的地位与作用 ◇ 以更加主动的姿态推动"一带一路"沿线国家教育合作发展 ◇ 附录一 推动共建丝绸之路经济带和21世纪海上丝绸之路的愿景与行动 ◇ 附录二 弘扬人民友谊 共创美好未来——在纳扎尔巴耶夫大学的演讲(中华人民共和国主席习近平) ◇ 附录三 携手建设中国—东盟命运共同体——在印度尼西亚国会的演讲(中华人民共和国主席习近平)		
摘要	◇ 从经济学的视角看,这是一场规模宏大的"经济地理革命":从重塑中国经济地理到重塑沿线国家经济地理,进而重塑世界经济地理。 ◇ 新疆是古希腊文明,波斯—阿拉伯文明,古印度文明,中华文明真正交汇的地方。 ◇ 云南应当成为连接三路、两洋、三洲的核心枢纽。 ◇ 21世纪海上丝绸之路建设可考虑"构建网络,由近及远,中间突破,全面拓展"的路径。		

书名	作者	出版社	出版时间
盘古智库谈"一带一路"	盘古智库编著	山西经济出版社	2015年9月
提纲	◇ "一带一路"跨区域战略构画——对外走出去内在转型同步 ◇ "不动别人奶酪"的亚洲基础设施投资银行 ◇ "带"难需要啃,"路"顺需要新 ◇ "一带一路"的政府和社会资本合作模式金融创新 ◇ 新丝路新在哪里 ◇ "一带一路"新布局——一字大义、十大亮点 ◇ 中国对外投资的国际环境与四大风险 ◇ "一带一路"国家战略下的海南旅游发展机遇 ◇ 美国为什么会错过亚洲基础设施投资银行 ◇ 烟花三月下"洋洲"——解读丝路愿景与行动 ◇ 新疆、陕西、甘肃在"一带一路"战略中的比较优势与相关建议 ◇ 丝路"一带一路"大自贸区顶层设计——盘古智库支啥招 ◇ 理解"一带一路"需要避免的十大误区 ◇ 西欧板块是"一带一路"的突破口——对外走出去内在转型同步 ◇ 2015年大变局!中国式新供给主义与第四次投资浪潮 ◇ 丝路基金直航 ◇ 中国不独唱,开放是关键词——盘古智库实时解读习近平博鳌亚洲论坛主旨演讲 ◇ "一带一路"规划——旅游巨变指日可待 ◇ 中美关系的根基在"沉默的大多数" ◇ "一带一路",功夫在钱外 ◇ 天元城市带或可成为中国两大区域战略的节点 ◇ 完善中国企业海外投资风险评级 ◇ "一带一路"和"亚投行"背后的资本逻辑 ◇ 域外发达国家加入亚洲基础设施投资银行的原因与影响 ◇ "一带一路"上的政商陷阱 ◇ "一带一路"——陆权海权的新思维 ◇ 中国羊年的"美羊羊"——亚洲基础设施投资银行为什么备受青睐 ◇ 中哈资本市场互联互通投资路径——陆权海权的新思维
摘要	◇ 从多个学科角度对"一带一路"战略的研究进行洞察分析中,本书提出了构建中国H型大战略,形成中国国内天元区域发展,构筑"一带一路"大自贸区,重建亚欧伙伴关系等构想。

书名	作者	出版社	出版时间
从黄河文明到"一带一路"（第1卷）	李晓鹏 著	中国发展出版社	2015年10月

提纲	◇ 海权时代 ◇ 农耕中国 ◇ 帝国宿命 ◇ 布衣天子（上） ◇ 布衣天子（下） ◇ 大明盛世 ◇ 成化中兴 ◇ 太监汪直 ◇ 儒家圣君 ◇ 治乱得失
摘要	◇ 首先勾勒出了陆权与海权文明发展与较量的轮廓，从地理、经济、政治等细节问题入手，解读了以海陆二权的此消彼长为线索的东西方历史进程。 ◇ 随后便展开帝国画卷：从三大"圣君"到雄才之主，从门阀政治到科举革命，从边疆烽火到腹地平乱，从贫富分化到反腐斗争以及政治体制、科技改革等等，这些涵盖政治、经济、文化、军事的全面梳理，颠覆了很多人们对历史的评断，对于时下复兴阶段的中国社会也有着重要的启示。

书名	作者	出版社	出版时间
"一带一路"读本	秦玉才 周谷平 罗卫东 主编	浙江大学 出版社	2015年10月
提纲	◇ 战略构想 ◇ 历史回顾 ◇ 大国角逐 ◇ 时代背景 ◇ 框架思路 ◇ 合作领域 ◇ 机制平台 ◇ 各地优势 ◇ 合作成效 ◇ 愿景展望		
摘要	◇ 西北、东北地区：发挥新疆的区位优势和向西开放重要窗口作用，发挥陕西、甘肃综合经济文化和宁夏、青海民族人文优势，发挥内蒙古联通俄蒙的区位优势，完善黑吉辽与俄远东地区陆海联运合作。 ◇ 西南地区：发挥广西与东盟国家陆海相邻的独特优势，加快北部湾经济区和珠江—西江经济带开放发展，发挥云南区位优势，推进与周边国家的国际运输通道建设，推动西藏与尼泊尔等国家边境贸易和旅游文化合作。 ◇ 沿海和港澳台地区：利用长三角、珠三角、海峡西岸、环渤海等经济区开放程度高、经济实力强、辐射带动作用大的优势，创新开发型经济体制机制。 ◇ 内陆地区：利用内陆纵深广阔、人力资源丰富、产业基础较好的优势，依托长江中游城市群、成渝城市群、中原城市群、呼包鄂榆城市群、哈长城市群等重点区域，推动区域互动合作和产业集聚发展。		

书名	作者	出版社	出版时间
"一带一路"引领中国	金立群 林毅夫等著	中国文史 出版社	2015年10月

提纲	◇ "一带一路"战略新格局 ◇ "一带一路"与"亚投行" ◇ "一带一路"金融崛起 ◇ "一带一路"与大国外交 ◇ "一带一路"下产业大趋势 ◇ "一带一路"是机遇更是挑战
摘要	◇ 以"一带一路"为核心，从战略格局、亚投行、金融崛起、大国外交、产业趋势等角度切入，深入讲解中国在不断变换的世界形势中的战略选择与应对。 ◇ 从当前政府工作入手，逐步分析"一带一路"的制定思路、核心内涵、实现方式、面临的机遇与挑战以及最终所产生的重大影响。 ◇ "一带一路"是国家大战略，对探寻经济增长之道，实现全球化再平衡，开创地区新型合作具有决定性的作用。

书名	作者	出版社	出版时间
"一带一路"：中国的文明型崛起	赵磊	中信出版集团	2015年10月

提纲	◇ "一带一路"提升中国综合实力 ◇ "一带一路"的文化安全与文明再造 ◇ "一带一路"进入战略推进阶段 ◇ "一带一路"的国际回应与区域突破 ◇ "一带一路"的机遇：痛点经济学
摘要	◇ "一带一路"不仅是一个经济事件，更是一个文化事件，是中国文明型崛起的标志。 ◇ 以文化经济学的视角解读什么是"一带一路"，纠正了对"一带一路"的错误认知，解答了怎样的城市和企业对"一带一路"沿线国家有吸引力等具体问题，并指出"一带一路"在经济、文化层面对于中国崛起的意义。

书名	作者	出版社	出版时间
"一带一路"话石油	陆如泉 段一夫等著	石油工业 出版社	2015年10月
提纲	上篇 全解"一带一路"与石油 ◇ "一带一路"之战略分析 ◇ "一带一路"之战术分析 ◇ "一带一路"之风险分析 ◇ "一带一路"之中国石油企业 中篇 "油路"之"1+1+6+5+N"框架 ◇ 中国南海:"油路"的混沌点 ◇ 俄罗斯:"油路"的着力点 ◇ 中亚6国(5个"斯坦"+阿塞拜疆):"油路"的立足点 ◇ 南亚5国(印巴孟缅+阿富汗):"油路"的提升点 ◇ 中东北非:"油路"的"闪光"点 ◇ 澳大利亚:"油路"的"非常"点 下篇 "油路"之战略与策略分析 ◇ "一带一路"之油气地缘政治分析 ◇ "一带一路"之中亚"五斯坦"政局动向分析 ◇ "一带一路"之中亚俄罗斯地区油气行业管理体制分析 ◇ "油路"建设的思路、战略目标和油气田项目机会分析 ◇ 中国石油企业面临的风险与不确定性		
摘要	1. 提出"一带一路"之"1+1+6+5+N"油气圈框架 ◇ 第一个"1"是中国,第二个"1"是俄罗斯,"6"指哈萨克斯坦、土库曼斯坦、乌兹别克斯坦、塔吉克斯坦、吉尔吉斯斯坦和阿塞拜疆6国,"5"指的是缅甸、孟加拉国、印度、巴基斯坦和阿富汗南亚5国,N指中东(西亚)和非洲相关油气出口国。 2. "油路"建设思路建议 ◇ 战略转变。 ◇ 战略目标:开放共赢,优质高效,产融结合,示范引领。 ◇ 战略举措:认真研究"一带一路"发展规划;依靠科技进步强化资源保障;继续发挥比较优势和整体优势;以更开放的思维拓展新项目;着力打造一支精通"一带一路"业务的管理和技术团队;因地制宜实施差异化运营;完善防控体系规避重大风险;依靠互利共赢实现可持续发展。		

续表

书名	作者	出版社	出版时间
从丝绸之路到世界大陆桥	［美］墨尔佳·策普–拉鲁什 威廉·琼斯 主编	江苏人民出版社	2015年11月

提纲

◇ 衡量进步的标准
◇ 中国：丝绸之路通向和平与发展
◇ 俄罗斯在欧亚大陆中北部和北极圈的使命
◇ 南亚和中亚——从危机之弧到发展走廊
◇ 西南亚——大洲的十字路口
◇ 东亚和东南亚的重要贡献
◇ 澳大利亚——太平洋地区发展之驱动器
◇ 欧洲——"一带一路"的西端
◇ 非洲——对全球发展的考验
◇ 让西半球搭上发展的列车
◇ 推动全球发展

摘要

◇ 要通过"一带一路"，将世界各国用互利互惠的洲际基础设施走廊联合在一起，并通过这个项目，为我们提供一种建立于理智基础上的经济与政治新秩序。
◇ 人类命运究竟如何，就看新时期的丝绸之路能否通过包括中国、美国和欧洲国家在内的所有国家都参与的双赢政策，来实现顺利建成世界大陆之桥的目的。

书名	作者	出版社	出版时间
"一带一路"关键词	尚虎平 编著	北京大学 出版社	2015年11月

提纲	◇ 什么是"一带一路"？ ◇ "一带一路"做些什么？ ◇ 历史上的"一带一路" ◇ 历史上的"一带一路"给我们带来了什么？ ◇ 不同产业如何参与到"一带一路"中去？ ◇ "一带一路"中的投资风险及规避 ◇ 境外声音与应对举措
摘要	◇ 分七篇，通过105个关键词，全面、系统地介绍了"一带一路"的具体内容、战略目标、历史演变、挑战与风险、海外声音与应对举措等。 ◇ 分析"一带一路"的过去、现在与未来，把握"一带一路"的热点、重点和难点，深刻领会"一带一路"的精神实质。

书名	作者	出版社	出版时间
读懂"一带一路"	厉以宁 林毅夫 郑永年等著	中信出版集团	2015年11月

提纲	◇ "一带一路"·大战略新图景 ◇ "一带一路"·高层解读 ◇ 构建对外开放新格局 ◇ "一带一路"助飞新常态 ◇ 丝路经济带，重建亚欧大陆桥 ◇ 海上丝路，迈向海洋强国 ◇ "一带一路"的潜在风险 ◇ 丝路历史·大家谈
摘要	◇ 从历史、地缘、经济、外交等不同视角出发，从蓝图到施工，从回顾到反思，从提出问题到解决问题，由现任官员、经济学家、领域学者研究"一带一路"的大格局战略。

书名	作者	出版社	出版时间
聚焦"一带一路"：经济影响与政策举措	赵晋平等编著	中国发展出版社	2015年11月
提纲	◇ 中国发展面临的国际环境 ◇ 新时期的对外开放战略 ◇ "一带一路"区域合作倡议的内涵 ◇ "一带一路"沿线区域的贸易和投资合作 ◇ "一带一路"区域合作的经济影响 ◇ 政府的作用与政策举措		
摘要	（1）"一带一路"区域合作的经济影响 ◇ 中国与"一带一路"沿线国家之间的经贸关系迅速发展，对中国经济的影响体现在五方面——成为中国经济增长的新动力、是经济结构优化升级的助推器、能源和资源供给安全的保障、培育中国跨国公司的重要平台、构建互利共赢的区域合作网络。 ◇ 区域合作将为提升我国全球价值链地位提供重大机遇。 （2）政府的作用与政策举措 ◇ 政府的作用主要包括三方面内容——引导和推动、政策支持、服务和安全保障。 ◇ "一带一路"国内段的着力点应集中在四个方面——着力构筑东中西部联动发展新模式、着力建设贯通南北东西的交通大网络、着力打造国际贸易投资合作和开放新高地、着力推动国内产业布局调整。		

书名	作者	出版社	出版时间
文明的对话——中国佛教在"一带一路"中的文化纽带作用	学诚法师 著	人民出版社	2015年11月
提纲	◇ "一带一路"与中国佛教 ◇ 创造文明间的善意对话 ◇ 缔造联系亚洲各国的文化纽带 ◇ 文化走出去，佛教可先行 ◇ 全球化背景下佛教文化的价值与意义		
摘要	◇ 中国与"一带一路"沿线国家在文化上有着历史和现实的渊源，使得中国传统文化可以成为联结沿线国家的文化纽带。 ◇ 中国文化软实力的建设是在努力展示自己文明的同时，欣赏和尊重其他文明中与自己文明不同的特殊所在。 ◇ 佛教文化作为中国传统文化的重要组成部分，推动其走出国门，是落实中国文化"走出去"战略的有力支点。		

书名	作者	出版社	出版时间
"一带一路"战略与海关国际合作法律机制	何力 主编	法律出版社	2015年11月
提纲	◇ "一带一路"战略与海关国际合作及其制度基础 ◇ "一带一路"下海关国际合作法律机制的基本框架 ◇ 丝绸之路经济带与国际海关法 ◇ 海上丝绸之路与海关国际法律合作 ◇ "一带一路"与东盟区域海关合作法律机制 ◇ "一带一路"与欧盟海关法 ◇ 跨境电子商务海关监管与"一带一路"战略 ◇ WTO《贸易便利化协定》与"一带一路"海关国际合作 ◇ 世界海关组织与"一带一路"海关法律合作		
摘要	（1）海关国际合作 ◇ 现状：陆路核心区包括中国、俄罗斯和中亚五国，陆路扩展区包括南亚以及东欧两个次区域，陆路辐射区包括西亚、欧盟等国家和地区。 ◇ 问题：各国海关体制的多样性与差异性对海关合作的影响；与"一带一路"沿线各国海关行政互助协定的缺乏；各国海关能力建设程度的差异；"一带一路"沿线国政治风险对海关合作的影响。 （2）法律法规和政策 ◇ 国内法律：《海关法》《对外贸易法》《外汇管理法》《进出口商品检疫法》《海商法》。 （3）海运集装箱国际合作展望 ◇ 完善海运集装箱运输海关合作的法律基础。 ◇ 简化海上丝绸之路中海运集装箱的跨境手续。 ◇ 加强海上丝绸之路海运集装箱运输贸易安全。		

书名	作者	出版社	出版时间
能源投资典型案例评析——"一带一路"战略下企业风险防控和争议解决	陈臻 杨卫东 周章贵 主编	法律出版社	2015年11月
提纲	◇ "一带一路"战略下的机遇与风险 ◇ 能源资源勘查开采投资仲裁典型案例评析 ◇ 能源工程建设投资仲裁典型案例评析 ◇ 能源生产、输送、购买投资仲裁典型案例评析 ◇ 附录《华盛顿公约》和ICSID仲裁案件类型分析		
摘要	我国海外投资者利用ICSID仲裁机制时需注意的问题 ◇ 严格遵守我国境外投资核准制度和东道国外国投资批准制度。 ◇ 合理利用我国对外签订的BIT，科学设计交易结构，确保满足ICSID仲裁的主体适格性和有利的法律适用。 ◇ 争取在与东道国的合同及东道国签发的许可等文件中明确设立在该国境内且由我国投资者控制的公司为公约另一缔约国的公司。 ◇ 注意东道国通知ICSID接受或不接受其管接权以及中外BIT中的争议范围，确保争议客体的适格性。 ◇ 指定适当的仲裁员。 ◇ 高度重视仲裁案件的起诉和应诉工作。		

书名	作者	出版社	出版时间
丝绸之路经济带发展报告2015	马莉莉 任保平 编著	中国经济 出版社	2015年11月

提纲	第一部分 主题报告 ◇ "一带一路"中的丝绸之路经济带 ◇ 内陆型改革开放新高地的建设构想 第二部分 形势与进展 ◇ 丝绸之路经济带的互联互通 ◇ 丝绸之路经济带的产业合作与发展 ◇ 丝绸之路经济带的代表性区域发展
摘要	◇ 重庆：推动五大功能区协调发展；提质发展工业集群；大力发展现代服务业；深入推进新型城镇化。 ◇ 新疆：我国建设中亚、西亚、南亚经济合作走廊的关键节点、重要区域、战略枢纽、交汇中心，以及我国向西开放的重要窗口；一通道三基地五中心：国家能源资源陆上大通道，国家大型油气生产加工和储备基地，大型煤炭煤电煤化工基地，大型风电基地，丝绸之路经济带重要的交通枢纽中心，商贸物流中心，金融中心，文化科技中心，医疗服务中心。 ◇ 东北：区位优势明显：东北亚经济区重要组成部分；政策优势明显：老工业基地振兴战略；自然优势明显：森林、水、矿产资源丰富。 ◇ 内蒙古：发挥联通俄、蒙的区位优势：加大基础设施建设，实现经济带沿线的联通；推进电子口岸建设，优化口岸开放布局；深化同俄罗斯、蒙古国各领域合作，完善合作机制。

书名	作者	出版社	出版时间
财团就是力量 —— "一带一路"与混合所有制启示录	白益民 编著	中国经济出版社	2015年11月
提纲	◇ 日本财团在华攻略 ◇ 衰退假面下的王者 ◇ 战后重铸共生体系 ◇ 同舟共济 乘风破浪 ◇ 财团舰队 整体作战 ◇ 日本政界财团魅影 ◇ 日美模式如何抉择 ◇ 民企打造日式财团 ◇ 央企试水财团模式 ◇ 内和外战 东亚谋局		
摘要	◇ 从明治维新至今，以三井为代表的日本财团，在面对帝国主义列强统治的世界中，一方面团结日本全民的力量，另一方面整合世界各国的资源，在全球范围内争夺原料、技术和市场。 ◇ 尽管彼此不存在从属关系，但主办银行、综合商社、制造企业还是构成了日本财团三位一体的紧密结构。财团成员通过交叉持股、互派经理、共同投资、交换情报等方式建立横向联系。 ◇ 中国当前的发展现状与日本20世纪七八十年代的产业升级、海外扩张时期明显类似，而日本财团在此期间的重组、融合及扩张过程中，积累了大量宝贵的经验和教训，其最终形成"民有国营"的财团体制，可为中国混合所有制改革提供极大的借鉴作用。		

续表

书名	作者	出版社	出版时间
"一带一路"：从愿景到行动	赵可金 著	北京大学出版社	2015年11月

提纲	◇ 导论：从愿景到行动 ◇ 第一部分 新理论 ◇ 第二部分 新路径 ◇ 第三部分 新外交 ◇ 第四部分 新开放 ◇ 第五部分 新行动
摘要	◇ 新理念："一带一路"是一条探索新发展理论之路，从行动哲学视角，坚持科学的方法论推进"一带一路"建设是其成功的关键所在。 ◇ 新路径：推动"一带一路"沿线国家的规划互通重在扩大利益汇合点，其关键是多层次沟通。 ◇ 新外交："一带一路"构想的提出和实施，推动中国外交实现了战略重心的转换，要求中国外交必须与时俱进通过理论创新和实践创新，开辟中国特色大国外交局面。在经营周边的战略棋局中，一要运筹大国外交，二是提升支点外交，三要巩固枢纽外交。 ◇ 新开放："一带一路"推动的新一轮更高水平的对外开放意味着打破了从沿海到内地、从边疆到内陆、从城市到乡村的先后次序，鼓励进行制度创新、政策设计和风险共担。 ◇ 新行动："一带一路"应加强统筹领导，关键是：从顶层设计、机制整合、督查落实三方面更好发挥政府作用；核心是：从部际协调机制、内外互动机制、央地沟通机制、官民互动机制四方面做好统筹协调。推进"一带一路"发展战略的三个重点内容：产业园区、城市化、区域经济合作架构。

书名	作者	出版社	出版时间
"一带一路"国家语言状况与语言政策·第一卷	王辉 主编	社会科学文献出版社	2015年11月
提纲	◇ 亚洲国家语言状况与语言政策 ◇ 欧洲国家语言状况与语言政策		
摘要	◇ 研究"一带一路"沿线国家的语言国情和语言政策，搭建"一带一路"沿线主要国家和地区语言和语言政策的数据库平台，为政府和企业提供决策参考。 ◇ 涉及各国语言状况、语言政策、语言教育、对中国的启示和借鉴等内容。		

书名	作者	出版社	出版时间
21世纪海上丝绸之路港口发展报告	曾庆成 编著	大连海事大学出版社	2015年11月
提纲	◇ 海上丝绸之路港口发展环境分析 ◇ 海上丝绸之路港口基础设施 ◇ 海上丝绸之路港口生产 ◇ 海上丝绸之路港口投资建设与运营 ◇ 海上丝绸之路港口管理及投融资模式 ◇ 海上丝绸之路港口物流发展趋势 ◇ 海上丝绸之路港口物流系统构建		
摘要	海上丝绸之路港口物流系统构建思路的建议 ◇ 班轮航线公共运营模式：公共运营模式（船舶承运人提供船舶，舱位 承包人提供集装箱、负责市场开发）是降低风险、提高系统稳定性的有效方法。 ◇ 港口参与航线运营：此模式能稳定港口之间的运价，有利于港口城市生产环境的建设，降低运输系统的风险，也可以应用与海上丝绸之路航线网络的建设中。 ◇ 联盟发展：海上丝绸之路各港口间可以通过建立港口联盟的方式进行相关航线的开设，港口联盟的成员可以通过开设联盟港口间的航线等形式，形成牢靠的联盟间海上货物运输通道，加强联盟间货物贸易往来，推进海上丝绸之路建设。港口还可以与航运企业进行联盟，通过与航运企业合作建设码头与物流基础设施。		

书名	作者	出版社	出版时间
中国周边外交学刊2015年第二辑（总第二辑）	复旦大学中国与周边国家关系研究中心 编	社会科学文献出版社	2015年12月
提纲	◇ "一带一路"与国家大战略 ◇ "一带一路"与周边外交 ◇ "一带一路"的机遇与挑战 ◇ "一带一路"与次区域合作 ◇ "一带一路"与上海 ◇ 周边看"一带一路" ◇ 会议综述		
摘要	◇ 瞄准中国领土主权与海洋权益重大问题，努力推进对中国与周边国家之间的政治、安全、经济、外交、文化关系的理论研究、战略研究、个案研究和综合研究。		

续表

书名	作者	出版社	出版时间
"一带一路"简明知识读本	本书编写组编	新华出版社	2015年12月

提纲	◇ 读懂新构想:"一带一路"是什么? ◇ 互通是关键:"一带一路"怎么建? ◇ 古路焕新颜:中国各地方如何发挥优势? ◇ 你我共参与:"一带一路"改变生活 ◇ 携手共前行:"一带一路"上的"中国故事"
摘要	(1)"一带一路"是什么? ◇ "一带一路"是合作发展的理念和倡议,是依靠中国与有关国家既有的双多边机制,借助既有的、行之有效的区域合作平台,旨在借用古代"丝绸之路"的历史符号,高举和平发展的旗帜,主动地发展与沿线国家的经济合作关系,共同打造政治互信、经济融合、文化包容的;利益共同体、命运共同体和责任共同体。 (2)"一带一路"怎么建? ◇ 五个工作重点、四个理念、打造"三个共同体"、两个核心区。 (3)"一带一路"上的中国故事 ◇ 南亚各国代表借"一带一路"东风,在中国招商引资。 ◇ 斯里兰卡:发展铁路、农业和工业。 ◇ 尼泊尔:简政放权,中国的投资为尼泊尔在环境、能源、水利、服务行业提供机会。 ◇ 巴基斯坦:战争已远去,天然气、海港、金属、矿产等自然资源可开发。 ◇ 印度:中国有能力也有意愿参与建设印度万亿美元规模的基础设施建设。

书名	作者	出版社	出版时间
"一带一路"沿线国家法律风险防范指引（沙特阿拉伯）	《一带一路沿线国家法律风险防范指引》系列丛书编委会编	经济科学出版社	2015年12月

提纲	◇ 沙特法律概况 ◇ 沙特投资法律制度 ◇ 沙特贸易法律制度 ◇ 沙特工程承包法律制度 ◇ 沙特劳动用工法律制度 ◇ 沙特公司财税金融法律制度 ◇ 沙特争议解决法律制度
摘要	◇ 在沙特投资的法律风险及防范：避开禁止/限制外资进入的领域、外资商事争议管辖权复杂、做好对当地投资合作伙伴的尽职调查、避免商业贿赂。 ◇ 与沙特进行贸易的法律风险及防范：客观分析沙特政治环境，创造有利的营商环境；清晰认识沙特进口市场发展现状，重视当地化政策带来的竞争压力；正视当地监管规定，树立遵纪守法的外商形象；合理研判交易风险，规避汇率结算风险；沉着面对争议，树立争取法律价值观，依法应诉。 ◇ 在沙特承包工程的法律风险及防范：重视实地考察和调研；全面了解沙特劳工政策；全面了解对进口设备、材料的限制；全面了解沙特当地支付条件；要重视员工思想问题；企业需选择适合其特点与特长的承包方式进入沙特市场；做好应急处置的风险预案；要警惕恐怖袭击的风险；要警惕工期风险；保持与经商处的接触。 ◇ 劳动用工方面的法律风险及防范：沙特籍雇员水平参差不齐，高技术人才短缺；"沙特化"政策达标困难；私营企业的雇工费用增加；招聘和管理外籍员工注意事项。 ◇ 沙特公司财税金融法律风险及防范：预提所得税风险不可小觑，避免适用高比例税率；客观分析和比对伊斯兰产品或方式优势劣势，规避投资、贸易或信贷风险；伊斯兰金融领域发展趋势强劲，伴生不可测因素；关注进出口物资差异，防控税务审计风险；合理选择保险采购渠道和保险产品，充分挖掘保险价值。

续表

书名	作者	出版社	出版时间
"一带一路"视角下的宁波港口经济圈研究	陈飞龙 著	经济科学出版社	2015年12月
提纲	◇ 港口经济圈的形成与发展 ◇ 港口经济圈发展模式与启示 ◇ 宁波港口经济圈的圈层结构 ◇ 港口经济圈核心层转型与提升 ◇ 港口经济圈辐射层的腹地生成与拓展 ◇ 港口经济圈影响层的开放与合作 ◇ 港口经济圈的2030		
摘要	（1）宁波港口经济圈发展面临的挑战 ◇ 区域港口竞争格局带来的挑战。 ◇ 舟山新区和上海自贸区政策带来的挑战。 ◇ 跨区域行政合作难的挑战。 （2）宁波港口经济圈的机遇 ◇ "一带一路"构筑对外开放新格局带来的机遇。 ◇ 上海自贸区建设加快推进带来的机遇。 ◇ 宁波舟山港实质性一体化带来的机遇。 ◇ 海洋经济发展提升为国家战略带来的机遇。 （3）建议 ◇ 完善宁波舟山港一体化运作机制。 ◇ 建立丝路国际港口合作组织。 ◇ 推动浙江港口联盟发展。 ◇ 组建海上丝绸之路国际港口城市联盟。 ◇ 完善多式联运集疏运体系。		

续表

书名	作者	出版社	出版时间
大战略："一带一路"五国探访	赵忆宁 著	浙江人民出版社	2015年12月

提纲	◇ 吉尔吉斯斯坦 ◇ 巴基斯坦 ◇ 斯里兰卡 ◇ 卡塔尔 ◇ 马来西亚

摘要	◇ 吉尔吉斯斯坦：看中丝绸之路与中国的历史渊源；战略是意愿与能力相加，比起美国和俄罗斯的战略，和中国合作更划算；中国援助最大，远高于国际金融机构。 ◇ 巴基斯坦：中巴走廊的好处是让瓜达尔港成为世界级的港口，防止印度的军事封锁；要把瓜达尔港建成深圳，瓜达尔港不是为了军事目的，而是为了经济发展；中巴在基础设施建设中建立起了相互信任，中国企业靠实力和勤勉承包国际市场。 ◇ 斯里兰卡：斯里兰卡是小国，平衡外交很重要；斯里兰卡隐现严重债务危机，新政府倒向美国和印度并没有给予实质性利益；斯里兰卡有很多人对上一届政府的腐败不满，这种不满延续到了一直以政府招标的建设公路的中国企业。 ◇ 卡塔尔：从商业角度来说，中国主导"一带一路"本身对卡塔尔就是巨大的商机；从政治影响力度来说，卡塔尔本身就热衷与政治，卡塔尔在中东、西亚、中亚乃至阿拉伯世界有很大影响力，卡塔尔与中国走近，实际上意味着其正在成为中国影响或介入中东的桥梁之一。 ◇ 马来西亚：马六甲希望得到中国的帮助，建设马六甲海峡；要用民用资本建设一个新的经济走廊—马六甲大门，希望吸引中国投资者。

书名	作者	出版社	出版时间
"一带一路"沿线国家工业化进程报告	黄群慧 主编	社会科学文献出版社	2015年12月
提纲	总报告 导论 ◇ "一带一路"沿线国家工业化水平与产能合作 前工业化篇 ◇ 前工业化国家 工业化初期篇 ◇ 工业化初期前段国家 ◇ 工业化初期中段国家 ◇ 工业化初期后段国家 工业化中期篇 ◇ 工业化中期前段国家 ◇ 工业化中期中段国家 ◇ 工业化中期后段国家 工业化后期篇 ◇ 工业化后期前段国家 ◇ 工业化后期中段国家 ◇ 工业化后期后段国家 后工业篇 ◇ 后工业化国家			
摘要	（1）2014年"一带一路"沿线国家收入水平排名与工业化阶段对比发现 ◇ 处于前工业化阶段的是尼泊尔。 ◇ 处于工业化初期的有塔吉克斯坦、老挝、吉尔吉斯斯坦等。 ◇ 处于工业化中期的有阿尔巴尼亚、蒙古、斯里兰卡等。 ◇ 处于工业化后期的有哈萨克斯坦、中国、马来西亚等，而新加坡和以色列则是在后工业化阶段。 （2）中国与"一带一路"沿线国家合作的主要方式 ◇ 以中尼、中越等为代表的产品间互补型合作方式。 ◇ 以中乌、中哈、中俄等为代表的资源互补型合作方式。 ◇ 以中土、中匈、中新等为代表的产品内互补型合作方式。 ◇ 中国与"一带一路"沿线国家产能合作模式——"新雁阵"合作模式。			

书名	作者	出版社	出版时间
"一带一路"国际贸易支点城市研究	中国人民大学重阳金融研究院 主编	中信出版集团	2015年12月

提纲	◇ "一带一路"国际贸易支点城市之缘起 ◇ 追溯历史上的"丝绸之路"及其沿线国际贸易支点城市 ◇ "一带一路"国际贸易支点城市的理论依据 ◇ "一带一路"国际贸易支点城市排名体系研究 ◇ 贸易中心:"一带一路"国际贸易优势支点城市 ◇ 蓄势待发:"一带一路"国际贸易潜力支点城市 ◇ 撬动周边:"一带一路"国际贸易战略支点城市 ◇ 境外"一带一路"国际贸易支点城市的类别研究 ◇ 促进"一带一路"国家贸易支点城市建设的政策建议
摘要	◇ 提出了"人大重阳'一带一路'国际贸易支点城市评价体系",并选取国内外沿线城市进行定量与定性相结合的综合评价,排出上海、北京、深圳等优势城市,义乌、张家港等潜力城市,乌鲁木齐、喀什、霍尔果斯等战略城市。 ◇ 就新亚欧大陆桥经济走廊、中蒙俄经济走廊、中国-中亚-西亚经济走廊、中国-中南半岛经济走廊、中巴经济走廊、孟中印缅经济走廊和海上丝绸之路的"一带一路"国际贸易支点城市进行分析和评价。

书名	作者	出版社	出版时间
"一带一路"下中国企业走出去的法律保障	陈文 主编	法律出版社	2015年12月
提纲	◇ 中国企业境外投资的现状 ◇ 中国企业境外金融领域的投资 ◇ 中国企业境外工程领域的投资 ◇ 中国企业境外能源与矿产资源领域的投资 ◇ 中国制造业企业境外投资 ◇ 中国企业境外文化教育领域的投资 ◇ 中国企业和个人在境外不动产领域的投资 ◇ 中国企业境外中介咨询服务领域的投资 ◇ 中国互联网企业境外投资 ◇ 国际组织对国际投资的法律保护 ◇ 国际投资法律纠纷解决机制及投资风险防范 ◇ 促进境外投资的融资和保险机制 ◇ 避免国际税收双重征税的机制 ◇ 中国律师在中国企业和公民境外投资中的作用		
摘要	（1）中国企业境外金融领域投资方面 ◇ 问题：汇率风险；市场风险；信用风险；政治风险；全球化风险；其他可控风险。 ◇ 建议：委托国内的律师事务所降低境外投资风险；国内律师全程跟进与各中介机构合作；关注和防范因汇率变动所带来的投资收益风险；在境内外律师的帮助下降低到境外投资的法律及整体投资风险。 （2）中国企业境外工程领域投资方面 ◇ 问题：政治风险；经济风险；环境风险；法律风险。 ◇ 建议：重视前期尽职调查，做好事中及事后风险防范；合理规避经济类风险；重视合同谈判过程。 （3）中国企业境外能源与矿产资源领域投资方面 ◇ 问题：探矿权、采矿权的市场流转存在障碍；探矿权转让价格规定不明确；探矿权流转与土地使用权之间的关系有待理顺；矿产资源行政管理制度不健全。 ◇ 建议：政府主导，为境外能源与矿产资源投资保驾护航；企业调整投资策略和投资计划，避免各类问题的发生。		

书名	作者	出版社	出版时间
"一带一路"沿线国家安全风险评估	《"一带一路"沿线国家安全风险评估》编委会 编著	中国发展出版社	2015年12月
提纲	◇ 北亚1国公共安全风险评估 ◇ 中亚5国公共安全风险评估 ◇ 南亚8国公共安全风险评估 ◇ 东南亚11国公共安全风险评估 ◇ 西亚、北非16国公共安全风险评估 ◇ 独联体7国公共安全风险评估 ◇ 中东欧16国公共安全风险评估		
摘要	◇ 对我国"一带一路"沿线国家分区域进行安全风险评估。这些国家主要包括：北亚1国、中亚5国、南亚8国、东南亚11国、西亚北非16国、独联体7国、中东欧16国。分别从这些国家安全风险等级、主要安全风险源两大方面进行论述。 ◇ 对各国主要领导人执政方略和主要政党，以及与中国的外交关系加以介绍。		

书名	作者	出版社	出版时间
"一带一路"：面向21世纪的伟大构想	人民论坛 编	人民出版社	2015年12月

提纲	◇ 总论：战略意义 ◇ 从构想到现实：问题与挑战 ◇ "一带一路"下的区域合作前景 ◇ "一带一路"与人民币国际化 ◇ 重建"一带一路"文化共同体 ◇ "一带一路"与地方战略
摘要	◇ 精选了国内知名的专家学者论述"一带一路"的文章。 ◇ 对"一带一路"从构想到现实的问题与挑战，"一带一路"下的区域合作前景，"一带一路"与人民币国际化，"一带一路"与地方战略对接等几个方面进行了全方位、多角度的深入和详细解读，具有很强的理论价值和实践意义，不仅为政府相关部门制定政策提供参考，对相关企业抓住"一带一路"的机遇和规避相应风险以及开拓市场具现实意义。

书名	作者	出版社	出版时间
2015海峡西岸经济区发展报告——基于"一带一路"和自贸区的战略背景	洪永淼 主编	北京大学出版社	2015年12月
提纲	上篇 ◇ 专题一 自贸区下的海西区经济社会综合发展指数与发展策略研究 ◇ 专题二 福建自由贸易试验区建设进展、影响及对策建议 ◇ 专题三 福建自由贸易试验区之基础设施：现状、问题及对策 ◇ 专题四 福建自由贸易试验区厦门片区境外人民币回流问题探析 ◇ 专题五 厦门建设对台金融合作发展示范基地的研究 ◇ 专题六 福建自由贸易试验区人民币资本项目可兑换研究 ◇ 专题七 厦门自贸片区对台金融政策创新路径研究 ◇ 专题八 支持福建自由贸易试验区厦门片区发展的财税金融对策研究 ◇ 专题九 福建在"21世纪海上丝绸之路"战略中的金融对策 ◇ 专题十 与台湾对接的福建自由贸易试验区境外人民币资金流动与金融商品规划 ◇ 专题十一 福建省融入"一带一路"投资合作研究 下篇 ◇ 专题一 福建自由贸易试验区国际化营商环境的建设与评估研究 ◇ 专题二 "21世纪海上丝绸之路"视角下福建省三大港口发展导向 ◇ 专题三 "一带一路"背景下海西区旅游业发展研究 ◇ 专题四 福建自由贸易试验区下的闽台经贸合作 ◇ 专题五 利用自贸区建立福建省医疗旅游中心之研究 ◇ 专题六 福建省境内公司负债融资现状与效率研究 ◇ 专题七 福建自由贸易试验区金融服务支持中小企业研究 ◇ 专题八 "一带一路"下福建自由贸易试验区跨境电商的发展 ◇ 专题九 生产性服务业对海西区经济发展的作用 ◇ 专题十 厦门自贸片区文化创意产业发展 ◇ 专题十一 发展海西区文化产业对于推进"一带一路"战略的意义 ◇ 专题十二 海西区资源依赖度与经济增长分析 参考文献 后记		

摘要	（1）福建自贸试验区离岸金融发展建议 ◇ 建设对台的离岸金融。 ◇ 福建自贸试验区离岸金融的发展需要具有活力的金融机构，引进优质的金融机构有利于提升福建自贸试验区金融的实力。 ◇ 推动自贸试验区离岸金融市场自由化。 （2）对福建省自贸区金融服务支持中小企业的建议 ◇ 中小企业应着重改善以下问题：首先需要完善企业的管理体制和运行机制，以解决管理制度不健全与管理混乱导致的耗费高、效益差等问题；其次，要扩大生产规模，提高科技含量。再次，企业还需卸掉历史包袱。 ◇ 福建自贸区中小企业应基于比较优势的基础选择金融服务对象。 ◇ 福建自贸区在利用金融服务中中小企业时应注重金融开放的顺序，从"分离式账户"到"特许完全业务"。 ◇ 福建自贸区可以逐步减少负面清单内容。 ◇ 福建自贸区应该加强物流业方面的发展。 ◇ 福建自贸区应做好配套金融工作，完善平台搭建建设，比如搭建人才交流平台、融资交流平台、企业信用平台、辅助交流平台。

书名	作者	出版社	出版时间
中外文化交流史（上、下卷）	何芳川 主编	国际文化出版公司	2016年1月
提纲	◇ 卷首语：永远的接力棒 ◇ 勾勒篇 ◇ 中国—东北亚篇 ◇ 中国—东南亚、南亚篇 ◇ 中国—西亚—非洲篇 ◇ 中国—欧洲篇 ◇ 中国—美洲篇		
摘要	◇ 以丝绸之路为主线，将中国在西、南、东、北方向，从古至今与外界交流的历史娓娓道来。 ◇ 纵向的历史论述：从两汉魏晋南北朝、隋唐至明清时期、西学东渐与欧洲科学在中国的传播几个时间段论述了不同时期的中外文化交流发展状况。 ◇ 横向的文化比较：从中国—东北亚，中国—东南亚、南亚，中国—西亚—非洲，中国—欧洲，中国—美洲五个地域性的角度来全面阐述中西文化交流的历史。		

续表

书名	作者	出版社	出版时间
"一带一路"年度报告：从愿景到行动（2016）	赵磊 主编	商务印书馆	2016年1月
提纲	◇ 政府与政治 ◇ 企业与经济 ◇ 文化与人文 ◇ 走出去 ◇ 媒体与传播		
摘要	由"一带一路"百人论坛精选本年度与"一带一路"相关的报告、研究文章等21篇，较为全面地呈现出"一带一路"核心研究者的2015年的思想精华。根据具体内容分为四大板块 ◇ 政府与政治：赵磊《"一带一路"的文化经济学》、王文等《"一带一路"国际贸易支点城市研究报告》等 ◇ 企业与经济：冯晞《"一带一路"与中企软实力》、刘立《"一带一路"编辑下我国航运中心建设的新战略》等 ◇ 文化与人文：陈平《"一带一路"：文化输出的途径探究》、梁海明《"一带一路"需要文化包容及推动文化产业走出去》等 ◇ 媒体与传播：王义桅《"一带一路"公共外交：问题与前景》、贾健《发挥电视媒体优势，服务"一带一路"国家战略》等。		

书名	作者	出版社	出版时间
"一带一路"战略构想及其实践研究	胡键 著	时事出版社	2016年1月

提纲	◇ "一带一路"战略构想提出的背景 ◇ "一带一路"战略构想的主要内容 ◇ "一带一路"战略构想与中国外交转型 ◇ "一带一路"建设与中国的高科技外交 ◇ "一带一路"推进中战略核心国的选择 ◇ "一带一路"建设与文化交流 ◇ "一带一路"战略构想与国际经济走廊 ◇ "一带一路"建设与中亚非传统安全治理 ◇ "一带一路"战略构想与中国海洋战略 ◇ "一带一路"建设的政治风险
摘要	◇ "一带一路"首先是统筹内外两个大局的重要抓手，是互联互通的经济发展战略构想，首要的是内部的互联互通。 ◇ "一带一路"的一个重要目的就是要在欧亚大陆上形成一个体制、机制互联互通的大市场，最终构筑一个资金流、技术流、人才流、信息流、货物流互联互通的欧亚合作大格局。"一带一路"的本质就是互联互通。 ◇ 新的城市群应该为推进"一带一路"战略构想服务，同时"一带一路"的实施也要依托新城市群的功能转型，特别是它们的辐射作用。

续表

书名	作者	出版社	出版时间
崛起大战略 "一带一路"战略全剖析	新玉言 李克 编著	台海出版社	2016年1月
提纲	◇ 历史的回望：古丝绸之路的辉煌 ◇ "一带一路"战略要干什么 ◇ "一带一路"的实施推进 ◇ "一带一路"的几个中国式考量 ◇ "新常态"下的"一带一路" ◇ "一带一路"将给世界什么 ◇ 世界各国的"丝绸计划" ◇ "一带一路"的大国态度和地缘挑战 ◇ "一带一路"的机遇和挑战		
摘要	针对一系列问题进行全面而深层次的剖析和解读 ◇ "一带一路"战略要干什么？ ◇ "一带一路"有着怎样的中国式考量？ ◇ "一带一路"将给中国经济带来什么？ ◇ "一带一路"将带给世界什么？ ◇ 世界各国的"新丝路"战略是什么？ ◇ "一带一路"的全球战略背景如何？ ◇ "一带一路"中国需要练好哪些内功？ ◇ 中国企业在"一带一路"的机遇和挑战是什么？ ◇ "一带一路"战略将会对我们的生活产生怎样的影响？		

续表

书名	作者	出版社	出版时间
数说"一带一路"	肖振生 主编	商务印书馆	2016年1月

提纲	◇ 生生不息的相连 ◇ 奔跑的包裹 ◇ 人在路上 ◇ 能量的迁徙 ◇ 口味连接你我 ◇ 中国制造，走起 ◇ 文化的旅行 ◇ 人民币新征程
摘要	用数据阐释了"一带一路"下一系列真实现象 ◇ "一带一路"基础设施建设让"有形"的路畅通。 ◇ 陆路与海路的使用，有效提高货运效率。 ◇ "一带一路"推动了旅游业和国外留学的发展。 ◇ "一带一路"促进了能源资源合作。 ◇ 农业粮食方面，中国企业帮助"一带一路"沿线国家实现农业高产化的同时，以生物质发电等推进可再生能源利用。 ◇ 国内一部分劳动密集型产业向外转移，中国制造给"一带一路"沿线国家带来很大改变。 ◇ "一带一路"倡议促进"一带一路"沿线国家文化交流。 ◇ 人民币国际化进程加快。

书名	作者	出版社	出版时间
梅花与牡丹："一带一路"背景下的中国文化战略	金巍 主编	中信出版集团	2016年1月
提纲	◇ 梅花与牡丹："一带一路"的中国气质与中国文化身份表达 ◇ "一带一路"背景下文化战略的价值基础和文化表述 ◇ 中国崛起与人类文明的多级化 ◇ 21世纪海上丝绸之路与中国特色海洋文化传播 ◇ 地缘国际政治与区域经济一体化战略中的"文化软实力"作用 ◇ "一带一路"背景下的文化交流与展望 ◇ 文化经济学视角下中国道路的内在动因与文化复兴 ◇ "一带一路"背景下文化贸易的意义与战略维度 ◇ "一带一路"跨文化交流背景下的企业角色与责任		
摘要	（1）"一带一路"的中国气质与中国文化身份表达 ◇ 梅花与牡丹反映了中华文化独特的"双重性"，分别代表着自强不息、吃苦耐劳，创新包容、大气庄严。 ◇ "一带一路"若光为别国搞建设项目则不能持久，需要"文化软实力"的支持。 ◇ 走向全球化首先必须让文化"走出去"。 （2）以"文化软实力"化解"一带一路"战略实施风险 ◇ 掌握国际话语权，智库战略先行。 ◇ 开展多层次的民间公共外交。 ◇ 从内容到传播技术以及到内容媒介形式等多个方面的传播策略创新。 ◇ 政治理念创新、欧亚身份认同理论创新、发挥宗教文化的独特作用。 （3）"一带一路"背景下文化贸易的意义与战略维度 ◇ 文化贸易战略的终极目标在于同时实现经济诉求和文化诉求。 ◇ 文化贸易的五个战略维度——产品维度：没有创新导致文化产品价值减低；类型维度：为全世界提供文化创意服务；传播维度：渠道与方式创新；平台维度：融入"一带一路"经济大平台；政策维度：坚持开放与包容的原则。		

书名	作者	出版社	出版时间
中国周边安全形势评估（2016）"一带一路"：战略对接与安全风险	张洁 主编	社会科学文献出版社	2016年1月
提纲	◇ 实现对接是"一带一路"建设的关键 ◇ 周边形势与"一带一路"面临的安全挑战 大国博弈与"一带一路" ◇ 中美博弈："亚太再平衡"与"一带一路" ◇ "安倍路线"的抬头与中日战略博弈的地区化 ◇ 欧亚经济联盟与丝绸之路经济带的对接合作 ◇ 从"向东看"到"向东干"：印度亚太战略与中国"一带一路"倡议 区域国家与"一带一路" ◇ 蒙古国"草原之路"与中蒙俄经济走廊 ◇ "欧亚倡议"与"一带一路"对接：中韩合作的安全挑战与应对 ◇ 中国与印尼的战略对接：安全风险及其应对 ◇ "中巴经济走廊"助力"一带一路"：机遇与挑战 安全热点与"一带一路" ◇ 三大海上安全问题考验"一带一路" ◇ 国际恐怖势力战略"东向"对"一带一路"的威胁 ◇ 环境安全与"一带一路"：战略实施与安全挑战			
摘要	◇ 周边形势与"一带一路"面临的安全挑战：来自美国及其同盟体系对中国崛起的战略挤压；海上安全管控和秩序构建问题；推进"一带一路"及其应对复杂的外部压力。 ◇ 安全热点与"一带一路"：海上安全问题。建议：管控海洋争端；维持与美印等大国关系的总体稳定；积极维护相关地区的和平与稳定。 ◇ 国际恐怖势力战略"东向"对"一带一路"的威胁：国际恐怖势力的活动；"东突"恐怖势力可能的新活动；中亚国家与中国以"丝路"为纽带的反恐合作；恐怖势力"东向"活动对俄罗斯的影响明显。 ◇ 环境安全与"一带一路"：战略实施与安全挑战；从区域上看，亚太地区的"一带"和"一路"沿线国家都面临着诸多的环境安全问题。从项目上看，"一带一路"战略实施项目或会引发严重的环境安全问题；中国和沿线国家的环保合作仍难以有效应对诸多环境问题。			

书名	作者	出版社	出版时间
中国少数民族地区经济发展报告（2015）	郑长德 主编	中国经济出版社	2016年1月
提纲	◇ 总报告 ◇ 地区报告 ◇ 专题报告		
摘要	◇ 广西：建立"一带一路"农业合作示范区，推动第一产业现代化发展；深化与"一带一路"沿线国家的旅游合作，促进第三产业发展；借"一带一路"东风大力发展中医药产业，加快经济发展方式的转变。 ◇ 贵州：在基础设施层面，主动创建与"一带一路"沿线重要节点城市的互联互通；在发展政策方面，利用综合保税区建设等政策契机，大力促进要素聚集；在产业发展方面，打破行政壁垒对重工业要素集聚的限制，把握东部产业转移的大背景，切实发挥要素集聚的规模经济。 ◇ 云南：打造云南"一带一路"的大通道；做好云南发展规划；增强云南的经济实力；加大与周边国家合作；提升云南的对外影响力；在合作中求同存异。 ◇ 西藏：建立健全立体交通网络；实现毛衣无缝衔接，推动贸易融合发展；不断推动金融产业持续快速协调发展；大力发展旅游业；推进能源产业发展；积极发展现代物流。 ◇ 青海：建立生态及资源补偿机制；加快推进基础设施建设；推进青海金融业发展；加强对外联系；培养和引进人才，推进科技升级。 ◇ 宁夏：形成面向中亚、南亚、西亚国家的通道、商贸物流枢纽、重要产业和人文交流基地。 ◇ 新疆：建成"丝绸之路经济带"的区域性交通枢纽中心，区域性商贸物流中心，区域性金融中心，区域性文化科教中心，区域性医疗中心。 ◇ 甘肃：大力加强基础设施建设，与区外大通道实现全方位对接；全面加大对民族地区的扶贫力度，持续改善民生；建立兰州自贸区，进一步带动民族地区经济发展。		

书名	作者	出版社	出版时间
"一带一路"与国际贸易新格局	中国人民大学重阳金融研究院　主编	中信出版集团	2016年1月

<table>
<tr><td rowspan="1">提纲</td><td>

◇ 多国政要支持"一带一路"建设

◇ "一带一路"与国际贸易新格局

◇ 贸易畅通政策的沟通与协同

◇ "一带一路"的贸易机会与未来

◇ 跨境贸易投资与金融合作

◇ 国际贸易支点城市的合作与共赢

◇ "义新欧"助力贸易畅通

◇ "丝绸之路经济带"国际贸易支点城市报告2015

</td></tr>
<tr><td>摘要</td><td>

（1）"一带一路"国际贸易支点城市的必要性

◇ 国家战略的需要，培育支点城市，撬动跨国贸易。

◇ 推动贸易畅通的需要，贸易畅通关键在于找对支点城市。

（2）问题

◇ 国际贸易支点城市整体布局不均衡。

◇ 国际贸易支点城市发展受行政级别束缚。

◇ 国际贸易支点城市软硬件建设有待提高。

（3）建议

◇ 在国家战略层面，以"一带一路"国际贸易支点城市评价体系作为理论参考，全面科学地规划支点城市建设，发挥"以点带面"作用，推动贸易畅通。

◇ 在区域布局上，规划和建立海陆统筹、东西互济、大小兼顾的支点城市体系。

◇ 实现可持续发展，高标准推进支点城市建设。

</td></tr>
</table>

书名	作者	出版社	出版时间
"一带一路" 经济学	梁海明 著	西南财经大学出版社	2016年2月
提纲	◇ 文化传播篇 ◇ 企业走出去篇 ◇ 地方政府篇 ◇ 国际经济博弈篇		
摘要	◇ 聚焦如何主动地发展与沿线国家的经济合作伙伴关系，就共同打造政治互信、经济融合、文化包容的利益共同体、命运共同体和责任共同体提出了一系列操作性建议。 ◇ 以国际视野、从海外角度去分析、探讨 "一带一路" 的发展路径以及由此带来的发展契机。		

书名	作者	出版社	出版时间
"一带一路"战略背景下与中东的能源合作	潜旭明 著	时事出版社	2016年2月

提纲	◇ 国际能源安全与合作 ◇ 国际能源体系与中东能源 ◇ 中国的"一带一路"战略 ◇ "一带一路"战略背景下的中国与中东能源合作 ◇ "一带一路"战略背景下中海能源合作分析 ◇ 美国中东能源战略与中美能源关系 ◇ 中东热点问题与大国博弈：以叙利亚为例 ◇ 当前国际石油格局下对中东能源合作的战略思考
摘要	（1）中国与中东能源合作面临的问题 ◇ 中东地缘政治风险引发中东能源的产量的波动对能源运输线路形成威胁，可能影响中国的能源安全。 ◇ 中国与中东的能源合作受到西方国家的攻击和指责。 ◇ 中国在中东面临的竞争加剧。 （2）对中国和中东能源关系的建议 ◇ 强化中东地区在中国全球战略中的地位，制定中国的中东外交政策，积极开展能源外交。 ◇ 推动中国与中东经贸关系的发展，建立相互依存的经贸关系。 ◇ 加强机制建设。 ◇ 整合国家资源，加强在能源领域的合作，制定综合对能源供应风险的有效策略。 ◇ 加强与中东国家在人文领域的交流。 ◇ 实现能源多元化。 ◇ 兼顾美国等西方国家在中东的能源安全和战略利益。

书名	作者	出版社	出版时间
"一带一路"国外投资指南（上）	徐绍史 主编	机械工业出版社	2016年2月
提纲	◇ 哈萨克斯坦共和国投资指南 ◇ 吉尔吉斯斯坦共和国投资指南 ◇ 印度共和国投资指南 ◇ 巴基斯坦伊斯兰共和国投资指南 ◇ 孟加拉人民共和国投资指南 ◇ 印度尼西亚共和国投资指南 ◇ 菲律宾共和国投资指南 ◇ 越南社会主义共和国投资指南 ◇ 缅甸联邦共和国投资指南 ◇ 老挝人民民主共和国投资指南 ◇ 土耳其共和国投资指南 ◇ 沙特阿拉伯王国投资指南		
摘要	◇《"一带一路"国外投资指南》分上、下册，上册和下册各收集12个国家，一共包含了"一带一路"七大区域24个重点国家，较为详尽了收录了每一个投资对象国的详细情况。 ◇ 包括国家概况、新经济数据、重点投资项目、重点投资区域介绍、相关法律文献等，旨在帮助中外投资者更好地了解双向投资政策资讯，海外新经济情况、投资热点，促进中国企业更加稳健"走出去"，提高海外投资的成功率，实现互利双赢的目标。		

续表

书名	作者	出版社	出版时间
"一带一路"国外投资指南（下）	徐绍史 主编	机械工业出版社	2016年2月

提纲	◇ 伊朗伊斯兰共和国投资指南 ◇ 以色列国投资指南 ◇ 波兰共和国投资指南 ◇ 捷克共和国投资指南 ◇ 匈牙利共和国投资指南 ◇ 斯洛伐克共和国投资指南 ◇ 塞尔维亚共和国投资指南 ◇ 俄罗斯投资指南 ◇ 阿塞拜疆共和国投资指南 ◇ 白俄罗斯共和国投资指南 ◇ 阿拉伯埃及共和国投资指南 ◇ 蒙古国投资指南

摘要	◇ 《"一带一路"国外投资指南》分上、下册，上册和下册各收集12个国家，一共包含了"一带一路"七大区域24个重点国家，较为详尽了收录了每一个投资对象国的详细情况。 ◇ 包括国家概况、新经济数据、重点投资项目、重点投资区域介绍、相关法律文献等，旨在帮助中外投资者更好地了解双向投资政策资讯，海外新经济情况、投资热点，促进中国企业更加稳健"走出去"，提高海外投资的成功率，实现互利双赢的目标。

[1] 安树伟. "一带一路"对我国区域经济发展的影响及格局重塑[J]. 经济问题, 2015, 04: 1-4.

[2] 安宇宏. "一带一路"战略[J]. 宏观经济管理, 2015, 01: 82.

[3] 巴曙松, 王志峰. "一带一路"沿线经济金融环境与我国银行业的国际化发展战略[J]. 兰州大学学报(社会科学版), 2015, 05: 38-49.

[4] 巴曙松, 叶聃. "一带一路"下的人民币海外循环机制[J]. 中国外汇, 2015, 11: 14-17.

[5] 包运成. "一带一路"建设的法律思考[J]. 前沿, 2015, 01: 65-69.

[6] 保建云. 论"一带一路"建设给人民币国际化创造的投融资机遇、市场条件及风险分布[J]. 天府新论, 2015, 01: 112-116.

[7] 毕佳妮, 江海旭. "一带一路"战略背景下辽宁沿海经济带城市旅游发展研究[J]. 产业与科技论坛, 2016, 01: 30-31.

[8] 蔡志全, 赵红霞. "一带一路"背景下试行多元外语教育政策的思考——以新疆地区为例[J]. 兵团教育学院学报, 2015, 01: 10-14.

[9] 曹冬英. "一带一路"战略中广西的SWOT分析及发展途径研究[J]. 学术论坛, 2015, 03: 72-76.

[10] 车海刚, 张玉雷. 携手创造具有时代内涵的全球公共产品——"共建'一带一路': 历史启示与时代机遇"国际研讨会综述[J]. 中国发展观察, 2015, 01: 41-46.

[11] 陈安娜. 中国高铁对实现国家"一带一路"战略构想的作用[J]. 商业经济研究, 2015, 09: 4-6.

[12] 陈恒, 魏修建, 杜勤. "一带一路"物流业发展驱动因素的动态轨迹演变——基于劳动力投入的视角[J]. 上海财经大学学报, 2015, 02: 31-43.

[13]　陈力丹. "一带一路"建设与跨文化传播[J]. 对外传播，2015，10：25-26.

[14]　陈玲玲，赵光辉. "一带一路"战略下交通物流的发展方向——以云南为例[J]. 物流技术，2015，24：65-70.

[15]　陈楠枰，刘旸. "一带一路"：中国外交新观念[J]. 交通建设与管理，2014，05：46-49.

[16]　陈鹏. "一带一路"之高铁外交——以泰国为例[J]. 决策探索(下半月)，2014，11：46-47.

[17]　陈文玲. "一带一路"给香港带来的重大机遇与建议[J]. 全球化，2015，12：5-16+133.

[18]　陈文玲. 绝不能错失"一带一路"给香港带来的重大机遇[J]. 开放导报，2015，05：16-22.

[19]　陈文玲. 携手推进"一带一路"建设共同迎接更加美好的新未来[J]. 全球化，2015，06：5-29+131.

[20]　陈耀，汪彬，陈梓. "一带一路"战略实现机制[J]. 中国国情国力，2015，03：11-13.

[21]　陈耀. "一带一路"战略的核心内涵与推进思路[J]. 中国发展观察，2015，01：53-55.

[22]　陈玉荣，蒋宇晨. "一带一路"：中国外交理念的传递[J]. 当代世界，2015，04：14-17.

[23]　程国强. "一带一路"：农业食品产业发展新机遇[J]. 中国经济报告，2015，12：30-31.

[24]　程国强. 共建"一带一路"：内涵、意义与智库使命[J]. 中国发展观察，2015，04：8-11.

[25]　程国强. 建"一带一路"国际智库网络[J]. 环球市场信息导报，2015，15：14-14.

[26]　程军. 构建"一带一路"经贸往来金融大动脉[J]. 中国金融，2015，05：34-36.

[27]　储殷，柴平一. 绸缪"一带一路"五大风险[J]. 金融博览（财富），2015，06：52-55.

[28]　储殷，高远. 中国"一带一路"战略定位的三个问题[J]. 国际经济评论，2015，02：90-99+6.

[29]　储殷，黄日涵. "一带一路"视阈下国家形象构建的巧实力探析[J]. 新疆师范大学学报（哲学社会科学版），2016，02：78-84.

[30]　储殷. "一带一路"的真正风险尚未到来[J]. 商业观察，2016，01：92-93.

[31]　储殷. 论蒙古永久中立对"一带一路"建设的影响[J]. 当代世界，2016，02：65-68.

[32]　崔丽媛. 亚投行助力"一带一路"基础建设[J]. 交通建设与管理，2014，21：30-31.

[33]　戴东生，邓雪. 宁波加快打造"一带一路"海陆联运枢纽[J]. 中国港口，2014，09：27-28.

[34] 戴东生. "一带一路"海陆联运枢纽发展研究——以宁波为例[J]. 城市观察，2014，06：30-36.

[35] 董红，林慧慧. "一带一路"战略下我国对外贸易格局变化及贸易摩擦防范[J]. 中国流通经济，2015，05：119-124.

[36] 董秀成. "一带一路"战略背景下中国油气国际合作的机遇、挑战与对策[J]. 价格理论与实践，2015，04：14-16.

[37] 杜德斌，马亚华. "一带一路"：中华民族复兴的地缘大战略[J]. 地理研究，2015，06：1005-1014.

[38] 杜群阳，黄卫勇，方建春，王莉，黄金亮，李凯. "网上丝绸之路"对"一带一路"战略的意义[J]. 浙江经济，2014，24：34-35.

[39] 段从宇，李兴华. "一带一路"与云南高等教育发展的战略选择[J]. 云南行政学院学报，2014，05：133-135.

[40] 鄂志寰，李诺雅. "一带一路"的经济金融效应分析[J]. 金融博览，2015，04：52-53.

[41] 范恒山. "一带一路"建设的"五忌五要"[J]. 中国经贸导刊，2015，31：42-43.

[42] 范恒山. 从八方面落实"一带一路"战略[J]. 中国发展观察，2015，08：18-19.

[43] 范建华. 云南在"一带一路"国家开放战略中的重要地位与发展担当[J]. 大理学院学报，2015，03：23-29.

[44] 方旖旎. "一带一路"建设背景下河南省出口贸易发展研究[J]. 对外经贸，2016，01：21-22.

[45] 方旖旎. "一带一路"战略下中国企业对海外直接投资国的风险评估[J]. 现代经济探讨，2016，01：79-83.

[46] 方旖旎. 中国企业对"一带一路"沿线国家基建投资的特征与风险分析[J]. 西安财经学院学报，2016，01：67-72.

[47] 高程. 从中国经济外交转型的视角看"一带一路"的战略性[J]. 国际观察，2015，04：35-48.

[48] 高峰. "一带一路"：互利双赢才能久远[J]. 商周刊，2015，09：24-25.

[49] 高峰. "一带一路"战略是时代发展的需要[J]. 上海企业，2015，07：44-46.

[50] 高峰. 从古丝绸之路到"一带一路"建设[J]. 北方经济，2015，04：31-33.

[51] 高虎城. "一带一路"是促进全球发展合作的中国方案[J]. 杭州（周刊），2015，11：22-23+35.

[52] 高虎城. "一带一路"顺应和平、发展、合作、共赢的时代潮流促进全球发展合作的中国方案[J]. 国际商务财会，2015，10：5-7.

[53] 高虎城. "一带一路"有利于全球经济增长[J]. 中国科技产业，2015，04：16.

[54] 高虎城. 开放包容 共商共建 扎实推进"一带一路"经贸合作[J]. 时事报告（党委中心组学习），2015，02：50-63.

[55] 高虎城. 深化经贸合作，共创新的辉煌——"一带一路"战略构建经贸合作新

格局[J]. 国际商务财会，2014，06：5-7.

[56] 公丕萍，宋周莺，刘卫东. 中国与"一带一路"沿线国家贸易的商品格局[J]. 地理科学进展，2015，05：571-580.

[57] 管理要，赵光辉. "一带一路"战略下国际物流发展研究[J]. 物流技术，2015，22：67-69+76.

[58] 管理要. "一带一路"背景下的亚投行对中国经济促进的思考[J]. 企业改革与管理，2015，15：97-98.

[59] 管理要. "一带一路"对中国跨境电子商务发展的思考[J]. 东方企业文化，2015，22：194-195.

[60] 管理要. "一带一路"思路下对经济转型模式的思考[J]. 企业改革与管理，2014，23：14-15.

[61] 管理要. "一带一路"战略对西南经济未来发展的影响[J]. 商场现代化，2015，11：258-259.

[62] 郭芳，谢玮. "一带一路"：新全球化时代的经济大动脉[J]. 中国经济周刊，2014，32：56-58.

[63] 郭明，冯义强. 浅析如何落实"一带一路"重大战略[J]. 长春教育学院学报，2015，08：23-25.

[64] 韩永辉，罗晓斐，邹建华. 中国与西亚地区贸易合作的竞争性和互补性研究——以"一带一路"战略为背景[J]. 世界经济研究，2015，03：89-98+129.

[65] 韩永辉，邹建华. "一带一路"背景下的中国与西亚国家贸易合作现状和前景展望[J]. 国际贸易，2014，08：21-28.

[66] 何茂春，张冀兵，张雅芃，田斌. "一带一路"战略面临的障碍与对策[J]. 新疆师范大学学报（哲学社会科学版），2015，03：36-45+2.

[67] 胡怀邦. 发挥开发性金融作用，服务"一带一路"战略[J]. 全球化，2015，05：20-30+131.

[68] 胡怀邦. 以开发性金融服务"一带一路"战略[J]. 中国银行业，2015，12：8-11.

[69] 胡志丁，刘卫东，宋涛. 主体间共识、地缘结构与共建"一带一路"[J]. 热带地理，2015，05：621-627.

[70] 黄端. 福建参与"一带一路"建设的地位作用及相关建议[J]. 福建理论学习，2014，08：18-21.

[71] 黄河. 公共产品视角下的"一带一路"[J]. 世界经济与政治，2015，06：138-155+160.

[72] 黄剑辉，李洪侠. "一带一路"战略视阈下我国区域经济的协调发展[J]. 税务研究，2015，06：22-30.

[73] 黄孟芳，卢山冰，余淑秀. 以"欧亚经济联盟"为标志的独联体经济一体化发展及对"一带一路"建设的启示[J]. 人文杂志，2015，01：36-44.

[74] 黄庶冰. "一带一路"战略背景下广西物流业发展的机遇与挑战分析[J]. 企业技

术开发，2015，07：117-119.

[75] 黄卫平，黄剑. "一带一路"战略下人民币如何"走出去"[J]. 人民论坛·学术前沿，2015，05：30-39.

[76] 黄益平. 中国经济外交新战略下的"一带一路"[J]. 国际经济评论，2015，01：48-53+5.

[77] 黄志勇，颜洁. 广西在全国新一轮开放中的SWOT分析及战略选择——兼论广西推动"一带一路"建设的总体思路[J]. 改革与战略，2014，11：65-74.

[78] 黄洲，叶乐阳，张光丽，黄红，曹丽. 夯实内功加强合作统筹发展——广西参与"一带一路"战略的启示建议[J]. 广西经济，2014，07：44-46.

[79] 贾庆国. 大胆设想需要认真落实"一带一路"亟待弄清和论证的几大问题[J]. 人民论坛，2015，09：28-30.

[80] 贾庆国. 建设"一带一路"之我见[J]. 群言，2014，10：16-18.

[81] 江紫君，徐昕璐，江海旭. 基于"一带一路"战略的营口旅游发展研究[J]. 边疆经济与文化，2016，02：34-35.

[82] 姜坤，赵娜. 抓住"一带一路"战略机遇 加快推动天津发展的几点建议[J]. 天津经济，2015，03：5-8.

[83] 姜睿. "十三五"上海参与"一带一路"建设的定位与机制设计[J]. 上海经济研究，2015，01：81-88.

[84] 蒋姮. "一带一路"地缘政治风险的评估与管理[J]. 国际贸易，2015，08：21-24.

[85] 蒋希蘅，程国强. "一带一路"建设的若干建议[J]. 西部大开发，2014，10：98-101.

[86] 蒋志刚. "一带一路"建设中的金融支持主导作用[J]. 国际经济合作，2014，09：59-62.

[87] 金玲. "一带一路"：中国的马歇尔计划?[J]. 国际问题研究，2015，01：88-99.

[88] 金应忠. "一带一路"是欧亚非的共同发展战略[J]. 国际展望，2015，02：85-96+148-149.

[89] 金永亮. "一带一路"强化广州核心枢纽功能[J]. 广东经济，2015，05：64-68.

[90] 靳晶. 推进"一带一路"建设打造对外开放新格局[J]. 小康，2014，15：70.

[91] 孔根红. 推进"一带一路"宜处理好若干关系[J]. 中国投资，2014，10：47-49+46.

[92] 寇立研，周冠宇. "一带一路"对外传播需要把握的十对关系[J]. 对外传播，2015，03：21-23.

[93] 匡贤明. "一带一路"在我国经济新格局中的战略地位[J]. 金融经济，2015，01：9-10.

[94] 雷建锋. "一带一路"与中国战略能力的新拓展[J]. 国际援助，2015，02：29-37.

[95] 李丹，崔日明. "一带一路"战略与全球经贸格局重构[J]. 经济学家，2015，08：62-70.

[96]   李飞星，罗国强，郭丽珍. 广东参与“一带一路”建设的战略选择[J]. 开放导报，2015，01：47-50.

[97]   李海辉. “一带一路”大战略：世界物流互联网计划[J]. 金融经济，2015，01：11-13.

[98]   李金早. 深化经贸合作把“一带一路”建实建好——深入学习贯彻习近平同志关于“一带一路”的重要论述[J]. 国际商务财会，2014，08：5-7.

[99]   李世泽. “一带一路”，走活广西发展这盘棋[J]. 当代广西，2015，07：45-46.

[100]   李文增，冯攀，李拉. 关于天津参与国家“一带一路”战略并发挥重要作用的建议[J]. 城市，2015，01：11-13.

[101]   李文增，冯攀，李拉. 天津参与实施“一带一路”战略的建议[J]. 港口经济，2015，02：45-46.

[102]   李向阳. 构建“一带一路”需要优先处理的关系[J]. 国际经济评论，2015，01：54-63+5.

[103]   李学勇. 抓住重大机遇 扎实推进“一带一路”建设[J]. 群众，2014，06：4-6.

[104]   李月好，杨震. “一带一路”战略对中国经济发展的影响[J]. 合作经济与科技，2015，13：31-32.

[105]   梁国栋. “一带一路”引领中国步入开放新境界[J]. 中国人大，2015，05：34-35.

[106]   辽宁省人民政府发展研究中心课题组. 辽宁省也应高度重视，积极参与“一带一路”发展战略——思考与建议[J]. 辽宁经济，2014，12：4-8.

[107]   林长青，瞿涛，杨祖增. “一带一路”建设与浙江发展新机遇[J]. 浙江经济，2014，22：36-37.

[108]   林民旺. 印度对“一带一路”的认知及中国的政策选择[J]. 世界经济与政治，2015，05：42-57+157-158.

[109]   林跃勤. “一带一路”构想：挑战与应对[J]. 湖南财政经济学院学报，2015，02：5-17.

[110]   林忠华. “一带一路”战略与国有企业境外资产审计[J]. 天津经济，2016，02：73-77.

[111]   林忠华. “一带一路”战略与企业境外资产审计[J]. 科学发展，2016，03：73-80.

[112]   刘伯恩. “一带一路”矿产资源合作：机遇、挑战与应对措施[J]. 国土资源情报，2015，04：3-7.

[113]   刘伯恩. 系好资源纽带 搭建共赢平台——对“一带一路”矿产资源合作的思考与建议[J]. 国土资源，2015，06：50-52.

[114]   刘国斌. “一带一路”基点之东北亚桥头堡群构建的战略研究[J]. 东北亚论坛，2015，02：93-102+128.

[115]   刘海泉. “一带一路”战略的安全挑战与中国的选择[J]. 太平洋学报，2015，02：72-79.

[116]   刘华芹. “一带一路”战略：中国全面对外开放新引擎[J]. 中共贵州省委党校

学报，2015，03：34-40.

[117] 刘华芹. "一带一路"战略背景下企业走出去的前景与路径选择[J]. 对外经贸实务，2015，08：4-7.

[118] 刘华芹. "一带一路"战略与新时期我国的对外开放[J]. 服务外包，2015，12：24-27.

[119] 刘华芹. 积极实施"走出去"战略助推"一带一路"建设[J]. 国际商务财会，2015，02：8-12.

[120] 刘慧，叶尔肯·吾扎提，王成龙. "一带一路"战略对中国国土开发空间格局的影响[J]. 地理科学进展，2015，05：545-553.

[121] 刘敬严，赵莉琴. "一带一路"战略下天津港口物流发展分析[J]. 物流技术，2015，13：29-31.

[122] 刘秋萍. "一带一路"战略的人才支点[J]. 人才资源开发，2015，06：29-30.

[123] 刘韬，朱鲁青. "一带一路"沿线国家航天情况介绍之印度[J]. 卫星应用，2016，02：74-82.

[124] 刘韬. "一带一路"沿线国家航天情况介绍之巴基斯坦[J]. 卫星应用，2015，08：39-44.

[125] 刘韬. "一带一路"沿线国家航天情况介绍之印度尼西亚[J]. 卫星应用，2015，11：48-53.

[126] 刘卫东，吕斌，黄斌，周长林. "一带一路"战略与多尺度空间规划对应访谈录[J]. 西部人居环境学刊，2016，01：1-3.

[127] 刘卫东. "一带一路"战略的科学内涵与科学问题[J]. 地理科学进展，2015，05：538-544.

[128] 刘卫东. "一带一路"战略的认识误区[J]. 国家行政学院学报，2016，01：30-34.

[129] 刘卫东. "一带一路"专辑序言[J]. 地理科学进展，2015，05：537.

[130] 刘翔峰. 亚投行与"一带一路"战略[J]. 中国金融，2015，09：41-42.

[131] 刘英. 经济走廊助力"一带一路"建设[J]. 中国投资，2015，07：58-60+10.

[132] 刘英. 如何加快"一带一路"与两廊一圈对接合作[J]. 中国投资，2015，12：72-75+10.

[133] 刘英. 中巴走廊建设对"一带一路"具有样板意义[J]. 中国投资，2015，10：88-90+11.

[134] 刘祖明，冯怀信. "一带一路"背景下中印两国"认同"利益的建构分析[J]. 当代世界与社会主义，2015，04：32-41.

[135] 刘祖明. "一带一路"背景下中印两国经贸合作问题探析——基于建构主义视角[J]. 中共四川省委党校学报，2015，03：102-106.

[136] 刘祖明. "一带一路"战略背景下中印两国共同利益的认同分析[J]. 东南亚南亚研究，2015，02：18-25+108.

[137] 柳思思. "一带一路": 跨境次区域合作理论研究的新进路[J]. 南亚研究, 2014, 02: 1-11+156.

[138] 卢锋, 李昕, 李双双, 姜志霄, 张杰平, 杨业伟. 为什么是中国?——"一带一路"的经济逻辑[J]. 国际经济评论, 2015, 03: 9-34+4.

[139] 卢锋. "一带一路"的影响、困难与风险[J]. 奋斗, 2015, 07: 45-46.

[140] 卢锋. "一带一路"是和平发展的实现载体[J]. 上海国资, 2015, 04: 58-59.

[141] 卢锋. "一带一路"战略改变全球经济格局[J]. 河南社会科学, 2015, 05: 10-11.

[142] 卢锋. "一带一路"重构全球治理结构[J]. 上海国资, 2015, 04: 95-96.

[143] 卢丽刚, 魏美玉. 中国梦视阈下的"一带一路"战略[J]. 华东交通大学学报, 2015, 03: 133-137.

[144] 陆南泉. "一带一路"若干问题[J]. 中国经济报告, 2015, 01: 101-104.

[145] 逯新红. "一带一路"战略推动人民币国际化落地生根[J]. 金融与经济, 2015, 08: 53-55.

[146] 罗圣荣. "一带一路"战略到底能容纳中国多少省份[J]. 世界知识, 2014, 09: 71.

[147] 罗雨泽, 汪鸣, 梅新育, 许利平, 王义桅, 史育龙, 王佳宁. "一带一路"建设的六个"点位" 改革传媒发行人、编辑总监王佳宁深度对话六位知名学者[J]. 改革, 2015, 07: 5-27.

[148] 罗雨泽. "一带一路": 和平发展的经济纽带[J]. 中国发展观察, 2015, 01: 50-52.

[149] 罗雨泽. "一带一路": 全球新秩序的福音[J]. 中国外汇, 2014, 19: 17-18.

[150] 罗雨泽. "一带一路": 挑战与建议[J]. 新经济导刊, 2015, 05: 73-77.

[151] 罗雨泽. "一带一路"的重大意义和历史机遇[J]. 沪港经济, 2016, 01: 21-22.

[152] 罗雨泽. 大航运与"一带一路"[J]. 大陆桥视野, 2015, 12: 43-44.

[153] 罗雨泽. 坚持市场导向, 构建"一带一路"政策支持体系[J]. 北方经济, 2015, 06: 4-7.

[154] 马建英. 美国对中国"一带一路"倡议的认知与反应[J]. 世界经济与政治, 2015, 10: 104-132+159-160.

[155] 马丽蓉. 中国"一带一路"战略安全环境中"疆独"问题影响评估[J]. 国际观察, 2015, 03: 109-120.

[156] 马天平. "一带一路"下新疆对外贸易发展潜力研究[J]. 现代经济信息, 2015, 02: 121.

[157] 马岩. "一带一路"国家主要特点及发展前景展望[J]. 国际经济合作, 2015, 05: 28-33.

[158] 马昀. "一带一路"建设中的风险管控问题[J]. 政治经济学评论, 2015, 04: 189-203.

[159] 玛雅. 中国高铁与"一带一路"战略的大智慧——专访西南交大中国高铁战略研究中心主任高柏[J]. 决策与信息，2015，04: 8-20.

[160] 毛艳华. "一带一路"对全球经济治理的价值与贡献[J]. 人民论坛，2015，09: 31-33.

[161] 梅新育. "一带一路"险中取利[J]. 北大商业评论，2015，03: 40-49+26.

[162] 梅新育. "一带一路"需注意三大问题[J]. 新理财，2015，04: 16-17.

[163] 缪林燕. 贯彻"一带一路"战略金融支持互联互通基础设施建设[J]. 国际工程与劳务，2015，03: 25-28.

[164] 纳文汇. "一带一路"建设和重构新南方丝绸之路语境中的宗教文化建设与调适[J]. 云南社会科学，2015，03: 135-141.

[165] 潘旭明. "一带一路"战略的支点：中国与中东能源合作[J]. 阿拉伯世界研究，2014，03: 44-57.

[166] 任佳，王清华，杨思灵. 构建新南方丝绸之路参与"一带一路"建设[J]. 云南社会科学，2014，03: 1-6.

[167] 桑百川，杨立卓. 拓展我国与"一带一路"国家的贸易关系——基于竞争性与互补性研究[J]. 经济问题，2015，08: 1-5.

[168] 上海市人民政府发展研究中心课题组. 上海积极主动融入"一带一路"国家战略研究[J]. 科学发展，2015，05: 79-90.

[169] 申现杰，肖金成. 国际区域经济合作新形势与我国"一带一路"合作战略[J]. 宏观经济研究，2014，11: 30-38.

[170] 沈商. "一带一路"战略下的浙江机遇[J]. 今日浙江，2014，23: 34-35.

[171] 盛毅，余海燕，岳朝敏. 关于"一带一路"战略内涵、特性及战略重点综述[J]. 经济体制改革，2015，01: 24-29.

[172] 施福平，唐丹妮. 发挥上海在"一带一路"建设中的文化先发效应[J]. 上海文化，2014，08: 74-78.

[173] 石善涛. 推进"一带一路"建设应处理好的十大关系[J]. 当代世界，2015，05: 23-26.

[174] 石焰. 建设"一带一路"，打造繁荣的"命运共同体"[J]. 老年教育（长者家园），2014，09: 24-25.

[175] 石泽. "一带一路"与理念和实践创新[J]. 中国投资，2014，10: 43-45+42.

[176] 石泽. 能源资源合作：共建"一带一路"的着力点[J]. 新疆师范大学学报（哲学社会科学版），2015，01: 68-74.

[177] 石泽. "一带一路"中的大国合作[J]. 中国经济报告，2015，02: 47-49.

[178] 时殷弘. "一带一路"：祈愿审慎[J]. 世界经济与政治，2015，07: 151-154.

[179] 宋双双. 在"一带一路"战略下扩大对外农业合作[J]. 国际经济合作，2014，09: 63-66.

[180] 苏杭. "一带一路"战略下我国制造业海外转移问题研究[J]. 国际贸易，

2015，03：18-21.

[181] 孙存良，李宁. "一带一路"人文交流：重大意义、实践路径和建构机制[J]. 国际援助，2015，02：14-20.

[182] 孙海燕，黄蕊. 从孟中印缅经济走廊相关实践看"一带一路"公共外交[J]. 公共外交季刊，2014，04：21-28+125.

[183] 孙敬鑫. "一带一路"建设面临的国际舆论环境[J]. 当代世界，2015，04：18-20.

[184] 孙伟. "一带一路"战略构想的基础及策略[J]. 宏观经济管理，2015，04：41-43.

[185] 孙志远. "一带一路"战略构想的三重内涵[J]. 学习月刊，2015，01：43-44.

[186] 谭畅. "一带一路"战略下中国企业海外投资风险及对策[J]. 中国流通经济，2015，07：114-118.

[187] 田惠敏，边旭. 把握"一带一路"战略发展机遇[J]. 中国石油和化工经济分析，2015，08：40-43.

[188] 田惠敏，曹红辉. "一带一路"的动因与挑战[J]. 全球化，2015，06：66-77+132.

[189] 田惠敏，田天，曾琬云. 中国"一带一路"战略研究[J]. 中国市场，2015，21：10-12.

[190] 王凤山，丛海彬，冀春贤. 宁波—舟山港对接"一带一路"的探析[J]. 经济论坛，2015，01：57-62.

[191] 王国刚. "一带一路"：基于中华传统文化的国际经济理念创新[J]. 国际金融研究，2015，07：3-10.

[192] 王慧. "一带一路"战略下的对外贸易——访商务部国际贸易合作研究院原院长霍建国[J]. 中国国情国力，2015，03：14-16.

[193] 王继国. 山东暨日照推进"一带一路"建设研究[J]. 山东经济战略研究，2014，12：11-14.

[194] 王嘉琦. "一带一路"战略产业结构模式(上篇)——以文化金融合作PPP模式建设"丝路文化地产集聚带"[J]. 中国房地产，2015，02：30-31.

[195] 王嘉琦. "一带一路"战略产业结构模式(中篇)——丝路影视基地产业集聚带模式[J]. 中国房地产，2015，05：35-36.

[196] 王嘉琦. "一带一路"战略产业结构模式(下篇)——城镇文化庄园经济集聚带[J]. 中国房地产，2015，08：40-45.

[197] 王剑. 兵马未动，粮草先行——论"一带一路"战略的开发性金融支持[J]. 银行家，2015，03：56-59.

[198] 王姣娥，王涵，焦敬娟. "一带一路"与中国对外航空运输联系[J]. 地理科学进展，2015，05：554-562.

[199] 王娟娟，秦炜. "一带一路"战略区电子商务新常态模式探索[J]. 中国流通经济，2015，05：46-54.

[200] 王敏，柴青山，王勇，刘瑞娜，周巧云，贾钰哲，张莉莉. "一带一路" 战略实施与国际金融支持战略构想[J]. 国际贸易，2015，04：35-44.

[201] 王双，张雪梅. 沿海地区借助 "一带一路" 战略推动海洋经济发展的路径分析——以天津为例[J]. 理论界，2014，11：35-40.

[202] 王卫星. 全球视野下的 "一带一路"：风险与挑战[J]. 人民论坛·学术前沿，2015，09：6-18.

[203] 王文. 智库学者应善于讲 "'一带一路'故事"[J]. 对外传播，2015，05：48-49.

[204] 王义桅，吕楠. 热话题与冷思考——关于 "一带一路" 与中国外交的对话[J]. 当代世界与社会主义，2015，04：4-12.

[205] 王义桅，郑栋. "一带一路" 面临的非传统安全挑战[J]. 开放导报，2015，04：21-23.

[206] 王义桅，郑栋. "一带一路" 战略的道德风险与应对措施[J]. 东北亚论坛，2015，04：39-47+127.

[207] 王义桅. "一带一路" 的 "三五效应"[J]. 中国经济报告，2015，05：27-29.

[208] 王义桅. "一带一路" 的文明解析[J]. 新疆师范大学学报（哲学社会科学版），2016，01：14-21.

[209] 王义桅. "一带一路" 的中国担当[J]. 前线，2015，07：25-27.

[210] 王义桅. "一带一路" 的中国智慧[J]. 当代世界，2015，08：34-36.

[211] 王义桅. "一带一路" 绝非中国版 "马歇尔计划"[J]. 求是，2015，12：55-56.

[212] 王义桅. "一带一路" 撬动世界新变局[J]. WTO经济导刊，2015，11：34-35.

[213] 王义桅. 绸缪 "一带一路" 风险[J]. 中国投资，2015，02：51-54+8.

[214] 王义桅. 讲好中国故事要实现 "三超越"——以如何讲好 "一带一路" 故事为例[J]. 对外传播，2015，09：24.

[215] 王义桅. 论 "一带一路" 的历史超越与传承[J]. 人民论坛·学术前沿，2015，09：19-27.

[216] 王义桅. 如何规避 "一带一路" 的风险[J]. 中国投资，2015，06：106.

[217] 王义桅. 世界的 "一带一路" 期待[J]. 中国投资，2016，02：76-79.

[218] 王志民. "一带一路" 背景下的西南对外开放路径思考[J]. 人文杂志，2015，05：26-32.

[219] 王志民. "一带一路" 战略的地缘经济政治分析[J]. 唯实，2015，04：19-22.

[220] 王志民. "一带一路" 战略对国际秩序的影响[J]. 唯实，2015，07：87-90.

[221] 王志民. "一带一路" 战略推进中的多重互动关系分析[J]. 中国高校社会科学，2015，06：49-63+153.

[222] 王志民. "一带一路" 战略与中国外交走向[J]. 中国浦东干部学院学报，2016，01：76-82.

[223]　文瑞. "一带一路"战略背景下的中欧经贸合作[J]. 国际经济合作，2015，05：58-62.

[224]　吴敬东. "一带一路"：引领中欧共筑梦[J]. 党建，2014，12：61-63.

[225]　吴贤军. 国际话语权视域下的"一带一路"战略实现路径研究[J]. 中共福建省委党校学报，2015，02：97-103.

[226]　吴以桥. "一带一路"建设：连云港迎来重大发展机遇[J]. 大陆桥视野，2014，07：39-40.

[227]　吴以桥. 连云港：加快建设"一带一路"交汇点的成功实践[J]. 大陆桥视野，2015，12：32-37.

[228]　吴以桥. 提升港口口岸功能 扩大东西双向开放 全力服务"一带一路"交汇点建设[J]. 大陆桥视野，2015，05：26-31.

[229]　吴勇毅. "一带一路"引领中国信息服务"走出去"[J]. 上海信息化，2015，02：10-16.

[230]　夏立平. 论共生系统理论视阈下的"一带一路"建设[J]. 同济大学学报（社会科学版），2015，02：30-40.

[231]　夏先良. 中国"一带一路"与美国TPP在全球贸易规则上的博弈[J]. 安徽师范大学学报（人文社会科学版），2015，05：549-557.

[232]　肖金成，申现杰. 开放、合作、和平、发展是"一带一路"战略的主题[J]. 中国发展观察，2015，01：56-58.

[233]　肖金成. "一带一路"：开放、合作、发展、和平之路[J]. 区域经济评论，2015，03：70-72.

[234]　肖琳. 海陆统筹共进，构建"一带一路"[J]. 太平洋学报，2014，02：2.

[235]　肖维歌. 在"一带一路"战略背景下中国与海合会国家贸易发展与展望[J]. 对外经贸实务，2015，03：17-20.

[236]　谢锋斌. "一带一路"背景下中国与吉尔吉斯斯坦战略合作探讨[J]. 商业时代，2014，34：37-39.

[237]　谢泗薪，侯蒙. "一带一路"战略架构下基于国际竞争力的物流发展模式创新[J]. 中国流通经济，2015，08：33-39.

[238]　辛桦. 各省区市"一带一路"实施方略[J]. 决策与信息，2015，04：35-40.

[239]　新华. "一带一路"与自贸区：新的对外开放格局已经确立[J]. 珠江水运，2014，24：30.

[240]　熊园. "一带一路"：人民币国际化的新引擎[J]. 杭州金融研修学院学报，2014，12：43-44.

[241]　徐念沙. "一带一路"战略下中国企业走出去的思考[J]. 经济科学，2015，03：17-19.

[242]　徐习军. 国家"一带一路"战略：亚欧大陆桥物流业的机遇与挑战[J]. 开发研究，2015，01：65-68.

[243]　徐晏卓，薛力. 第五届亚洲研究论坛暨"'一带一路'与亚洲共赢"会议简讯

[J]. 世界经济与政治，2015，07：2.

[244] 薛健. "一带一路"：大时代大布局大战略[J]. 中国战略新兴产业，2015，Z1：50-57.

[245] 薛力. "一带一路"视野下的"亚洲五强外交"[J]. 世界知识，2015，06：26-27.

[246] 薛力. 中国"一带一路"战略面对的外交风险[J]. 国际经济评论，2015，02：68-79+5.

[247] 闫衍. "一带一路"的金融合作[J]. 中国金融，2015，05：32-33.

[248] 杨保军，陈怡星，吕晓蓓，朱郁郁. "一带一路"战略的空间响应[J]. 城市规划学刊，2015，02：6-23.

[249] 杨晨曦. "一带一路"：外交该做什么?[J]. 新产经，2014，05：72-73.

[250] 杨晨曦. "一带一路"区域能源合作中的大国因素及应对策略[J]. 新视野，2014，04：124-128.

[251] 杨福昌. "一带一路"战略为中阿关系发展增添活力[J]. 阿拉伯世界研究，2014，03：4-15.

[252] 杨韶艳. "一带一路"建设背景下对民族文化影响国际贸易的理论探讨[J]. 西南民族大学学报（人文社科版），2015，06：38-42.

[253] 杨思灵，高会平. "一带一路"：印度的角色扮演及挑战[J]. 东南亚南亚研究，2015，03：1-7+108.

[254] 杨思灵. "一带一路"：南亚地区国家间关系分析视角[J]. 印度洋经济体研究，2015，05：4-21+157.

[255] 杨思灵. "一带一路"：印度的回应及对策[J]. 亚非纵横，2014，06：51-60+126-127+132.

[256] 杨思灵. "一带一路"倡议下中国与沿线国家关系治理及挑战[J]. 南亚研究，2015，02：15-34+154-155.

[257] 杨思灵. 印度如何看待"一带一路"下的中印关系[J]. 人民论坛·学术前沿，2015，09：37-50.

[258] 杨志勇. 实施"一带一路"战略的财税政策研究[J]. 税务研究，2015，06：16-21.

[259] 姚铃. "一带一路"战略下的中国与中东欧经贸合作[J]. 国际商务财会，2015，02：13-15.

[260] 叶琪. "一带一路"背景下的环境冲突与矛盾化解[J]. 现代经济探讨，2015，05：30-34.

[261] 叶卫平. "一带一路"建设与我国经济安全[J]. 中国特色社会主义研究，2015，05：38-41.

[262] 叶卫平. "一带一路"与建设国际经济新秩序[J]. 贵州社会科学，2015，11：113-116.

[263] 叶卫平. 论"一带一路"构想对当前国内外经济安全的意义[J]. 青海社会科

学，2015，06：7-11+2.

[264] 易诚. 进一步加强与"一带一路"国家的金融合作[J]. 甘肃金融，2014，04：10-13.

[265] 易水. 云南主动融入"一带一路"规划[J]. 创造，2014，03：24-25.

[266] 袁新涛. "一带一路"建设的国家战略分析[J]. 理论月刊，2014，11：5-9.

[267] 曾培炎. 抓住"一带一路"倡议新机遇加强亚洲金融合作[J]. 全球化，2015，02：5-7+131.

[268] 张国华. "一带一路"战略下的港口转型升级之路[J]. 中国国情国力，2015，03：17-19.

[269] 张红力. 金融引领与"一带一路"[J]. 金融论坛，2015，04：8-14.

[270] 张红力. 中国金融业前瞻：沿着"一带一路"走出去[J]. 人民论坛·学术前沿，2015，09：28-36.

[271] 张建民. "一带一路"战略与苏北发展[J]. 淮海文汇，2014，06：12-14+21.

[272] 张建平，樊子嫣. "一带一路"国家贸易投资便利化状况及相关措施需求[J]. 国家行政学院学报，2016，01：23-29.

[273] 张建平，刘景睿. 丝路基金："一带一路"建设的启动器[J]. 国际商务财会，2015，03：9-13.

[274] 张建平. "一带一路"与中德产业合作新亮点[J]. 当代世界，2016，01：48-51.

[275] 张建平. "一带一路"战略像一服中药方——关于"一带一路"建设的五大解析[J]. 中国经贸导刊，2015，31：46-47.

[276] 张建平. 三问答解读"一带一路"[J]. 纺织科学研究，2015，11：22-23.

[277] 张军. 我国西南地区在"一带一路"开放战略中的优势及定位[J]. 经济纵横，2014，11：93-96.

[278] 张可云，蔡之兵. "一带一路"战略的政策保障视角研究[J]. 华南师范大学学报（社会科学版），2015，05：78-84+191.

[279] 张可云，蔡之兵. 全球化4.0、区域协调发展4.0与工业4.0——"一带一路"战略的背景、内在本质与关键动力[J]. 郑州大学学报（哲学社会科学版），2015，03：87-92.

[280] 张可云. "一带一路"建设的国际视野、操作重点与影响展望[J]. 中国发展观察，2015，04：15-17.

[281] 张可云. "一带一路"建设的前景展望[J]. 理论学习，2015，08：53.

[282] 张莉. "一带一路"战略应关注的问题及实施路径[J]. 中国经贸导刊，2014，27：13-15.

[283] 张璐，符超，江海旭. 基于"一带一路"战略的丹东旅游发展研究[J]. 边疆经济与文化，2016，02：28-29.

[284] 张明. 直面"一带一路"的六大风险[J]. 国际经济评论，2015，04：38-41.

[285] 张茉楠. "一带一路"引领中国未来开放大战略[J]. 中国中小企业，2015，03：19-24.

[286] 张茉楠. "一带一路"重构全球经济增长格局[J]. 中国经济报告，2015，06：91-92+94-95.

[287] 张茉楠. 构筑"一带一路"下的PPP合作新模式[J]. 金融博览（财富），2015，08：22-23.

[288] 张茉楠. 全面提升"一带一路"战略发展水平[J]. 宏观经济管理，2015，02：20-24.

[289] 张茉楠. 亚投行应为推进"一带一路"PPP融资模式发挥先导作用[J]. 中国经济周刊，2015，28：81-82.

[290] 张日培. 服务于"一带一路"的语言规划构想[J]. 云南师范大学学报（哲学社会科学版），2015，04：48-53.

[291] 张婷婷，张艳丽，江海旭. 基于"一带一路"战略的盘锦旅游发展研究[J]. 边疆经济与文化，2016，02：32-33.

[292] 张文木. 千里难寻是朋友 朋友多了路好走——谈谈"一带一路"的政治意义[J]. 太平洋学报，2015，05：46-58.

[293] 张晓慧. 解读"一带一路"新形势下境外投资的法律风险管理[J]. 国际工程与劳务，2015，01：35-36.

[294] 张辛雨. "一带一路"战略下北线节点吉林省在东北亚区域合作中的机遇与挑战[J]. 长春金融高等专科学校学报，2015，03：76-81.

[295] 张辛雨. "一带一路"战略下中国新疆与哈萨克斯坦跨边界次区域经济合作[J]. 长春金融高等专科学校学报，2015，03：81-86.

[296] 张业遂. 建设"一带一路"打造中国对外开放的"升级版"[J]. 中国发展观察，2014，04：24-25.

[297] 张芸，杨光，杨阳. "一带一路"战略：加强中国与中亚农业合作的契机[J]. 国际经济合作，2015，01：31-34.

[298] 张蕴岭. "一带一路"：找回逝去的记忆和创新未来——在常熟理工学院"东吴讲堂"上的讲演[J]. 东吴学术，2016，01：40-45+2.

[299] 张蕴岭. "一带一路"的创新型思维：大国倡议与大国作为[J]. 商业文化，2015，13：60-64.

[300] 张蕴岭. "一带一路"要应对三大挑战[J]. 中国经济周刊，2015，17：18-19.

[301] 张蕴岭. 大战略下的"一带一路"建设[J]. 中国国情国力，2015，03：9-10.

[302] 张蕴岭. 聚焦"一带一路"大战略[J]. 大陆桥视野，2014，08：41-42.

[303] 张蕴岭. 如何认识"一带一路"大战略[J]. 中国经济报告，2015，05：23-26.

[304] 张蕴岭. 如何认识"一带一路"的大战略设计[J]. 世界知识，2015，02：28-31.

[305] 张蕴岭. 以"共建"推进"一带一路"建设[J]. 社会观察，2015，12：5-7.

[306] 张灼华，陈芄. 中国香港：成为"一带一路"版图中的持续亮点[J]. 国际经济

评论，2015，02：80-89+6.

[307] 赵磊，梁海明. "一带一路"智慧园区建设要聚智、聚新、聚金[J]. 信息系统工程，2015，12：8-9.

[308] 赵磊. "一带一路"的新加坡思路[J]. 新城乡，2015，11：54-55.

[309] 赵磊. "一带一路"如何避免"雷声大，雨点小"?[J]. 财经界，2016，01：82-84.

[310] 赵磊. "一带一路"需要"有文化"的中国企业[J]. 当代电力文化，2015，06：31.

[311] 赵磊. "一带一路"需要什么样的中国企业[J]. 商业文化，2015，29：11-16.

[312] 赵磊.纠正对"一带一路"的错误理解[J]. 首席财务官，2015，21：16-17.

[313] 赵磊.陕西、甘肃、新疆在"一带一路"战略中的比较优势与建议[J]. 西部大开发，2015，03：71-76.

[314] 赵磊.亚投行与"一带一路"的N个"不"各省不要急于为自己找定位[J]. 重庆与世界，2015，05：7.

[315] 赵磊.有关"一带一路"的几个关键性问题[J]. 理论研究，2015，05：2-9.

[316] 赵世举."一带一路"建设的语言需求及服务对策[J]. 云南师范大学学报（哲学社会科学版），2015，04：36-42.

[317] 赵翊."一带一路"战略与中国对阿拉伯国家出口潜力分析[J]. 阿拉伯世界研究，2014，03：58-67.

[318] 赵钊.亚投行是"一带一路"战略的重要支柱[J]. 国际融资，2015，05：24-26.

[319] 赵志刚. "一带一路"金融区域化路径[J]. 中国金融，2015，05：39-41.

[320] 郑蕾，刘志高. 中国对"一带一路"沿线直接投资空间格局[J]. 地理科学进展，2015，05：563-570.

[321] 郑志来. "一带一路"战略实施背景、路径与对策研究[J]. 湖湘论坛，2016，01：98-102.

[322] 郑志来. "一带一路"战略与区域经济融合发展路径研究[J]. 现代经济探讨，2015，07：25-28+42.

[323] 郑志来. 东西部省份"一带一路"发展战略与协同路径研究[J]. 当代经济管理，2015，07：44-48.

[324] 郑志来. 江苏省"一带一路"战略融合发展路径与对策[J]. 科技进步与对策，2015，17：48-51.

[325] 郑志来. 省际间参与"一带一路"建设存在的问题与路径优化研究[J]. 经济纵横，2016，01：41-44.

[326] 周方银. "一带一路"面临的风险挑战及其应对[J]. 国际观察，2015，04：61-72.

[327] 周谷平，阚阅. "一带一路"战略的人才支撑与教育路径[J]. 教育研究，2015，10：4-9+22.

[328] 周俊生. "一带一路"：新思路，新机遇[J]. 金融博览（财富），2014，12：54-56.

[329] 周凯. 全球化背景下"一带一路"建设的对外传播[J]. 对外传播，2015，03：18-20.

[330] 周密. "一带一路"与欧亚经济联盟合作空间巨大[J]. 中国经济周刊，2015，18：22-24.

[331] 周密. 参与"一带一路"海阔天空[J]. 施工企业管理，2015，06：20-21.

[332] 周密. 大力建设"一带一路"上的全天候经济走廊[J]. 国际工程与劳务，2015，07：23-26.

[333] 周密. 瓜达尔，能否成为"一带一路"的支点[J]. 世界知识，2015，07：13.

[334] 周密. 理性推进"一带一路"建设[J]. 中国国情国力，2015，04：43-45.

[335] 周密. 欧亚经济联盟，"一带一路"的重要节点[J]. 世界知识，2015，04：54-56.

[336] 周密. 探寻"一带一路"上中国工程的新方向[J]. 国际工程与劳务，2015，03：20-24.

[337] 朱鹏颐，施婉妮. "一带一路"战略提振福建企业国际竞争力的思考[J]. 福建论坛（人文社会科学版），2015，02：163-168.

[338] 朱雄关. "一带一路"战略契机中的国家能源安全问题[J]. 云南社会科学，2015，02：23-26.

[339] 竺彩华，韩剑夫. "一带一路"沿线FTA现状与中国FTA战略[J]. 亚太经济，2015，04：44-50.

[340] 邹嘉龄，刘春腊，尹国庆，唐志鹏. 中国与"一带一路"沿线国家贸易格局及其经济贡献[J]. 地理科学进展，2015，05：598-605.

[341] 邹嘉龄，刘卫东. 2001-2013年中国与"一带一路"沿线国家贸易网络分析[J]. 地理科学，2016，11：1629-1636.

[342] 冯巍，程国强（国务院发展研究中心国际合作局"一带一路"战略研究课题组）. 国际社会对"一带一路"倡议的评价[N]. 中国经济时报，2014-07-14005.

[343] 蒋希蘅，程国强. 国内外专家关于"一带一路"建设的看法和建议综述[N]. 中国经济时报，2014-08-21005.

[344] 商务部副部长李金早. 深化经贸合作把"一带一路"建实建好[N]. 人民日报，2014-08-12007.

[345] [美国]墨尔佳·策普-拉鲁什，威廉·琼斯. 从丝绸之路到世界大陆桥[M]. 南京：江苏人民出版社，2015.

[346] 白益民. 财团就是力量——"一带一路"与混合所有制启示录[M]. 北京：中国经济出版社，2015.

[347] 本书编委会. 启航"一带一路"[M]. 上海：上海交通大学出版社，2015.

[348] 本书编写组. "一带一路"简明知识读本[M]. 北京：新华出版社，2015.

[349] 陈飞龙. “一带一路”视角下的宁波港口经济圈研究[M]. 北京：经济科学出版社，2015.

[350] 陈文. “一带一路”下中国企业走出去的法律保障[M]. 法律出版社，2015.

[351] 陈臻，杨卫东，周章贵. 能源投资典型案例评析——“一带一路”企业风险防控和争议解决[M]. 北京：法律出版社，2015.

[352] 冯并. “一带一路”全球发展的中国逻辑[M]. 北京：中国民主法治出版社，2015.

[353] 复旦大学中国与周边国家关系研究中心. 中国周边外交学刊2015年第二辑（总第二辑）[M]. 北京：社会科学文献出版社，2015.

[354] 郭立宏，任保平. 丝绸之路经济带上的经济发展[M]. 北京：中国经济出版社，2015.

[355] 国家发展和改革委员会学术委员会办公室. “一带一路”构建全方位开放新格局[M]. 北京：中国计划出版社，2015.

[356] 何芳川. 中外文化交流史（上、下卷）[M]. 北京：国际文化出版公司，2016.

[357] 何力. “一带一路”战略与海关国际合作法律机制[M]. 北京：法律出版社，2015.

[358] 洪永淼. 2015海峡西岸经济区发展报告——基于“一带一路”和自贸区的战略背景[M]. 北京：北京大学出版社，2015.

[359] 胡键. “一带一路”战略构想及其实践研究[M]. 北京：时事出版社，2016.

[360] 黄群慧. “一带一路”沿线国家工业化进程报告[M]. 北京：社会科学文献出版社，2015.

[361] 金立群，林毅夫等. “一带一路”引领中国[M]. 北京：中国文史出版社，2015.

[362] 金巍. 梅花与牡丹：“一带一路”背景下的中国文化战略[M]. 北京：中信出版集团，2016.

[363] 李平，刘强. “一带一路”战略：互联互通、共同发展——能源基础设施建设与亚太区域能源市场化[M]. 北京：中国社会科学出版社，2015.

[364] 李向阳. “一带一路”：定位、内涵及需要优先处理的关系[M]. 北京：社会科学文献出版社，2015.

[365] 李向阳. 亚太地区发展报告（2015）“一带一路”[M]. 北京：社会科学文献出版社，2015.

[366] 李晓鹏. 从黄河文明到“一带一路”（第1卷）[M]. 北京：中国发展出版社，2015.

[367] 李永全. 丝路列国志[M]. 北京：社会科学文献出版社，2015.

[368] 厉以宁，林毅夫，郑永年等. 读懂“一带一路”[M]. 北京：中信出版集团，2015.

[369] 梁海明. “一带一路”经济学[M]. 成都：西南财经大学出版社，2016.

[370] 刘伟，葛剑雄，胡鞍钢，林毅夫等. 改变世界经济地理的"一带一路"[M]. 上海：上海交通大学出版社，2015.

[371] 陆如泉，段一夫等. "一带一路"话石油[M]. 北京：石油工业出版社，2015.

[372] 罗雨泽. "一带一路"基础设施投融资机制研究[M]. 北京：中国发展出版社，2015.

[373] 马莉莉、任保平. 丝绸之路经济带发展报告2015[M]. 北京：中国经济出版社，2015.

[374] 毛振华，阎衍，郭敏. "一带一路"沿线国家主权信用风险报告[M]. 北京：经济日报出版社，2015.

[375] 盘古智库. 盘古智库谈"一带一路"[M]. 太原：山西经济出版社，2016.

[376] 潜旭明. "一带一路"战略背景下与中东的能源合作[M]. 北京：时事出版社，2016.

[377] 秦玉才，周谷平，罗卫东. "一带一路"读本[M]. 杭州：浙江大学出版社，2015.

[378] 人民论坛. "一带一路"：面向21世纪的伟大构想[M]. 北京：人民出版社，2015.

[379] 任宣. 图说"一带一路"大战略[M]. 北京：人民日报出版社，2015.

[380] 尚虎平. "一带一路"关键词[M]. 北京：北京大学出版社，2015.

[381] 孙久文、高志刚. 丝绸之路经济带与区域经济发展研究[M]. 北京：经济管理出版社，2015.

[382] 孙希有. 流量经济新论——基于中国"一带一路"战略的理论视野[M]. 北京：中国社会科学出版社，2015.

[383] 王辉. "一带一路"国家语言状况与语言政策·第一卷[M]. 北京：社会科学文献出版社，2015.

[384] 王金波. "一带一路"建设与东盟地区的自由贸易区安排[M]. 北京：社会科学文献出版社，2015.

[385] 王灵桂. 国外智库看"一带一路"[M]. 北京：社会科学文献出版社，2015.

[386] 王灵桂. 海丝列国志[M]. 北京：社会科学文献出版社，2015.

[387] 王义桅. "一带一路"：机遇与挑战[M]. 北京：人民出版社，2015.

[388] 王玉主. "一带一路"与亚洲一体化模式的重构[M]. 北京：社会科学文献出版社，2015.

[389] 肖振生. 数说"一带一路"[M]. 北京：商务印书馆，2016.

[390] 新玉言，李克. 崛起大战略"一带一路"战略全剖析[M]. 北京：台海出版社，2016.

[391] 徐绍史. "一带一路"国外投资指南（上）[M]. 机械工业出版社，2016.

[392] 徐绍史. "一带一路"国外投资指南（下）[M]. 机械工业出版社，2016.

[393] 学诚法师. 文明的对话——中国佛教在"一带一路"中的文化纽带作用[M]. 北京：人民出版社，2015.

[394] 杨善民. "一带一路"环球行动报告（2015）[M]. 北京：社会科学文献出版社，2015.

[395] 《"一带一路"沿线国家安全风险评估》编委会. "一带一路"沿线国家安全风险评估[M]. 北京：中国发展出版社，2015.

[396] 《"一带一路"沿线国家法律风险防范指引》系列丛书编委会. "一带一路"沿线国家法律风险防范指引（沙特阿拉伯）[M]. 北京：经济科学出版社，2015.

[397] 曾庆成. 21世纪海上丝绸之路港口发展报告[M]. 大连：大连海事大学出版社，2015.

[398] 张洁. 中国周边安全形势评估（2016）"一带一路"：战略对接与安全风险[M]. 北京：社会科学文献出版社，2016.

[399] 赵江林. 21世纪海上丝绸之路：目标构想、实施基础与对策研究[M]. 北京：社会科学文献出版社，2015.

[400] 赵江林. 中美丝绸之路战略比较研究——兼议美国新丝绸之路战略对中国的特殊意义[M]. 北京：社会科学文献出版社，2015.

[401] 赵晋平等. 聚焦"一带一路"：经济影响与政策举措[M]. 北京：中国发展出版社，2015.

[402] 赵可金. "一带一路"：从愿景到行动[M]. 北京：北京大学出版社，2015.

[403] 赵磊. "一带一路"：中国的文明型崛起[M]. 北京：中信出版集团，2015.

[404] 赵磊. "一带一路"年度报告：从愿景到行动（2016）[M]. 北京：商务印书馆，2016.

[405] 赵忆宁. 大战略："一带一路"五国探访[M]. 杭州：浙江人民出版社，2015.

[406] 郑长德. 中国少数民族地区经济发展报告（2015）[M]. 北京：中国经济出版社，2016.

[407] 郑贵斌、李广杰. 山东融入"一带一路"建设战略研究[M]. 北京：人民出版社，2015.

[408] 中国人民大学重阳金融研究院. "一带一路"国际贸易支点城市研究[M]. 北京：中信出版集团，2015.

[409] 中国人民大学重阳金融研究院. "一带一路"与国际贸易新格局[M]. 北京：中信出版集团，2016.

[410] 中国人民大学重阳金融研究院. 欧亚时代——丝绸之路经济带研究蓝皮书2014—2015[M]. 北京：中国经济出版社，2014.

[411] 钟飞腾、朴珠华、刘潇萌、滕卓攸等. 对外投资新空间——"一带一路"国别投资价值排行榜[M]. 北京：社会科学文献出版社，2015.

[412] 邹磊. 中国"一带一路"战略的政治经济学[M]. 上海：上海人民出版社，2015.